아하! 한국어

A-ha! Korean

4

Student's Book

숙명여자대학교 한국어교재위원회

- **김경령**
  University of Illinois at Urbana Champaign, Ph. D.
  숙명여자대학교 한국어문학부 교수
  국제언어교육원 한국어교육센터장

- **이홍식**
  서울대학교 국어국문학 문학 박사
  숙명여자대학교 한국어문학부 교수

- **문금현**
  서울대학교 국어국문학 문학 박사
  숙명여자대학교 한국어문학부 교수

- **이소영**
  숙명여자대학교 한국어문학부 문학 박사
  국제언어교육원 한국어교육센터 객원교수

- **엄소연**
  숙명여자대학교 한국어문학부 문학 박사 수료
  국제언어교육원 한국어교육센터 책임강사

- **오미나**
  숙명여자대학교 한국어문학부 문학 박사 수료
  국제언어교육원 한국어교육센터 책임강사

- **박재남**
  숙명여자대학교 한국어문학부 문학 박사 수료
  국제언어교육원 한국어교육센터 책임강사

- **Richard Dubois**
  숙명여자대학교 영어영문학부 강의 교수

〈연구보조원〉

박참희 · 이세훈 · 최혜민

- **표지 그림과 삽화: 정효정**

* 오디오 mp3 파일은 경문사 홈페이지에서 다운받을 수 있습니다.

아하! 한국어 4

(Student's Book, Work Book)

지은이 숙명여자대학교 한국어교재위원회
펴낸이 조경희
펴낸곳 경문사
펴낸날 2024년 3월 4일
등 록 1979년 11월 9일 제 313-1979-23호
주 소 04057, 서울특별시 마포구 와우산로 174
전 화 (02)332-2004 팩스 (02)336-5193
이메일 kyungmoon@kyungmoon.com

값 25,000원

ISBN 978-89-6105-907-7
ISBN 978-89-6105-498-0(세트)

아하! 한국어 4

A-ha! Korean

Student's Book

숙명여자대학교 한국어교재위원회

KM 경문사

머리말

아하! 한국어는 숙명여자대학교에서 개발한 한국어 교재 시리즈로 한국어를 배우고자 하는 성인 학습자를 대상으로 한국어 표현 능력과 이해 능력을 증진시키는 데에 목표를 두고 개발하였다.

아하! 한국어는 한국어 교육의 가장 기본이 되는 '한글' 습득 단계 교재를 시작으로 5권의 주교재와 이에 따른 5권의 보조 교재, 듣기와 말하기 기능을 보조하는 CD, 각각의 텍스트에서 소개되는 단어를 정리한 단어장 그리고 교사지침서 등으로 구성되었다. 주교재에서는 주제 중심으로 단원을 구성하였고 각각의 대화문은 실생활에서 쉽게 접할 수 있는 상황 및 기능이 제시되었다. 다양한 방법으로 문형 연습을 할 수 있도록 지문을 구성하였고 보조 교재를 통해 학습자 스스로 배운 문형과 어휘를 점검하고 복습할 수 있도록 하였다. 단원마다 새로 소개되는 어휘의 뜻을 수시로 빠르게 점검할 수 있도록 지면 구성의 효율성에 힘썼다. 또한 교사지침서를 제작하여 본 교재를 좀더 체계적으로 교사가 사용할 수 있도록 한국어 발음, 문법, 어휘, 교수법 등에 대한 자세한 내용을 수록하였다. 무엇보다도 본 교재의 특징은 언어 교수 이론에 근거한 효율적인 교수법들이 내용 전반에 깔려 있어 한국어를 쉽게 이해하고 습득할 수 있도록 한 점이다.

본 교재는 외국인 학습자를 대상으로 다년간 한국어를 강의한 교육 경험이 풍부한 전문 한국어 교사진과 국어학 및 언어 교수 이론에서 전문성을 확보하고 있는 연구진의 공동 작업으로 완성되었다. 오랜 기간에 걸쳐 집필 및 출판 과정에 헌신적으로 참여해 준 한국어 교사진과 연구진, 기획과 출판 과정에서 적극적으로 협조를 해 주신 경문사 조경희 사장님께 감사를 드린다.

특별히 숙명한국어 교재가 출간될 수 있도록 아낌없는 지원을 해 주신 총장님과 도움의 말씀을 주신 한국어문학부 교수님들께 감사를 드린다.

김경령

단원구성

	주제	문법	어휘	활동
1과	수입과 지출	–에 의하면 –고 –고 그런대요 –잖아요 –(이)나 –겠어요?	• 경제 활동 • 관련 어휘	• 가계부 쓰기게임 • 지출 목록 • 읽기1: 비소비지출 • 읽기2: 한국의 경제상황과 실업률
2과	건강관리와 운동	–어야 –고 말할 수 있다 –다가 –다가 하다 –다마다요	• 접두사 '군–' • 동작관련동사	• 한국사람들이 자주 하는 운동 • 장수마을에 대한 듣기 • 읽기1: 아령운동과 스트레칭 • 읽기2: 피아노 계단
3과	후회	–었어야 했는데 –었더라면–(으)ㄹ텐데 –어 봤자 –는데다가/–인데다가	• 후회 관련 표현	• 후회하는 일에 대해 말하기 • 두 사람의 후회하는 일 듣기 • 읽기1:죽기 전에 후회하는 일 • 읽기2:바꿀 수 없는 역사
4과	대화의 방법	–(으)려던 참이다 아무–(이)나/아무–도 –(으)ㄴ/는 건 바라지도 않다 –기십상이다	• 말꼬리/관련표현 • 맞장구 치기	• 상황에 맞도록 맞장구 • 여자의 인생에 대한 듣기 • 읽기1: 직장인이 자주 하는 거짓말 • 읽기2: 이 말 대신에 부드러운 말로
5과	생김새와 재테크	–에 따라서 다르다 일단 –(으)면 –고들 하다 설마 –은/는 아니겠지요?	• 인연 • 관련 표현 • 외모와 성격 • 관련 표현	• 자신의 이상형에 대한 말하기 • 세계 부자에 대한 듣기와 쓰기 • 읽기1: 생김새와 재테크 • 읽기2: 관상
6과	질병과 민간 요법	–지 않고 –더니(만) –지 뭐예요? –게 하다	• 감기 몸살 관련 어휘 • 최고를 나타내는 표현	• 민간요법과 전염병에 대한 말하기 • 독감 예방에 대한 듣기 • 면역력을 높이는 방법에 대한 쓰기 • 읽기1: 인생에서 가장 중요한 것 • 읽기2: 이런 민간요법 들어 보셨나요?

	주제	문법	어휘	활동
7과	습관	-(으)ㄹ 걸 그랬다 -기 일쑤이다 -다니 -곤 하다	• 습관 관련 어휘	• 여러 습관에 대해서 이야기하기 • 두 사람의 습관에 대한 듣기 • 읽기1: 게으른 사람 • 읽기2: 한국인의 식습관
8과	외모와 성격	-기가 무섭게 -는 바람에 탓이다 -(으)나 마나	• '마음'과 관련된 표현	• 연애 편지를 읽고 그에 대해 말하기 • 이상형에 대한 듣기 • 읽기1: 연애에서 가장 중요한 조건 • 읽기2: 미인의 조건
9과	환경	-처럼 -(으)ㄴ/는 -도 없다 -지 않으면 안되다 -기에는 너무 -(으)ㄹ 만큼	• '손' 관련 어휘	• 환경에 대한 관심도 물어보기 • 일회용품에 대한 듣기 • 읽기1: 탄소 배출권 • 읽기2: 환경오염이 지구에 미치는 영향
10과	한국의 결혼 문화	-은/는커녕 -같으면 -만 못하다 -는 대로	• 결혼 문화 관련 어휘	• 커플매니저 되기 • 국제 결혼에 대한 듣기 • 읽기1: 한국인이 선호하는 결혼 방법 • 읽기2: 한국의 전통 혼례
11과	가치 기준	-(으)ㄹ 것 하나 없다 -기 짝이 없다 -기 마련이다 -(ㄴ/는)다니까요/ -(이)라니까요	• 가치 관련 어휘	• 자기 관리를 위한 노력방법 • 기부하는 할머니에 대한 듣기 • 읽기1: 절망을 극복한 청년 • 읽기2: 존경받는 부자의 기준
12과	사건과 사고	-(으)ㄹ 따름이다 -(으)ㄹ락 말락 하다 못지않다 -다시피 (하다)	• 사건/사고 관련 표현	• 자연 재해에 대한 말하기 • 안내 방송 듣기 • 읽기1: 사고 시 응급 처치법 • 읽기2: 법의 판결목 차

일러두기

아하! 한국어 STUDENT BOOK 4는 한국어의 중급 단계를 심화 학습하는 학습자를 대상으로 한 한국어 교재로 일상생활뿐만 아니라 사회생활에 필요한 내용을 중심으로 구성한 통합교재이다. 한국어의 어휘 및 표현, 문법 등의 지식과 활용을 통해 의사소통 능력을 기르고 기본적인 사회 관계에 필요한 과제를 해결할 수 있는 능력을 기르는 데 본 교재의 목표를 두었다.

전체 12과로 이루어져 있으며, 각 과는 대화, 문법과 표현, 어휘 확장, 의사소통활동, 읽기 영역으로 구성되었다. 과가 시작할 때마다 해당 과의 어휘와 문법을 중심으로 학습목표를 제시하였고, 해당 과의 주제와 관련한 질문과 삽화를 포함하고 있다. 본 대화, 의사소통활동 듣기 부분에는 기자재를 사용하여 들을 수 있도록 CD 표시가 되어 있다.

보고 말해 보세요

각 과의 주제와 관련된 질문을 마련하였다. 제시된 그림과 함께 각 과의 주제 및 내용을 추측하게 하고 질문에 답하는 활동을 하도록 하였다. 주제 관련 질문을 통해 각 과의 주제 학습을 준비하는 데 도움을 주도록 하였다.

대화

각 과의 주제에 맞는 내용으로 대화를 마련하였다. 각주에는 새 단어 항목을 넣어 학습자가 대화 내용을 접하는 데 앞서 대화 내용을 좀 더 쉽게 이해할 수 있도록 하였다. 대화 지문 옆에는 관련 내용 질문을 제시하여 대화 지문의 내용을 심도 있게 이해할 수 있도록 하였고, '이렇게 표현해요'를 통해 화용적인 부분을 이해하는 데 도움을 주도록 하였다.

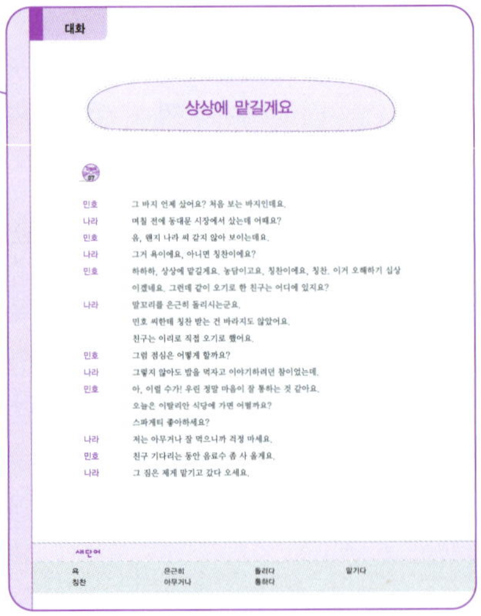

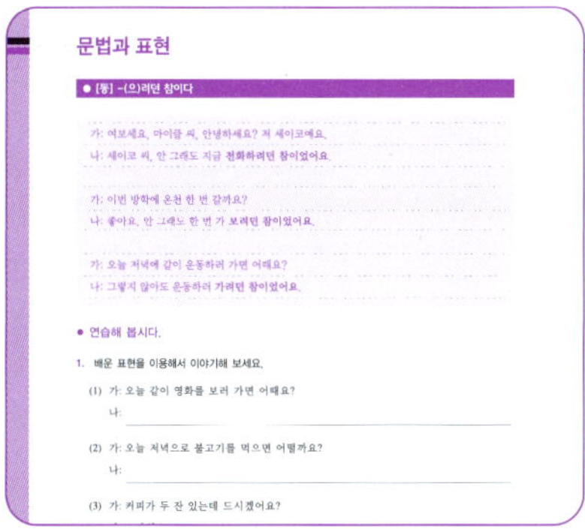

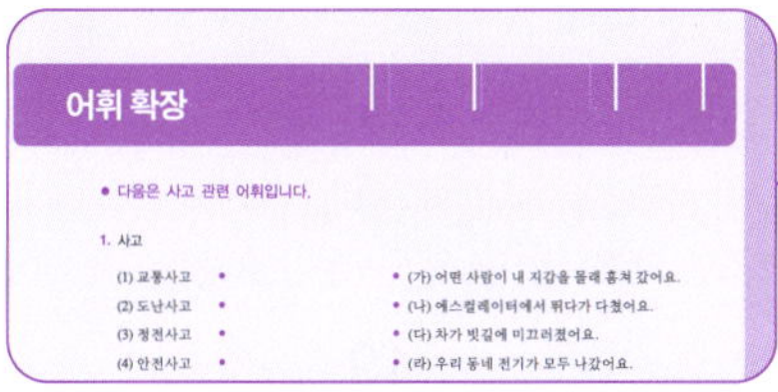

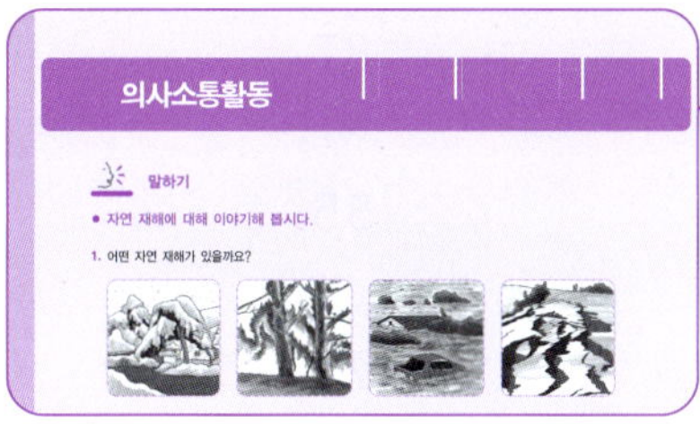

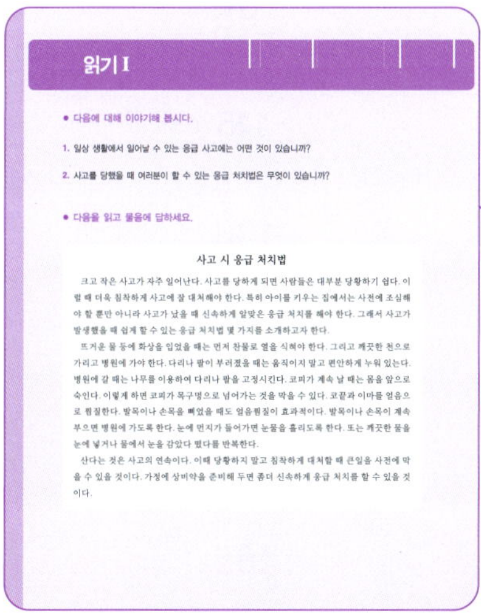

부록

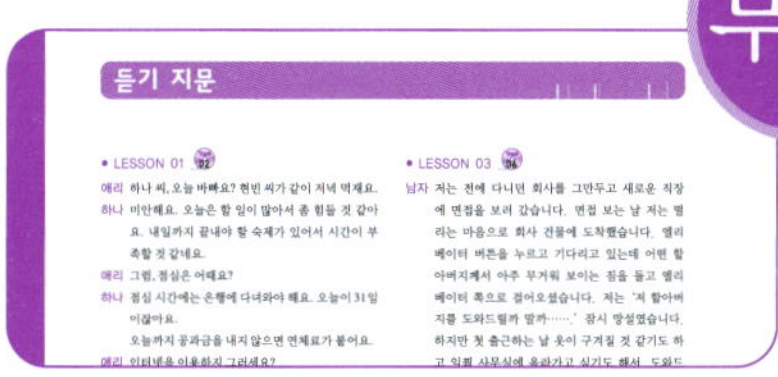

문법과 표현

각 과마다 네 개의 문법과 표현 항목을 두었다. 전형적인 문장이나 대화문을 통해 문법과 표현의 의미 기능을 추측하도록 하였다. 문장과 대화문을 완성하는 연습문제를 제시하였고, 구체적인 상황에서 배운 문법과 표현을 활용하여 담화를 구성하도록 하였다. 각 문법과 표현 항목마다 관련 문형이나 보충 설명을 담고 있는 '좀 더 자세히' 영역을 추가하였다. 이 항목을 통해 배웠던 문형과의 공통점과 차이점을 비교할 수 있도록 하였다.

어휘 확장

각 과의 주제와 관련 있는 어휘를 추가로 제시하여 의사소통활동에서 활용할 수 있는 표현을 익히도록 하였다.

의사소통활동

각 과에서 학습한 어휘, 문법, 표현 등을 확인하고 의사소통 시 활용할 수 있도록 듣기, 말하기, 읽기, 쓰기 등의 영역에서 언어 기능 연습을 통합적으로 제시하였다. 이를 토대로 의사소통 능력을 향상 시키도록 하였다.

읽기

각 과의 주제에 맞는 한국의 사회, 경제, 법, 전통 문화, 현대 문화 등에 대한 읽기 내용을 두 개씩 제시하여서 친숙한 사회적 소재뿐만 아니라 한국인의 가치관과 문화의 다양성과 특수성을 이해할 수 있도록 구성하였다.

부록

의사소통활동의 듣기 지문을 제시하였다.

차례

LESSON 01

수입과 지출

문법과 표현

-에 의하면/-고 -고 그런대요/
-잖아요/ -나 -겠어요?

어휘

경제 활동 관련 어휘

생활비 중 지출이 많은 항목은 무엇입니까?

돈이 없으면 어떤 지출을 먼저 줄입니까?

Track 01

수지	어제 뉴스에 의하면 요즘 청년 실업이 큰 사회 문제래.
지선	한국뿐만 아니라 세계적으로도 큰 문제지.
수지	그래서 이가 아파도 치과에 잘 안가고, 결혼도 못 하고 그런대.
지선	나도 사실 지금 이가 좀 아픈데 이번 달에 적자가 날 것 같아서 참고 있는 중이야.
수지	카드를 쓰지 그래?
지선	카드도 다 빚이잖아. 막상 카드를 쓰려니까 마음이 안 내켜서.
수지	맞아. 그래서 치과에 가려면 큰맘 먹고 가야 해. 그런데 결혼은 왜 안 할까?
지선	한국 집값이 만만치 않잖아. 집값이 하루가 다르게 뛰니 누가 결혼이나 마음대로 하겠어?

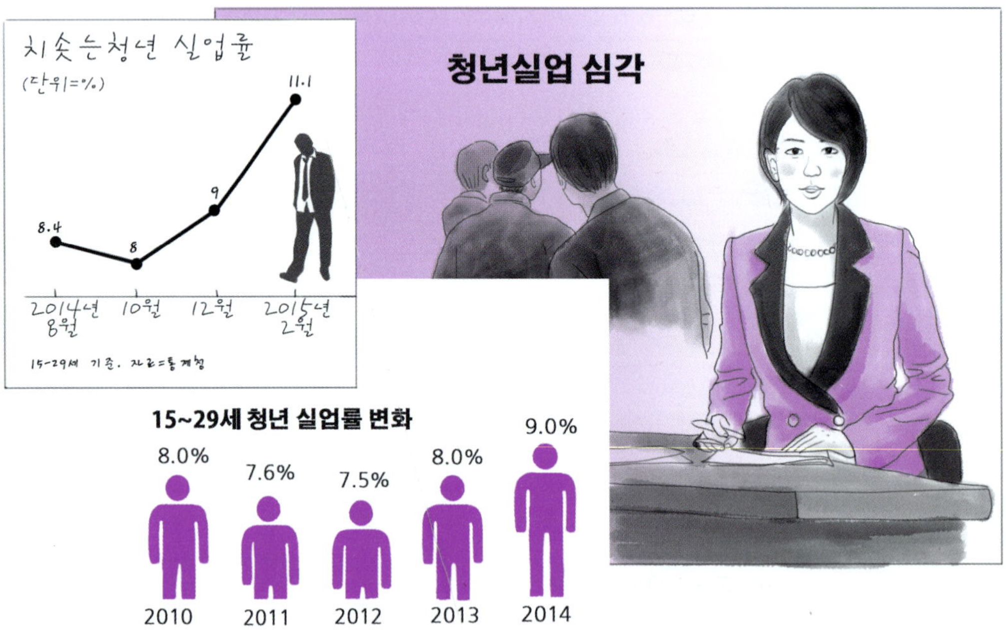

새단어

지출	사회 문제	참다	막상	미루다
청년 실업	적자	빚	빈부격차	

● 다음 대화를 잘 듣고 질문에 답하세요.

1. 다음 중 대화 내용과 같은 것을 고르세요.

- ☐ 요즘 큰 사회 문제는 빈부격차이다.
- ☐ 청년 실업은 한국에서만 큰 문제이다.
- ☐ 요즘 병원 가기가 만만치 않다.
- ☐ 한국은 집 값이 싼 편이다.
- ☐ 한국에서는 결혼을 하고 싶을 때 금방 할 수 있다.

2. 다음에 대해서 이야기해 보세요.

- 뉴스에 의하면 요즘 큰 사회 문제는 무엇입니까?
- 그 사회 문제 때문에 사람들은 어떻게 합니까?
- 요즘 젊은이들이 결혼을 미루는 이유가 무엇입니까?

● 여러분 나라에서는 어떤 사회 문제가 있어요?

☐ 인구 문제　☐ 실업 문제　☐ 환경 문제
☐ 교통 문제　☐ 청소년 문제　☐ 주택 문제

이렇게 표현해요

마음이 안 내켜요

'마음이 안 내켜요'는 '하고 싶지 않다'는 거절 등의 뜻으로 사용할 수 있는 표현이다. '하기 싫다'보다는 약한 부정의 뜻으로 해석할 수 있다.

문법과 표현

● [명]에 의하면 (= [명]에 따르면)

뉴스에 의하면 오늘 밤에 태풍이 온대요.

그 친구 **말에 의하면** 태권도는 어렵지 않대요.

신문에 의하면 달에 생물이 살고 있는 것 같대요.

의사 선생님 **말씀에 의하면** 이 약을 먹으면 잠이 온대요.

수지 씨 **말에 따르면** 애리 씨가 아프대요.

● 연습해 봅시다.

1. 다음 [보기]와 같이 배운 표현을 이용해서 이야기해 보세요.

보기 (어제 뉴스, 앞으로 이틀은 더 춥다)

→ 어제 뉴스**에 의하면** 앞으로 이틀은 더 **춥다고 합니다**.

(1) (숙명여대에 다녔던 사람, 수업이 재미있다.)

→ ____________________

(2) (떡볶이를 만들어 본 사람, 쉽고 간단하다.)

→ ____________________

(3) (어제 뉴스, 서울 집값이 많이 내렸다)

→ ____________________

(4) (경찰, 그 범인은 사람을 열 명이나 죽였다)

→ ____________________

(5) (직장 상사의 말, 이번 여름에 휴가가 없다)

→ ____________________

2. 어제 뉴스나 신문에서 본 이야기를 친구에게 해 주세요.

(1) ____________________

(2) ____________________

● [형]/[동]-고 [형]/[동]-고 그런대요/그렇대요

가: 요즘 비가 안 와서 걱정이에요.
나: 네, 뉴스에 의하면 물이 부족해서 설거지도 **못하고** 빨래도 **못하고 그런대요.**

가: 미수 씨 남자 친구 본 적 있어요?
나: 아니요. 그런데 미수 씨 말에 의하면 키도 **크고 씩씩하고 그렇대요.**

● 연습해 봅시다.

1. 배운 표현을 이용해서 이야기해 보세요.

(1) 미수 씨가 요즘 열심히 공부해서 (한국말도 잘 하다/아르바이트도 하다)

(2) 한국 여름 날씨는 더워서 사람들이 (피곤해하다/힘들어하다)

(3) 작년에 비가 많이 와서 (습하다/홍수가 나다)

(4) 호나우두 씨는 내년에 (한국어를 공부하다/한국 여행을 하다)

2. 친구들과 함께 들은 이야기를 말해 보세요.

가: ○○○는 요즘 어떻게 지낸대요?
나: 직장도 다니고 한국어 공부도 열심히 하고 그런대요.

부모님 건강	
고향 날씨	
한국 음식 맛	
서울의 교통	
친구 학교 생활	

● [형]/[동]-잖아요

가: 친구 생일인데 무슨 선물을 사죠?

나: 목걸이는 어때요?

가: 글쎄요, 목걸이는 너무 비싼 것 같아요. 요즘 우리 같이 쇼핑 너무 많이 해서 제가 요즘 돈이 **없잖아요**.

가: 또 먹어요? 한 시간 전에 점심 먹지 않았어요?

나: 제가 좀 많이 **먹잖아요**.

(과거) 지난 겨울은 너무 **추웠잖아요**.

(현재) 지금 공부를 **하잖아요**.

(미래) 내일 비싼 밥을 먹을 **거잖아요**.

● 연습해 봅시다.

1. 배운 표현을 이용해서 대답하세요.

> **보기** 가: 요즘 석유 값이 너무 올라서 걱정이에요.
> 나: 석유는 부족한데 차가 너무 **많잖아요**.

(1) 가: 길이 왜 막히지요?

나: ______________________

(2) 가: 돈이 왜 없지요?

나: ______________________

(3) 가: 오늘은 왜 이렇게 피곤하지요?

나: ______________________

(4) 가: 마이클 씨가 왜 학교에 안 오지요?

나: ______________________

2. 한번 말한 것을 다시 말할 때도 '-잖아요'를 사용합니다. 다음 상황에서 어떻게 말할 수 있나요?

> **상황** 핸드폰을 받은 것을 잊고 다시 물어볼 때
> 가: 아까 나한테 핸드폰을 줬어?
> 나: 가방 안에 핸드폰을 넣었다고 했잖아.

(1) 〈상황〉 밥을 먹어서 배부르다고 말했는데 또 먹으라고 할 때

(2) 〈상황〉 청소하라고 엄마가 여러 번 말할 때

(3) 〈상황〉 피곤해서 쉬겠다고 말했는데 계속 공부하라고 할 때

(4) 〈상황〉 친구에게 약속 시간을 확실하게 말했는데 또 늦었을 때

좀 더 자세히

- 뭐가 달라요?

어제 밥을 많이 먹었잖아요.

어제 밥을 많이 먹었거든요.

● [명](이)나 [동]-겠어요?(=[을/를] 못/안 하겠다)

간식을 그렇게 많이 먹으니 나중에 **밥이나 먹겠어요**?

(간식을 그렇게 많이 먹으니까 나중에 밥을 못 먹겠어요.)

밖이 이렇게 시끄러우니 **공부나 하겠어요**?

(밖이 이렇게 시끄러우니까 공부를 못 하겠어요.)

● 연습해 봅시다.

1. 배운 표현을 이용해서 다음 문장을 바꿔 보세요.

(1) 너무 놀기만 하니 한국어를 잘 못하겠어요.

→ ______________________________ ?

(2) 잠을 너무 많이 자니 눈이 부어서 잘 못 뜨겠어요.

→ ______________________________ ?

(3) 돈이 부족해서 여행을 못 가겠어요.

→ ______________________________ ?

(4) 아르바이트를 너무 많이 해서 숙제를 못 하겠어요.

→ ______________________________ ?

(5) 한국 사람들 말이 너무 빨라서 이해할 수 없겠어요.

→ ______________________________ ?

2. 배운 표현을 이용해서 대화를 완성하세요.

(1) 가: 4급이 되니까 외워야 하는 단어가 너무 많아요.

나: ______________________________

(2) 가: 요즘 회사 일이 많아서 밤 12시에 퇴근해요.

나: ______________________________

(3) 가: 마이클 씨 집은 방이 10개나 돼서 청소하기 힘들 것 같아요.

나: ______________________________

3. 다음 [보기]와 같이 배운 표현을 이용해서 이야기해 보세요.

- 요즘 마음에 들지 않는 사람이나 힘든 일이 있어요?

> **보기** 저는 요즘 월급을 세 달 동안 못 받았어요.
> 돈은 안 주고 일만 시키니 제가 밥이나 먹을 수 있겠어요?

____

____

____

____

____

____

____

____

____

좀 더 자세히

- 뭐가 달라요?

아침을 안 먹으니 **공부나 하겠어요**?

도서관에 자리가 있으니 같이 가서 **공부를 하겠어요**?

어휘 확장

● 다음 표현은 무슨 뜻일까요? 관계가 있는 것끼리 연결해 보세요.

(1) 대출하다 •	• 한 달 후에 빌린 돈을 다시 돌려 줄 거예요.
(2) 이자 •	• 정한 날짜에 돈을 주지 못하면 이 돈을 내야 돼요.
(3) 원금 •	• 처음에 빌린 돈이에요.
(4) 연체료 •	• 이번 달에 돈을 적게 쓰고 돈을 남겼어요.
(5) 절약하다 •	• 집을 사기 위해 은행에서 돈을 빌렸어요.
(6) 돈을 갚다 •	• 빌린 돈의 5%를 매달 내야 해요.

● 다음 어휘의 의미를 읽고 그 예를 써 보세요.

- 공과금: 국민이 국가에 내야 하는 요금과 세금.
  예를 들면 재산세, 자동차세, ______________________ 이/가 있다.

- 교통비: 대중교통을 이용하는 데 쓰거나 자동차를 운행하거나 유지할 때 드는 비용.
  예를 들면 지하철 비, ______________________ 이/가 있다.

- 통신비: 통신에 드는 비용.
  예를 들면 우편비, ______________________ 이/가 있다.

- 문화비: 사교, 교양, 오락 등에 쓰는 비용.
  예를 들면 영화 관람비, ______________________ 이/가 있다.

- 의료비: 병을 치료하는 데 드는 비용.
  예를 들면 약값, ______________________ 이/가 있다.

- 주거비: 집에서 사는 데 필요한 비용.
  예를 들면 월세, ______________________ 이/가 있다.

의사소통 활동

말하기

● 함께 말해 봅시다.

1. 여러분의 지출 항목 중에서 가장 많은 부분은 무엇입니까?
   지난 달에는 적자였습니까, 흑자였습니까?
   어떤 부분을 절약하면 좋을 거 같습니까?

가: 지난 달에 나는 30만원 적자였어.
나: 그래? 어느 부분을 많이 썼어?
가: 학비를 제일 많이 썼어. 너는 어때?
나: 나는 지난 달에 외식을 많이 해서 식비가 많이 나왔어.
가: 너는 이번 달에 외식을 줄이는 게 좋겠다.

2. 다음 게임을 하면서 가계부를 작성해 보세요.

주사위를 던진 후에 나온 수만큼 가면 됩니다.

수입과 지출 목록을 쓴 후에 가장 돈이 많은 사람이 누구인지 살펴 봅니다.

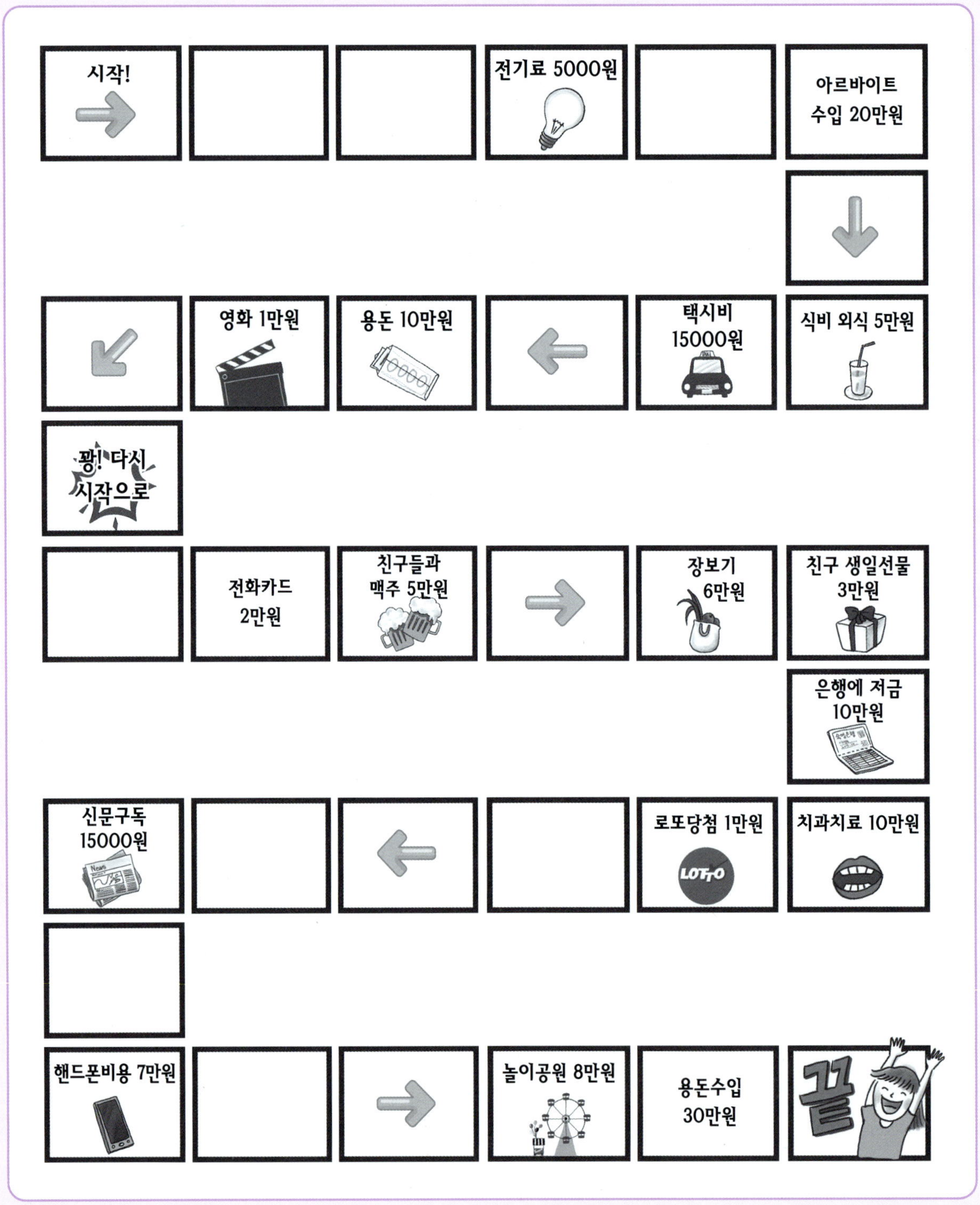

가계부

수입		지출		
내용	돈	내용		돈
		식비		
		공과금		
		문화·활동비		
		통신비		
		교통비		
		의료비		
		저축		
		주거비		
		교육비		
합계				

• 누구의 수입이 가장 많습니까?

• 누구의 지출이 가장 많습니까?

• 어느 친구의 돈이 가장 많습니까?

듣기 Track 02

● 다음 대화는 애리와 하나의 대화입니다. 하나가 바빠 보이는데 왜 바쁜지 잘 들어 보세요.

1. 들은 내용과 다른 것은 무엇입니까?

☐ 애리 씨는 하나 씨와 함께 밥을 먹고 싶어한다.

☐ 하나 씨는 오늘 할 일이 많아서 바쁘다.

☐ 오늘은 말일이다.

☐ 하나 씨는 현빈 씨와 같이 밥을 먹고 싶지 않은 것 같다.

2. 오늘 하나 씨가 해야 할 일은 무엇입니까? 두 가지를 쓰세요.

(1) ____________________

(2) ____________________

3. 자동 이체를 신청했을 때의 장점은 무엇입니까?

☐ 은행에 가지 않아도 된다.

☐ 연체료가 할인된다.

☐ 신청할 때 조금 어렵지만 신청 후에는 편리하다.

읽기 I

● 다음 단어의 뜻을 추측해 보세요.

소비-비소비	소득-지출	늘리다-줄이다
늘다-줄다	증가하다-감소하다	

● 다음을 읽고 질문에 답하세요.

'이자 · 연금 · 보험료' 비소비 지출 부담 최대

세금과 건강보험료, 이자 등 마음대로 늘리거나 줄일 수 없는 비소비 지출이 크게 늘어 가계에 부담을 더하고 있다.

통계에 따르면 지난해 전국 가구에서 월 평균 비소비 지출은 62만 원 정도로 재작년과 비교해 3.9% 증가했다. 연간으로 따지면 금액은 752만 원이 된다. 전체 소득 중 비소비 지출은 지난해 18.2%로 2003년 이후로 가장 높았다. 연도별로는 2003년 17.0%에서 2006년 17.4%, 2008년 17.8%로 꾸준히 증가했다.

비소비 지출은 수입에서 일정하게 납입되는 금액으로 고정 비용의 특성을 가지고 있다. 이런 이유 때문에 비소비 지출이 커진다는 것은 실제 생활에 필요한 지출이 줄어든다는 것을 뜻한다. 자세히 살펴보면 지난해 가계대출이 증가함에 따라 월평균 이자 비용이 6만 6천 원으로 지난해보다 3.1% 늘었다.

이와 같이 국민 생활에 큰 부담을 주는 비소비 지출을 줄일 수 있는 방안을 모색하지 않으면 서민 생활이 더욱 어렵게 될 것이다.

1. 윗글에서 가장 중요한 문장에 밑줄을 쳐 보세요.

2. '비소비 지출'의 뜻을 찾아서 써 보세요.

3. 위 내용과 같은 것은 무엇입니까?

☐ 월 평균 비소비 지출이 늘었다.

☐ 2003년부터 지금까지 비소비 지출은 계속 감소하는 중이다.

☐ 비소비 지출이 커질수록 쓸 수 있는 비용은 늘어난다.

4. 비소비 지출의 증가로 일어날 수 있는 사회문제에 대해 생각해 보세요.

☐ 개인 저축이 줄어든다.

☐ 고소득층과 저소득층과의 빈부 격차가 점점 커진다.

● 다음 그래프를 보고 질문에 답하세요.

나이	20대	30대	40대	50대	60대
수입 지출					
목표	결혼자금	주택 마련 자녀 육아비	주택 마련 자녀 교육비	자녀 교육비 자녀 결혼	노후 생활비 긴급 자금
고민	경제 재테크 개념 부족	수입에 비해 저축금액이 적다	자녀 교육비 등 큰돈 쓸 일이 많다.	저금리에 따른 노후 자금 부족	

1. 위 그래프는 무엇을 나타내고 있습니까?

2. 50대 때 필요한 지출은 무엇이겠습니까? 어떤 문제가 있습니까?

3. 여러분은 어느 나이에 해당됩니까? 여러분이 필요한 지출과 고민이 되는 문제는 무엇입니까?

읽기 Ⅱ

- 여러분 나라의 취업 상황은 어떻습니까?

- 다음 단어는 무슨 뜻일까요? 다음 설명을 보고 알맞은 단어를 쓰세요.

평생 직장　　정년 퇴직　　실업률　　구조조정　　해고

1. 직업이 없는 사람들의 비율:
2. 일정한 나이가 되어서 회사를 그만두는 것:
3. 한 번 직장에 다니게 되면 퇴직할 때까지 다니는 직장:
4. 회사에서 더 이상 회사에 다니지 못하게 내보는 것:
5. 기업의 구조를 조정하여 효율성을 높이는 것:

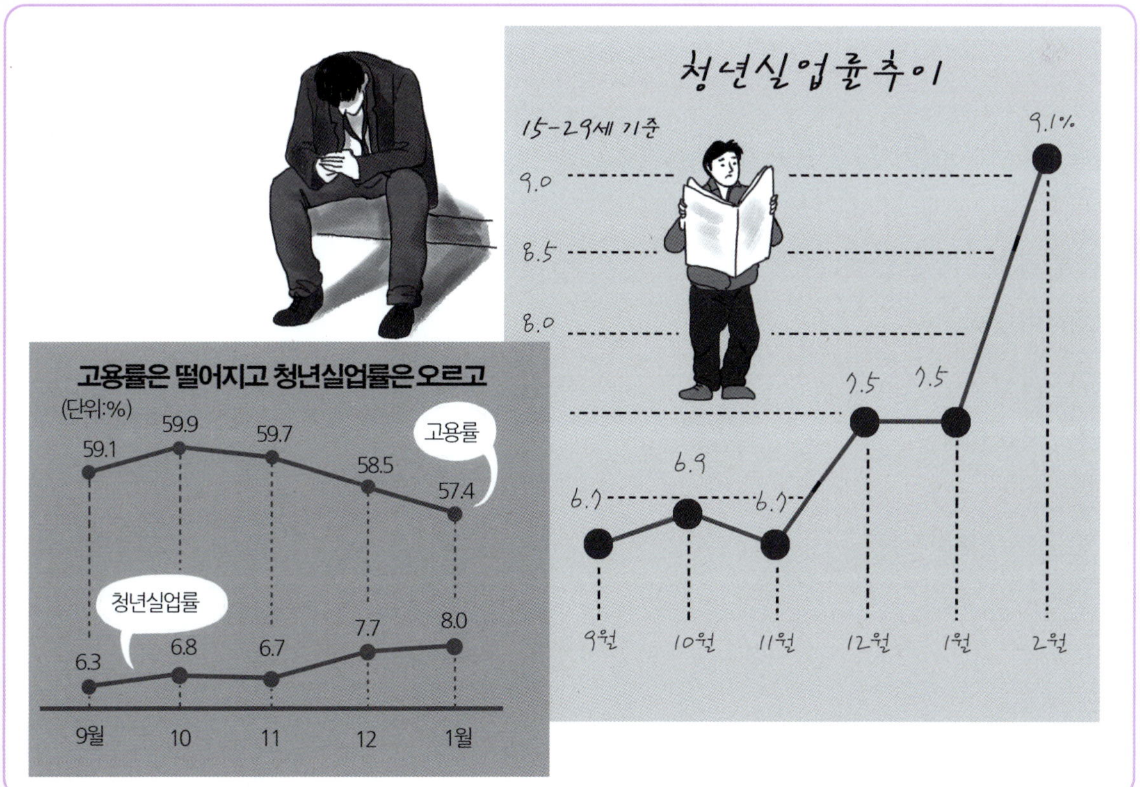

● 다음을 읽고 답하세요.

한국의 경제 상황과 실업률

요즘 한국에서는 '평생직장은 없다' 라는 인식이 많아지고 있다. 평생직장이란 회사에 입사해서 정년퇴직할 때까지 계속 근무하는 직장을 말한다. 예전에는 보통 대부분의 직장을 평생직장이라고 생각하고 한 회사에서 열심히 일했다. 그러나 한국의 경제 상황이 안 좋아지면서 평생직장이 없어지고 있다고 한다. 이는 어려운 경제 상황과 실업률 때문이다. 경제가 어려워지면 회사들이 구조조정을 하게 되는데 그 과정에서 직원들이 해고되기 때문이다. 또한 새로운 신입 사원도 뽑지 않는다.

이러한 경제 문제와 함께 '이태백', 삼팔선', '사오정' 이라는 말이 생겨났다. '이태백' 은 20대 태반이 백수라는 의미이다. 여기에서 태반은 거의 절반을 나타내는 단어로 20대 청년들의 실업률이 그만큼 높다는 것을 보여준다. '삼팔선' 은 38세 정도가 되면 퇴직을 한다는 의미라고 한다. 나이가 38세이면 한창 열심히 일할 수 있는 나이이지만 경제가 나빠지면서 계속 회사에 다니고 싶어도 그만두어야 하는 사람이 많아서 생긴 말이다. '사오정' 은 45세 정도가 정년이라는 뜻이다. 한국에서는 보통 만 60세가 정년이지만, 경제가 어려워지면서 정년을 앞당겨 해야 하는 일이 흔히 있다. 따라서 '삼팔선' 과 마찬가지로 사람들은 일을 계속하고 싶지만 빨리 회사를 그만두어야 하는 사람들을 말할 때 '사오정' 이라는 말을 한다고 한다. 이 단어들은 모두 어려운 경제 상황 때문에 실업자가 된 사람들을 가리키는 말로 한국의 경제상황과 실업률을 잘 보여주는 단어라고 할 수 있다.

1. 평생 직장이 없어지는 이유는 무엇입니까?

2. 다음 표현은 무슨 뜻입니까?

(1) 이태백:

(2) 삼팔선:

(3) 사오정:

새단어

인식
입사하다
태반
백수
절반
앞당기다
상황

● 한국의 경제 문제는 어떤 특징이 있습니까? 여러분 나라와 비교해서 이야기해 보세요.

LESSON 02

건강 관리와 운동

문법과 표현

-어야 -고 말할 수 있다
-다가 -다가 하다
-다마다요

어휘

접두사 '군-', 동작 관련 어휘

◆ 여러분은 건강을 위해 무엇을 합니까?

어떻게 하면 군살이 달아날까요?

Track 03

베라	마이클 씨는 어떤 운동을 하고 있어요?
마이클	저는 매일 아침 달리기를 해요.
베라	매일 한다고요? 마이클 씨는 정말 부지런한가 봐요.
마이클	쉽지는 않지만 노력하고 있어요. 베라 씨는요?
베라	저는 가장 중요한 숨쉬기 운동을 하죠.
마이클	하하하, 숨쉬기 운동이 중요하다마다요.
베라	사실은 운동을 했었는데 대충 하니까 효과가 없는 것 같아요. 그래서 그런지 군살이 많아졌어요. 목 근육도 뭉친 것 같고요.
마이클	맞아요. 운동은 규칙적으로 해야 효과적이라고 말할 수 있어요.
베라	시간이 없어서 생각만큼 쉽지 않아요. 쉽게 할 만한 운동이 없을까요?
마이클	글쎄요. 장소에 상관 없이 할 수 있는 스트레칭이나 요가 어때요? 아령을 이용해도 좋고요.
베라	어떻게 하는지 알아야 하죠.
마이클	인터넷에서 검색해 보면 가벼운 스트레칭이나 요가 동작을 찾을 수 있어요. 근처 서점에서 책을 구입해도 좋고요.
베라	그래요? 그럼 오늘 당장 시작해 봐야겠어요.
마이클	운동을 시작하면 하다가 말다가 하지 말고 꼭 꾸준히 하세요.

새단어

군살	뭉치다	검색하다	동작	효과적이다
근육	아령	구입하다	당장	꾸준히

● 다음 대화를 잘 듣고 질문에 답하세요.

1. 다음 중 틀린 것을 고르세요.

- ☐ 마이클 씨는 매일 운동을 한다.
- ☐ 베라 씨도 꾸준히 운동을 한다.
- ☐ 마이클 씨는 베라 씨에게 쉽게 할 수 있는 운동을 추천해 주었다.
- ☐ 베라 씨는 다음 주에 운동을 시작할 것 같다.

2. 마이클은 어떤 운동을 얼마나 자주 합니까?

3. 베라가 하는 운동은 어떤 것입니까?

4. 마이클이 추천한 운동은 무엇입니까?

● 함께 이야기해 보세요.

내 몸에서 빼고 싶은 군살이 있습니까? 어떻게 하면 그 부분의 군살을 뺄 수 있을까요? 친구들과 이야기해 보세요.

빼고 싶은 군살	살 빼는 방법

이렇게 표현해요

숨쉬기 운동이 중요하다마다요

정말 중요한 운동이라는 뜻이 아니라 '운동을 안 한다' 라는 베라의 농담에 위트 있게 응대하는 표현이다.

문법과 표현

● [형]/[동]-어야 -(이)라고/다고 (말)할 수 있다

공부를 열심히 **해야 학생이라고 말할 수 있어요.**

피부가 **좋아야 예쁘다고 말할 수 있어요.**

■ [동사 과거] -었다고 말할 수 있다

쌀밥과 국을 먹어야 아침을 먹었다고 말할 수 있어요.

■ [동사 현재] -ㄴ/는다고 말할 수 있다

일주일에 이틀은 운동을 해야 규칙적으로 운동한다고 이야기할 수 있어요.

● 연습해 봅시다.

1. 다음 [보기]와 같이 배운 표현을 이용해서 문장을 만들어 보세요.

보기 키가 크고 다리가 길다. 모델이다.
→ 키가 크고 다리가 길어야 모델이라고 할 수 있다.

(1) 좋은 친구를 얻다. 인생에서 성공했다.
→ ______

(2) 인사를 잘 하다. 예의가 바르다.
→ ______

(3) 아내의 마음을 읽을 수 있다. 좋은 남편이다.
→ ______

(4) 남을 너그럽게 용서하다. 마음이 넓다.
→ ______

(5) 피자 한 판을 먹다. 많이 먹다.
→ ______

2. 배운 표현을 이용해서 이야기해 보세요.

(1) 얼마나 좋아해야 사랑한다고 말할 수 있을까요?

___

(2) 한국어를 어떻게 말해야 한국말을 잘 한다고 할 수 있을까요?

___

(3) 기온이 얼마나 되면 춥다고 할 수 있을까요?

___

(4) 어떤 선생님/학생을 좋은 선생님/학생이라고 할 수 있을까요?

___

(5) 시간이 얼마나 지나야 그 사람을 잊을 수 있나요?

___

좀 더 자세히

● –어야

내일 날씨가 **좋아야** 소풍을 갈 수 있어요.

한국 음식은 파와 마늘이 많이 **들어가야** 맛있어요.

불고기는 센 불에 빨리 **익혀야** 맛있어요.

매일 열심히 **공부해야** 한국어를 잘할 수 있어요.

호랑이 굴에 **들어가야** 호랑이를 잡을 수 있다.

● [형]/[동]-다(가) [형]/[동]-다(가) 하다

감동적인 코미디 영화를 보면서, **울다가 웃다가 했다.**

그 사람이 **좋다가 싫다가 한다.**

시골을 달리던 버스는 고장이 났는지 **가다가 서다가 한다.**

그 드라마를 **보다가 말다가 하니까** 내용을 잘 모르겠다.

● 연습해 봅시다.

1. 배운 표현을 이용해서 문장을 만들어 보세요.

(1) 먹다 / 안 먹다

→ ______________________________

(2) 공부를 열심히 하다 / 공부를 안 하고 다른 생각을 하다

→ ______________________________

(3) 자다 / 텔레비전을 보다

→ ______________________________

(4) 숙제를 하다 /

→ ______________________________

2. 배운 표현을 이용해서 이야기해 보세요.

(1) 약을 먹다가 안 먹다가 하면 어떻게 돼요?

(2) 언제 자다가 깨다가 해요?

(3) 우리 반에 학교에 오다가 안 오다가 하는 학생이 있어요?

(4) 불을 계속 껐다가 켰다가 하면 어떻게 될까요?

● [형]/[동]-다마다요

가 : 숙제 다 하셨지요?

나 : 그럼요. 다 **했다마다요**.

가 : 남자친구가 그렇게 좋아요?

나 : **좋다마다요**.

가 : 영화표 있는데 저랑 같이 영화 보러 가실래요?

나 : 당연하죠. **가다마다요**.

● 연습해 봅시다.

1. 다음 [보기]와 같이 배운 표현을 이용해서 문장을 만들어 보세요.

> **보기** 당연히 할 수 있다.
> → 그럼요, 할 수 **있다마다요**.

(1) 물론 한국어를 잘 하고 싶다.

→ ______________________________

(2) 필리핀의 여름이 더운 것은 당연하다.

→ ______________________________

(3) 다이어트를 위해서는 운동을 해야 한다.

→ ______________________________

(4) 업무가 힘들다.

→ ______________________________

2. 배운 표현을 이용해서 이야기해 보세요.

(1) 한국어 공부 열심히 할 수 있지요?

(2) 4급 공부가 재미있지요?

(3) 다음 학기에 장학금을 받을 수 있겠지요?

(4) 그 사실을 선생님께 말씀 드렸지요?

좀 더 자세히

● -고말고요

숙제를 다 **했고말고요**.

남자친구가 **좋고말고요**.

같이 영화보러 **가고말고요**.

어휘 확장

● 다음 어휘에 공통적으로 들어가는 말을 살펴보고 그 뜻을 추측해 보세요.

군살	군말	군침	군것질	군식구

나는 배에 군살이 많아.

군말 말고 시키는 대로 하자.

갈비 생각만 해도 입 안에 군침이 돌아요.

저는 군것질을 좋아해요.

우리 집에는 항상 시골에서 올라온 군식구가 많았다.

● 빈 칸에 알맞은 단어를 써 보세요.

1. 오빠가 결혼한 후, 오빠 집에 살게 되었는데, 올케와 오빠 사이에 나는 ____________ 이/가 된 것 같았다.

2. 나이가 들면 들수록 팔뚝이랑 배에 ____________ 이/가 붙는다.

3. 수업 시간에 선생님께서 고향 음식을 소개하라고 하셨는데, 소개를 하다 보니까 입 안에 ____________ 이/가 돌았다.

4. 이번에도 축구 경기에서 지면 ____________ 없이 깨끗하게 패배를 인정해야 한다.

5. 우리 아이는 밥은 많이 안 먹는데, ____________ 을/를 좋아해서 뚱뚱해졌어요.

● 동작 관련 어휘

(1) 벌리다

모으다

(2) 굽히다 = 구부리다

펴다

(3) (고개를) 숙이다

(고개를) 들다

(허리를) 숙이다

(허리를) 젖히다

(4) 올리다

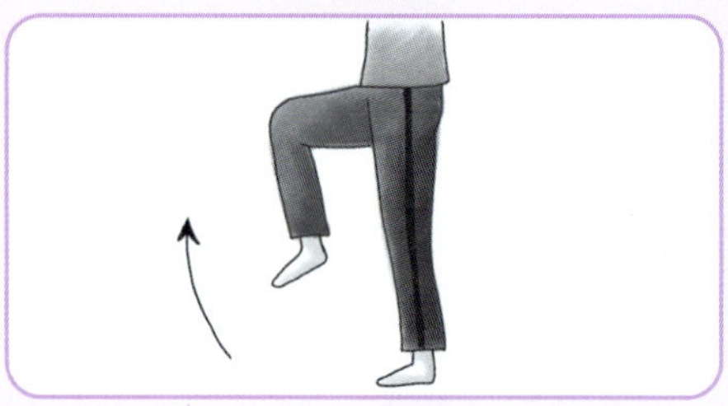

내리다

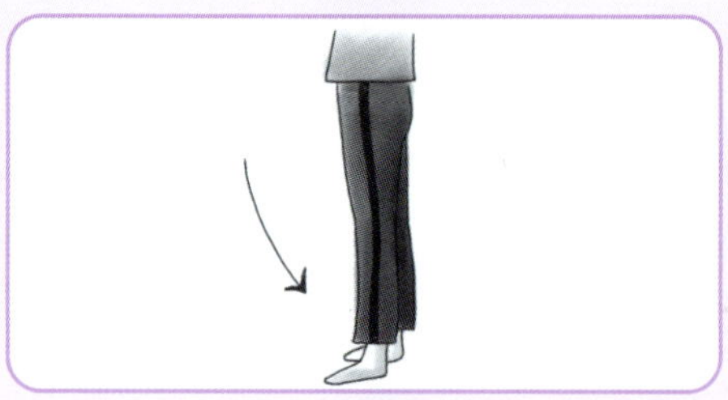

(5) 빼다

집어넣다

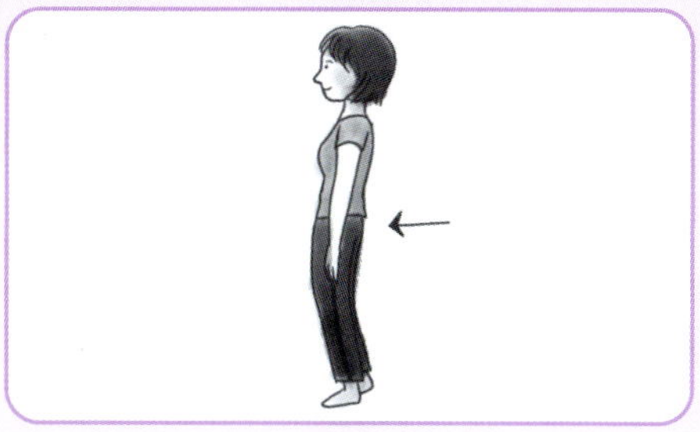

(6) 눕다

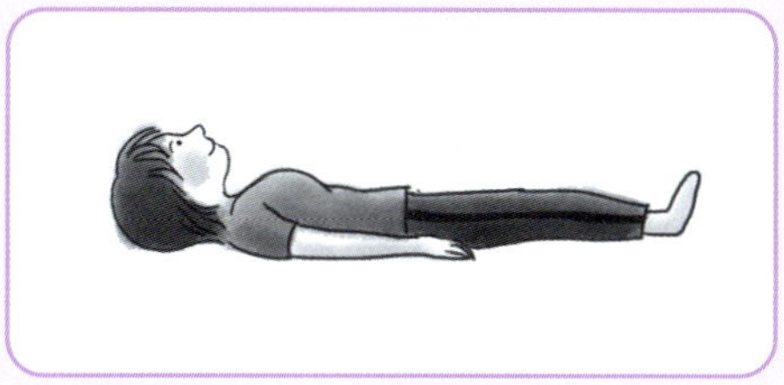

엎드리다

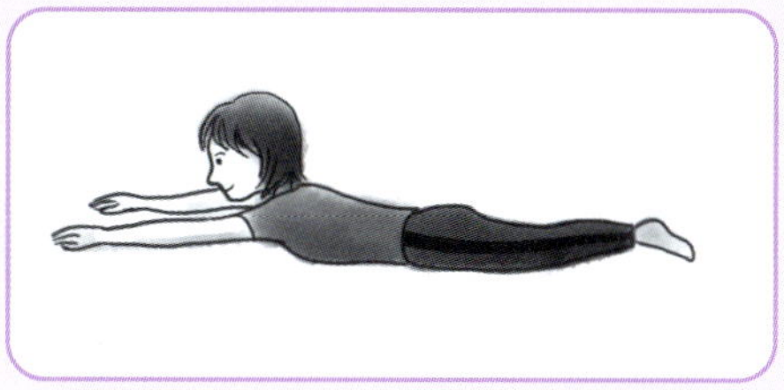

(7) 깍지를 끼다

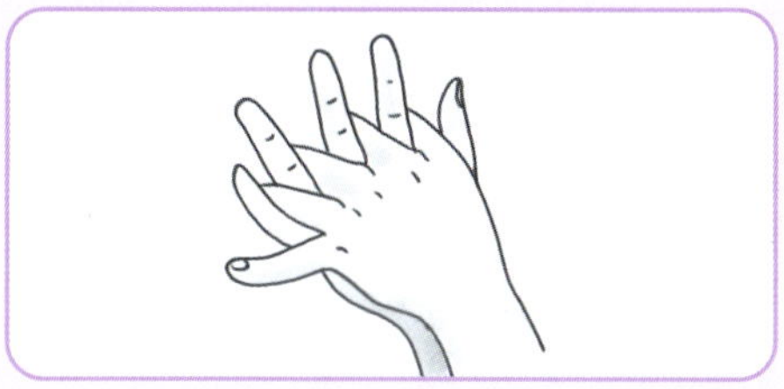

(8) 일자(一字)

● **친구와 짝을 지어 친구의 지시대로 해 보세요.**

학생 1 : 양팔을 넓게 벌리세요. 그리고 한쪽 다리를 들고 고개를 뒤로 젖히세요.
무슨 자세인 것 같아요?

학생 2 : 다리를 굽히고 앉아 보세요. 그리고 양손은 양쪽 귀를 잡으세요. 그대로 양발을 모으고 뛰세요.
한국에서는 이것을 토끼뜀이라고 해요.

의사소통활동

말하기

● 다음은 한국 사람들이 자주 하는 운동들입니다.

맨손체조

요가

등산

헬스

배드민턴

인라인 스케이트

자전거 타기

걷기 운동

1. 한국에서 이런 운동을 하는 사람들을 봤나요?

2. 여러분 나라 사람들이 자주 쉽게 하는 운동들을 반 친구들에게 소개해 봅시다.

3. 여러분은 어떤 운동을 얼마나 자주 합니까?

4. 그림처럼 근육질 몸매를 보면 어떤 생각이 듭니까?

5. 요즘 한국에 불고 있는 '몸짱' 열풍에 대해 어떻게 생각하세요?

6. 운동 외에 건강을 위하여 할 수 있는 것이 어떤 것이 있을까요?

듣기 Track 04

● 다음을 듣고 답하세요.

새단어

규칙적
지나치다
열풍
몸매
유지하다
식사량
중독
조절하다
수명
단축시키다
장수
신체

1. 다음을 듣고 틀린 것을 고르세요.

☐ 규칙적인 운동은 건강 유지에 필요하다.

☐ 요즘 매일 규칙적으로 운동하는 사람들이 늘고 있다.

☐ 매일 운동을 안 해도 괜찮다.

☐ 운동은 많이 하면 할수록 건강에 좋다.

2. 요즘 사람들은 몸매가 멋있는 사람을 뭐라고 부릅니까? (   )

3. 이 이야기의 중심 생각을 고르세요.

(1) 몸짱 열풍으로 운동을 하는 사람이 늘고 있다.

(2) 날씬한 몸매를 위해 식사량을 조절해야 한다.

(3) 지나친 운동보다 적당히 운동을 하는 것이 가장 중요하다.

(4) 운동 중독인 사람은 매일 운동을 해야 한다.

4. 여러분 주변에서 운동 중독이라고 생각되는 사람을 본 적이 있습니까?
여러분은 운동 중독에 대하여 어떻게 생각합니까?

읽기 I

● 다음 단어는 어떤 뜻입니까?

상체-하체　　양팔/양손/양발　　자세　　너비　　윗몸

● 다음을 읽고 물음에 답하세요.

아령 운동과 스트레칭

동작은 천천히 해야 합니다. 예를 들어 아령을 들었다 내리는 것이라면 드는 데 3초, 내리는 데 3초 정도 걸리도록 하세요.

1. 팔 벌리고 오므리기

   양 발을 어깨 너비로 벌린다.
   무릎을 10도 정도 앞으로 구부린다.
   윗몸은 25도 가량 앞으로 숙인다. 이 때, 엉덩이를 뒤로 빼지 말아야 한다.
   아령 든 팔을 양 옆으로 어깨 높이까지 올렸다 내린다.

2. 다리 굽혔다 펴기

   발은 어깨 너비, 손을 가슴에 X자로 모으고 상체를 앞으로 15도 정도 숙인다.
   무릎이 90도로 굽혀지는 자세가 될 때까지 천천히 앉았다 일어난다.
   엉덩이를 뒤로 빼지 않도록 주의한다.

3. 두 손 앞으로 올리고 내리기

   양 발을 어깨 너비로 벌린다.
   무릎을 45도 정도 앞으로 구부린다.
   윗몸은 25도 가량 앞으로 숙인다. 이 때, 엉덩이를 뒤로 빼지 말아야 한다.
   아령 든 팔을 위로 올린다. 팔과 상체가 일자가 될 때까지 올렸다 내렸다 한다.

4. 인사 체조

다리는 어깨 너비보다 좀 더 넓게 벌린다.
아령 든 손을 목 뒤로 해서 깍지를 낀다.
엉덩이를 빼지 않도록 주의하면서 상체를 숙일 수 있을 때까지 숙였다가 든다.

1. 앞 내용에 맞는 그림을 찾아보고 간단하게 요약해 보세요.

2. 스트레칭 동작을 따라해 보세요.

읽기 II

● 위 사진을 보고 이야기해 봅시다.

1. 여러분은 계단을 오르내릴 때 엘리베이터 또는 에스컬레이터를 선택하십니까? 아니면 걷는 것을 선택하십니까? 그 이유는 무엇입니까?

2. 사람들이 계단을 오르내리게 할 수 있는 좋은 방법으로 무엇이 있을까요?

3. 어떻게 하면 지루하지 않고 즐겁게 운동을 할 수 있을까요?

● 다음 어휘의 의미를 생각하며 이야기해 봅시다.

유도하다　　　　조성하다　　　　기부하다

1. 걷기를 싫어하는 사람들이 생활 속에서 걷기를 즐길 수 있도록 도와주고 이끌어 주는 방법으로 어떤 것이 있을까요?

2. 어떤 환경을 만들어 주면 사람들이 더 걷고 싶은 마음이 들게 될까요?

3. 다른 사람을 돕기 위해 돈이나 물건을 주는 문화는 어떤 것이 있을까요?

● 다음을 읽고 물음에 답해 보세요.

피아노 계단

피아노 계단이라고 들어 보셨나요?

피아노 계단이란 사람들이 에스컬레이터 대신 계단을 더 이용할 수 있도록 만든 피아노 소리가 나는 계단이라고 합니다. 스웨덴 스톡홀롬에서 시작된 이 계단은 에스컬레이터 대신에 계단을 이용하도록 하여 사람들을 더 건강하게 하려는 아이디어에서 시작되었다고 합니다. 이 계단이 생기고 나서 사람들이 계단을 이용하는 횟수가 훨씬 증가했다고 합니다.

한국에도 스웨덴처럼 소리가 나는 재미있는 계단이 있는 곳이 있습니다. 서울 을지로입구역과 인천 부평역이 바로 그곳입니다. 이 계단을 오르거나 내려갈 때 피아노 소리가 납니다. 또한, 피아노 소리뿐만 아니라 한국 악기 가야금 소리가 나는 곳도 있습니다. 서울시는 비만을 예방하고 생활 속에서 걷기를 유도하는 환경을 만들고자, 서울시청 시민청 입구에 '기부하는 가야금 건강계단' 을 만들었습니다. 시청에서 서울광장으로 나가는 계단에 조성된 '기부하는 가야금 건강계단'을 모두 오르거나 내려가면 어려운 사람들을 위해 기부도 할 수 있다고 합니다.

재미를 느끼며 건강을 챙길 수 있고 사람들도 도와줄 수 있는 건강 계단에 여러분도 한 번 가 보세요.

1. '피아노 계단' 이 무엇입니까?

2. 서울시에서는 어떤 목적으로 피아노 계단을 만들었습니까?

새단어

횟수
가야금
챙기다

3. 건강도 챙기고 기부도 할 수 있는 '기부하는 가야금 건강 계단' 에 어울리는 표현은 무엇입니까?

① 일석이조　② 막상막하

③ 외유내강　④ 죽마고우

LESSON 03

후회

문법과 표현

-었어야 했는데 / -었더라면
-어 봤자
-는 데다가

어휘

후회 관련 표현

요즘 가장 후회가 되는 일은 무엇입니까?

지금 후회해 봤자 소용없어

Track 05

마이클	민호야, 무슨 걱정이 있어? 며칠 전부터 안색이 나쁘던데, 요즘 일이 많이 힘든가 봐.
민호	아니, 일은 안 힘든데, 얼마 전에 충격적인 일이 좀 있어서…….
마이클	무슨 일 때문에 충격을 받았는데?
민호	얼마 전에 헤어진 여자 친구가 결혼한대. 역시 계속 연락을 했어야 했는데…….
마이클	지금 후회해 봤자 소용없어. 버스는 이미 떠났잖아.
민호	그 여자 친구는 아무리 노력해도 나를 좋아해 주지 않았어.
마이클	입은 비뚤어져도 말은 바로 하랬다고, 사실 네 잘못이지, 뭐.
민호	어째서?
마이클	너는 매일 바쁘다고 한 달에 한두 번 정도만 만났잖아.
민호	그때는 너무 바빠서 어쩔 수 없었어.
마이클	게다가 전화도 자주 안 했지, 아마? 그 여자는 너를 떠날 수밖에 없었어. 그래도 연락은 자주 해야 애인이라고 말할 수 있지 않아?
민호	너까지 나한테 그러지 마. 요즘 밥도 잘 못 먹는 데다가 잠도 잘 못 자.
마이클	그래도 건강이 제일이니까 그만 잊도록 해 봐.

새단어

안색	소용없다	충격적	충격을 받다
역시	어쩔 수 없다	게다가	후회

● 다음은 요즘 힘들어하는 민호를 보고 마이클이 민호에게 말하는 대화입니다. 대화를 잘 듣고 질문에 답하세요.

1. 다음을 듣고 맞는 것을 고르세요.

- ☐ 민호 씨는 일을 너무 많이 해서 요즘 힘들다고 한다.
- ☐ 민호 씨 말에 의하면 얼마 전에 헤어진 여자 친구가 결혼했다고 한다.
- ☐ 민호 씨 생각에 마이클 씨 옛날 여자 친구는 마이클 씨를 좋아하지 않았다고 한다.
- ☐ 민호 씨는 전에 너무 바빠서 그 옛날 여자 친구와 자주 만나지 못했다.

2. 마이클 씨가 말하는 '애인의 조건'은 무엇입니까?

3. '버스는 이미 떠났잖아'의 의미는 무엇입니까?

● 여러분은 여자/남자 친구와 헤어진 후에 후회를 한 적이 있습니까?

나의 후회

이렇게 표현해요

너까지 나한테 그러지 마

'너까지 나한테 그렇게 말하지 않으면 좋겠어.(다른 사람들이 모두 나를 비난해도) 적어도 너는 내 편이 되어 줘'의 의미이다.

문법과 표현

● [형]/[동]-었어야 했는데　　　[형]/[동]-었더라면 (-(으)ㄹ 텐데)

열심히 **공부했어야 했는데**…….

열심히 공부를 **했더라면** 시험을 잘 **봤을 텐데**…….

약을 매일 **먹었어야 했는데**…….

약을 매일 **먹었더라면** 지금 안 **아플 텐데**…….

어제 그 사람에게 연락을 **했어야 했는데**…….

어제 그 사람에게 연락을 **했더라면** 오늘 책을 **받을 수 있을 텐데**…….

● 연습해 봅시다.

1. 배운 표현을 이용해서 문장을 완성해 보세요.

(1) 가: 중국어를 배운 적이 있었어요?

나: 네, 고등학교 때 배웠는데, 계속 공부를 안 했더니 이제 하나도 모르겠어요.

→ ______________________________

(2) 가: 이번 시험에 합격했어요?

나: 아니요, 한 문제만 더 맞으면 합격인데, 안타까워요. 처음에 1번 문제 답을 ④번으로 했다가 ②번으로 바꾸었어요.

→ ______________________________

(3) 가: 수업 시간에 왜 이렇게 졸고 있어요?

나: 어제 TV를 보느라 늦게 자서 그래요.

→ ______________________________

2. 다음과 같은 상황에서 후회를 할 때 어떻게 말하겠습니까? 두 가지 문형을 이용하여 말해 보세요.

(1) 운동화를 신지 않은 날 오래 걸어서 발이 너무 아플 때

→ ______________________________

→ ______________________________

(2) 저 앞에 버스가 왔지만 뛰기 싫어서 안 탔다. 하지만 다음 버스가 올 때까지 너무 오래 기다렸을 때

→ ______________________________

→ ______________________________

(3) 친구에게 화를 낸 후에 서로 사이가 안 좋아졌을 때

→ ______________________________

→ ______________________________

(4) 시험 공부를 안 해서 시험을 못 봤을 때

→ ______________________________

→ ______________________________

좀 더 자세히

- '-었더라면'은 사실이 아닌 가정의 의미를 나타낼 때도 사용할 수 있어요.

  내가 **천재였더라면** 좋았을 텐데.

  돈이 **없었더라면** 한국에 못 왔을 거예요.

  잠을 안 자고 게임만 **했더라면** 불규칙한 생활 때문에 병에 걸렸을 거예요.

● [동]-어 봤자

두 사람은 **사랑해 봤자** 결혼할 수 없어요. 한국에서는 사촌끼리 결혼할 수 없거든요.

지금 **가 봤자** 소용없어요. 드라마 촬영이 끝났으니까 배우들을 만날 수 없을 거예요.

그렇게 **뛰어 봤자** 지하철을 탈 수 없을 거예요. 마지막 차가 12시인데 지금 11시 58분이에요.

그 세탁기를 **고쳐 봤자** 금방 또 고장 날 거예요. 이번에 새로 하나 삽시다.

● 연습해 봅시다.

1. 배운 표현을 이용해서 연습해 보세요.

> **보기** 그 사람에게 말하다 / 소용없다
> 그 사람에게 **말해 봤자** 소용없어요.

(1) 감기약을 먹다 / 낫지 않다

→ ______________________________

(2) 지금 전화하다 / 어머니는 전화를 안 받다

→ ______________________________

(3) 열심히 뛰다 / 제 시간 안에 못 가다

→ ______________________________

(4) 아무리 부탁을 하다 / 들어주지 않을 거다

→ ______________________________

2. 배운 표현을 이용해서 문장을 완성해 보세요. 그리고 왜 그런지 이유도 함께 써 보세요.

> **보기** 그 사람에게 충고를 **해 봤자** 듣지 않을 거예요.
> 그 사람은 다른 사람 말은 전혀 안 듣거든요.

(1) 가: 빨리 출발합시다!

나: 지금 출발해 봤자 ______________________

____

(2) 가: 먼저 가세요. 저는 그 사람을 좀더 기다려 볼래요.

나: 그 사람을 더 기다려봤자 ______________________

____

(3) 가: 여자 친구에게 줄 선물을 고르고 있어요.

나: 그 여자에게 좋은 선물을 줘 봤자 ______________________

____

(4) 가: 이번 집들이에 선생님도 초대할까 해요.

나: 이번 집들이에 선생님을 초대해 봤자 ______________________

____

3. 아무리 노력을 해도 안 되는 일이 있습니까? 아무리 노력을 해도 소용없었거나 목표를 달성할 수 없었던 일에 대해서 이야기해 보세요.

● [형]/[동] -(으)ㄴ/는 데다가

그 아저씨는 **부자인 데다가** 성품도 좋으시다.

제 여자 친구는 **예쁜 데다가** 똑똑해요. 그래서 사람들이 좋아해요.

이 과자는 **맛있는 데다가** 값도 싸요.

그 아이는 기침을 **하는 데다가** 콧물도 나요.

어제 저녁에 밥을 **먹은 데다가** 라면까지 먹었어요.

● 연습해 봅시다.

1. 배운 표현을 이용해서 문장을 완성하세요.

(1) 애리는 머리가 ________________ 공부도 열심히 해요. (좋다)

(2) 준기 씨는 담배도 많이 ________________ 술도 많이 마셔요. (피우다)

(3) 지선 씨는 얼굴이 ________________ 성격도 좋아요. (예쁘다)

(4) 그는 말이 ________________ 발음도 정확하지 않아요. (느리다)

(5) 그 식당 음식은 ________________ 반찬도 여러 가지예요. (값이 싸다)

(6) 한국의 겨울은 날씨가 ________________ 바람도 많이 불어요. (춥다)

(7) 그 학생은 ________________ 시험까지 안 봐서 유급을 했어요. (결석을 많이 하다)

(8) 우리 집은 ________________.

(9) 제 동생은 ____.

(10) 서울은 ____.

2. 다음에 대해 이야기해 보세요.

(1) 사람들이 왜 그 사진관에서 사진을 많이 찍어요?

(2) 왜 여학생들이 떡볶이를 즐겨 먹나요?

(3) 많은 집들 중에서 왜 그 집으로 이사하기로 했어요?

(4) 어제 왜 결석했어요?

(5) 오늘 피곤해 보이네요. 무슨 이유라도 있어요?

좀 더 자세히

- '-는 데다가'는 '게다가'나 '-을 뿐만 아니라'와 바꾸어 사용할 수 있어요.

그 사람은 한국어 실력이 **좋은 데다가** 한국 문화에 대해서도 잘 알고 있어요.

그 사람은 한국어 실력이 좋아요. **게다가** 한국 문화에 대해서도 잘 알고 있어요.

그 사람은 한국어 실력이 **좋을 뿐만 아니라** 한국 문화에 대해서도 잘 알고 있어요.

어휘 확장

● 다음 단어의 의미를 찾은 후에 문장을 완성해 보세요.

갈등하다	선택하다	아쉽다
반성하다	되돌리다	후회막심

(1) 시간이 조금만 더 있었으면 우리 팀이 이길 수 있었는데……. ____________

(2) 한 해를 마치는 연말에는 지난 한 해 동안 잘못한 일들을 ____________, 다음 해의 계획을 세운다.

(3) 후회가 돼도 그 일은 그냥 잊어버리세요. 이미 지난 일들은 ____________ 수 없잖아요.

(4) 그때 그 여자와 안 헤어졌어야 했는데…… ____________ 이에요.

(5) 어떤 것으로 하시겠어요? 둘 중에 마음에 드시는 걸 ____________.

(6) 이사를 갈까 말까 아직 결정하지 못했어요. 벌써 두 달째 ____________ 고 있어요.

● 다음 이야기를 친구와 함께 나누어 보세요.

(1) 만약 시간을 되돌릴 수 있다면 여러분은 언제로 돌아가고 싶습니까?

(2) 여러분은 언제 어떤 상황에서 '아쉽다!'라는 말을 사용합니까?

(3) 여러분은 가끔 여러분의 생활에 대해 반성을 합니까?

● 다음 이야기를 읽고 알맞은 단어를 써 넣으세요.

치다 물 소

나는 오늘 수업 시간에 아주 중요한 발표가 있었다. 하지만 어제 발표 준비를 하려고 할 때 친구에게 전화가 왔다. 친구가 같이 커피나 마시자고 해서 발표 준비를 안 하고 만났다. 그런데 오늘 발표 준비를 충분히 하지 못해서 중요한 발표를 완전히 망치고 말았다. 발표가 끝난 후에 나는 **땅을** ________ **후회했다**.

어제 친구에게서 진수 씨에 대한 이야기를 들었다. 나는 오늘 다른 친구를 만났을 때 그 친구에게 진수 씨에 대한 이야기를 해 주었다. 그런데 조금 전에 어제 만난 친구에게 전화가 왔다. "어제 내가 말 한 것들은 비밀이야. 다른 사람한테 말하지마. 알았지?" 나는 깜짝 놀라며 이렇게 말했다. "어떻게 하지? 오늘 다른 친구한테 이미 말을 했는데……. 정말 미안해." 그러자 친구가 말했다. "할 수 없지 뭐. **이미 엎질러진** ________ **인데**."

오토바이 타는 것을 너무나 좋아하던 친구가 오토바이를 타다가 사고를 당했다. 친구는 머리에 헬멧을 쓰지 않고 있었기 때문에 머리를 크게 다치고 말았다. 오랫동안 입원을 했다가 겨우 퇴원을 했다. 퇴원을 하는 날 친구는 집에 가는 길에 헬멧을 사러 가자고 했다. 그 말을 듣고 나는 "쯧쯧, ________ **잃고 외양간 고치네**. 진작 헬멧을 썼더라면 이렇게 다치지는 않았을 텐데……."라고 말해 주었다.

의사소통활동

말하기

● 사람들은 모두 후회를 하며 삽니다. 어떤 일을 해서 후회를 하기도 하고 하지 않아서 후회를 하기도 합니다. 여러분은 어떤 일로 후회를 해 봤고 후회를 한 이유는 무엇입니까? 같이 이야기해 보세요.

해서 후회한 일 & 그 이유	
하지 않아서 후회한 일 & 그 이유	

● 여러분은 최근에 다음과 같은 일로 후회를 해 본 적이 있습니까? 언제, 어떻게, 왜, 그런 후회를 했습니까? 같이 이야기해 보세요.

1. 약속을 정하고 나서 후회한 적

2. 누군가를 만나고 나서 후회한 적

3. 무언가를 사고 나서 후회한 적

듣기 Track 06

● **다음 두 사람의 이야기를 듣고 질문에 답을 하세요.**

1. 다음 남자의 이야기를 듣고 들은 내용과 같으면 ○, 틀리면 × 하세요.

(1) 남자는 오늘이 첫 출근이다. ( )

(2) 남자는 오늘 엘리베이터에서 아는 할아버지를 만났다. ( )

(3) 남자는 오늘 무거운 짐을 들고 있어서 할아버지를 돕지 못했다. ( )

2. 남자가 사장님을 만나고 나서 어떤 말을 했을까요?

3. 다음 여자 이야기를 듣고 들은 내용과 다른 부분을 고쳐 써 보세요.

→ 여자는 세일할 때 미리 옷을 사지 않은 것을 후회하고 있다.

4. 여자의 이야기를 듣고 여자의 친구가 되어 이야기해 보세요.

5. 여러분도 이런 경험이 있습니까? 이와 비슷한 경험이 있으면 이야기해 보세요.

읽기 I

- 지금까지 살면서 가장 기억에 남는 일은 무엇입니까?

- 다음을 읽고 물음에 답하세요.

사람들은 대부분 본인이 선택하거나 결정한 일, 또는 지나온 일들에 대해서 후회를 한다. 특히 인생을 마감할 때가 되어서는 누구든지 자신이 걸어 온 인생에 대해서 작든 크든 후회와 아쉬움이 남을 것이다. 간절히 원했던 일을 하지 못해서 하는 후회, 안 해도 좋았을 일을 해서 하는 후회 등 우리는 이런저런 일들에 대해서 여러 가지 이유로 후회를 하게 된다.

그렇다면 우리는 과연 우리의 인생을 마감할 때쯤 우리의 인생에 대해서 어떤 후회를 하게 될까? 만약에 평소에 이런 생각을 조금이라도 하고 지낸다면 우리의 인생은 지금보다 더 의미 있고 값진 시간들로 채워질 것이다. 얼마 전 서점에서는 실제로 죽음 앞에 선 사람들의 마지막 후회들을 모아 엮은 책이 화제가 된 적이 있다. 나는 과연 어떤 후회를 하고 어떤 후회는 하지 않게 될까? 스스로에게 물으며 한 가지씩 천천히 생각하며 읽어 보자.

사랑하는 사람에게 사랑한다는 말을 많이 했더라면
진짜 하고 싶은 일을 했더라면
사람들에게 조금 더 친절했더라면
꿈을 꾸고 그 꿈을 이루려고 노력했더라면
만나고 싶은 사람을 만났더라면
죽도록 일만 하지 않았더라면
가고 싶은 곳으로 여행을 떠났더라면
맛있는 음식을 많이 먹어보았더라면
친구와 더 자주 만났더라면
가족들과 더 많은 대화를 나누었더라면

새단어

본인
마감하다
간절히
채워지다
값지다
엮다
화제가 되다

1. 다음 중 읽은 내용과 다른 것을 고르세요.

- ☐ 많은 사람들이 죽음을 앞두면 후회를 한다.
- ☐ 어떤 사람이 죽기 전에 후회하는 일들에 대해 책으로 썼다.
- ☐ 죽도록 일하지 않아서 후회하는 사람도 있다.
- ☐ 다른 사람들과의 관계를 후회하는 일이 많다.

2. 다음 문장을 완성해 보세요.

(1) 진짜 하고 싶은 일을 했더라면 ______________________________.

(2) 죽도록 일만 하지 않았더라면 ______________________________.

(3) 친구와 더 자주 만났더라면 ______________________________.

(4) 가족들과 더 많은 대화를 나누었더라면 ______________________________.

● 여러분은 죽음을 앞두고 어떤 후회를 할 것 같습니까? 지금 생각해 볼 때 여러분도 나중에 할 것 같은 후회를 위에서 골라 보세요.

____

____

● 그렇다면 나중에 이런 후회를 하지 않기 위해서 지금부터 어떻게 해야 하겠습니까? 이야기해 보세요.

____

____

읽기 II

● 다음에 대해 이야기해 봅시다.

1. 육이오라는 단어를 들어본 적이 있나요?

2. 한국은 남북으로 분단되어 있습니다. 남과 북으로 나뉘는 경계가 어디인지 아세요?

3. 한국 역사에 대해 알고 있는 것을 이야기해 보세요.

● 다음 단어의 의미를 생각해 보고, (　　)에 알맞게 넣어 보세요.

휴전	한반도	역사	이산가족

1. 한국은 남과 북으로 나뉘어져 있고, 현재 전쟁을 멈추고 있는 (　　　　　　　　) 상태이다.

2. 세계의 (　　　　　　　　) 는 전쟁의 역사라고도 할 수 있다.

3. 전쟁으로 가족과 헤어져 살게 된 사람들을 (　　　　　　　　) 이라고 한다.

4. 삼면이 바다로 둘러싸인 땅은 반도라고 하는데, 한국도 반도에 위치해 있기 때문에 (　　　　) 라고도 한다.

● 다음을 읽고 물음에 답해 보세요.

바꿀 수 없는 역사

6.25(육이오)라는 말을 들어보셨습니까? '육이오'란 1950년 6월 25일을 가리키는 말로 '한국 전쟁'을 의미합니다. 1950년 6월 25일에 한반도에 전쟁이 일어났습니다. 이 전쟁은 3년 동안 계속 되었고 1953년 7월 27일에 휴전되었습니다.

이 전쟁으로 인해 많은 것이 달라졌습니다. 전쟁으로 휴전선이 생기고 서울과 신의주를 다니던 기차도 더 이상 다닐 수 없게 되었습니다. 휴전선 때문에 북쪽과 남쪽에 떨어져 있던 가족들은 갑자기 가족들과 서로 만날 수도 연락 할 수도 없게 되었습니다. 이렇게 헤어진 가족들을 이산가족이라고 하는데, 이산가족 중에서는 일 때문에 혼자 남한에 왔다가 헤어지게 된 사람들도 있고, 가족 중 일부만 피난을 내려와 헤어진 사람들도 많습니다. 그들은 지금도 '그때 어머니를 모시고 피난을 내려왔더라면……', '누이 가족도 함께 피난을 왔어야 했는데……' 하고 후회하는 사람들이 많습니다.

만약에 한국 전쟁이 일어나지 않았더라면 어떻게 되었을까요? 갑자기 헤어져서 슬퍼하는 사람들이 생기지 않았을 것입니다. 그리고 서울과 신의주를 다니던 기차가 계속 다녔더라면 비행기를 타지 않아도 한국에서 중국이나 러시아, 몽골을 갈 수 있었을 것입니다. 물론, 중국, 러시아, 몽골에서 한국에 올 때도 기차나 버스를 타고 올 수 있었을 것입니다. 전쟁이 없었더라면 이렇게 슬픈 일도 없고 (   )…….

전쟁이 없었어야 했는데 바꿀 수 없는 역사이기 때문에 더 슬프고 아쉽습니다.

1. 한국전쟁이 끝난 후 생긴 일이 아닌 것은 무엇입니까?

(1) 휴전선이 생기면서 많은 가족들이 헤어지게 되었다.

(2) 서울과 신의주를 다니던 기차가 멈추게 되었다.

(3) 중국이나 러시아, 몽골에 가는 버스가 생겼다.

(4) 피난을 다니면서 이산가족이 되었다.

> **새단어**
> 피난

2. (   )에 알맞은 말을 쓰세요.

3. 한국 전쟁이 일어나지 않았더라면 한국은 지금과 어떻게 다를까요?

4. 여러분 나라에서의 중요한 역사적 사건은 무엇입니까?

LESSON

04

대화의 방법

문법과 표현

-려던 참이다

아무 -나/도

-는 건 바라지도 않다

-기 십상이다

어휘

말꼬리 관련 표현 / 맞장구치기

다른 주제로 바꾸어 말하고 싶으면 어떻게 합니까?

상상에 맡길게요

Track 07

민호	그 바지 언제 샀어요? 처음 보는 바지인데요.
나라	며칠 전에 동대문 시장에서 샀는데 어때요?
민호	음, 왠지 나라 씨 같지 않아 보이는데요.
나라	그거 욕이에요, 아니면 칭찬이에요?
민호	하하하, 상상에 맡길게요. 농담이고요, 칭찬이에요, 칭찬. 이거 오해하기 십상이겠네요. 그런데 같이 오기로 한 친구는 어디에 있지요?
나라	말꼬리를 은근히 돌리시는군요. 민호 씨한테 칭찬 받는 건 바라지도 않았어요. 친구는 이리로 직접 오기로 했어요.
민호	그럼 점심은 어떻게 할까요?
나라	그렇지 않아도 밥을 먹자고 이야기하려던 참이었는데.
민호	아, 이럴 수가! 우린 정말 마음이 잘 통하는 것 같아요. 오늘은 이탈리안 식당에 가면 어떨까요? 스파게티 좋아하세요?
나라	저는 아무거나 잘 먹으니까 걱정 마세요.
민호	친구 기다리는 동안 음료수 좀 사 올게요.
나라	그 짐은 제게 맡기고 갔다 오세요.

새단어

욕	은근히	돌리다	맡기다
칭찬	아무거나	통하다	

● 다음 대화를 잘 듣고 질문에 답해 보세요.

1. 다음 중 맞는 것을 고르세요.

- ☐ 여자가 입고 있는 바지는 평소에 자주 입는 옷입니다.
- ☐ 남자는 여자에게 바지가 이상하다고 말했습니다.
- ☐ 여자와 남자는 모두 점심을 먹고 싶어 합니다.
- ☐ 여자는 입이 짧아서 음식을 선택할 때 힘이 듭니다.
- ☐ 두 사람은 지금 식당에 가고 있습니다.

2. 다음에 대해서 이야기해 보세요.

- 여자는 며칠 전에 시장에서 무엇을 샀습니까?
- 남자는 그 옷이 여자에게 잘 어울린다고 생각하고 있습니까?
- 남자는 어떻게 대화를 다른 주제로 바꿨습니까?

● 여러분은 대답하기 곤란한 질문을 받으면 어떻게 합니까?

이렇게 표현해요

왠지, 나라 씨 같지 않아 보이는데요

앞의 표현은 문맥에 따라서 좋은 뜻이나 안 좋은 뜻으로 해석이 가능하다. 의미를 간접적으로 표현할 때도 사용할 수 있다.

문법과 표현

● [동] -(으)려던 참이다

가: 여보세요, 마이클 씨, 안녕하세요? 저 세이코예요.

나: 세이코 씨, 안 그래도 지금 **전화하려던 참이었어요.**

가: 이번 방학에 온천 한 번 갈까요?

나: 좋아요. 안 그래도 한 번 가 **보려던 참이었어요.**

가: 오늘 저녁에 같이 운동하러 가면 어때요?

나: 그렇지 않아도 운동하러 **가려던 참이었어요.**

● 연습해 봅시다.

1. 배운 표현을 이용해서 이야기해 보세요.

(1) 가: 오늘 같이 영화를 보러 가면 어때요?

나: ________________

(2) 가: 오늘 저녁으로 불고기를 먹으면 어떨까요?

나: ________________

(3) 가: 커피가 두 잔 있는데 드시겠어요?

나: 고마워요, ________________

(4) 가: 빨리 안 가고 뭐해요?

나: ________________

(5) 가: 같이 운동하러 가면 어때요?

나: 아, 어쩌죠? ________________

2. 다음 대화를 읽고 대답해 보세요.

희찬: 아, 배고파, 밥 먹어야지.
엄마: 희찬아, 밥 먹어라!
엄마가 된장찌개 끓였다.
희찬: 네, 엄마!
안 그래도 지금 밥 먹으려던 참이었어요!

(1) 희찬은 밥을 벌써 먹었습니까?

(2) 희찬은 지금 무슨 생각을 했습니까?

3. 이럴 때 여러분은 어떻게 하시겠어요? 친구와 이야기해 보세요.

(1) 외출하려던 참이었는데, 친구가 집에 왔어요.

(2) 저녁을 먹으려던 참인데, 친구가 치킨을 사 왔어요.

(3) 수업을 시작하려던 참인데 갑자기 전화가 와요.

(4) 화장실에 막 가려던 참인데 친구가 급하다고 도와 달라고 해요.

좀 더 자세히

- 부사 '막'과 잘 어울려요.
  막 먹으려던 참이다.

● 아무 [명](이)나

내 동생은 **아무 옷이나** 입어요.

여기서는 **아무 버스나** 타도 학교에 갈 수 있어요.

엔디 씨와 만나고 싶은데 언제가 좋을까요? - 주말이면 **아무 때나** 괜찮아요.

우리집에 **아무나** 와도 괜찮아요.

아무거나 삽시다.

그 짐 **아무 데나** 놓으세요.

● 연습해 봅시다.

1. 배운 표현을 이용해서 이야기해 보세요.

(1) 가: 제 생일 파티에 오세요. 이번 주 토요일이에요.

나: 정말요? 친구랑 같이 가도 괜찮아요?

가: 그럼요, 친구라면 (   ) 같이 오세요.

(2) 가: 제 남자 친구 생일인데 생일 선물로 뭘 사면 좋을까요?

나: (   ) 사 줘도 좋아할 거예요.

(3) 가: 철수 씨네 언제 놀러 갈까요?

나: 주말이면 (   ) 괜찮아요.

(4) 가: 이번 파티에 어떤 옷을 입고 가야 하지?

나: (   ) 입고 와. 편하게 놀자.

2. 함께 연습해 보세요.

보기 가: 운동 중에서 야구만 좋아하세요?
나: 아니요, 저는 **아무 운동이나** 다 좋아해요.

(1) 가: 어디로 휴가를 가고 싶어요?

나: 저는 휴가를 갈 수 있다면 ______________________________

(2) 가: 주말에 뭐 하고 싶어요?

나: ______________________________

(3) 가: 저녁에 뭐 먹고 싶어요?

나: ______________________________

(4) 가: 한국에서는 누가 담배를 살 수 있어요?

나: 성인이면 ______________________________

(5) 가: 우리 이번에 책 사러 같이 갑시다. 언제 가면 좋을까요?

나: ______________________________

(6) 가: 병원에서 어떤 음식을 먹지 말라고 했어요?

나: ______________________________

(7) 가: 어떤 음식을 좋아해요?

나: ______________________________

좀 더 자세히

- '아무 -(이)나'는 '모든'의 의미를 나타내요.

아무 음식이나 먹어요. = 모든 음식을 다 먹어요.

아무나 만날 수 있어요. = 모든 사람을 만날 수 있어요.

● 아무 [명]도

아무 옷도 안 어울려요.

결혼식에 그 여자 가족은 **아무도** 안 왔어요.

지금 내 가방 안에는 **아무것도** 없어요. 빈 가방이에요.

가: 화장실이 어디에 있는지 아세요?

나: 저도 계속 찾았는데 **아무 데**도 없어요.

● 연습해 봅시다.

1. 배운 표현을 이용해서 빈 칸을 채우세요.

(1) 가: 월요일에 뭐 했어요?

나: 눈이 와서 ______________________ 안 가고 집에 있었어요.

(2) 가: 내일이 중간시험인데 공부 많이 했어요?

나: 요즘 일이 많아서 ______________________ 못했어요.

(3) 가: 병원에서 어떤 음식을 먹지 말라고 했어요?

나: 검사가 끝날 때까지 ______________________ 먹으면 안 된대요.

(4) 가: 먹고 싶은 거 있어요?

나: 날씨가 너무 더워서 ______________________ 먹고 싶지 않아요.

2. 배운 표현을 이용해서 이야기해 보세요.

(1) 가: 일요일에 학교에 누가 왔어요?

나: ______________________

(2) 가: 지난 주말에 어디에 갔어요?

나: ______________________

(3) 가: 다음 주가 발표인데 연습 많이 했어요?

나: 요즘 회사가 바빠서 ______________________

(4) 가: 배가 너무 아파서 약을 사먹어야겠어요. 이 근처에 약국 있어요?

나: 지하철 역 근처에 많아요. 그런데 밤 열한 시라서 ______________

(5) 가: 매운 음식 잘 먹어요?

나: ______________________________

(6) 가: 한국 여행을 많이 했어요?

나: 아니요, ______________________________

(7) 가: 우리 오늘 월급날이잖아요. 사고 싶은 거 있어요?

나: ______________________________

3. 친구들과 이야기해 보세요.

(1) 우리 반 학생 중 언제나 일찍 오는 사람은 누구입니까?

(2) 여러분 나라에서 누구나 쉽게 만들 수 있는 음식은 무엇입니까?

(3) 여러분 가족 중에서 아무거나 다 잘 먹는 사람은 누구입니까?

(4) 여러분 친구 중에서 아무 옷이나 다 잘 어울리는 사람은 누구입니까?

좀 더 자세히

- 부정적인 표현과 어울려 쓰여요.

  아무도 **안** 왔어요. 아무것도 **못** 먹어요. 아무데도 **안** 갈 거예요.

● [형]/[동] -(으)ㄴ/는 건 바라지도 않다

1등 하는 건 바라지도 않아요. 유급만 안 했으면 좋겠어요.

많은 돈을 **버는 건 바라지도 않아요.** 빨리 회사에 취직했으면 좋겠어요.

큰 집은 바라지도 않아요. 작은 방이라도 하나 있으면 얼마나 좋을까요.

● 연습해 봅시다.

1. 배운 표현을 이용해서 이야기해 보세요.

(1) 가: 한국에 오셨으니 제주도 여행은 꼭 해 봐야죠?

나: 제주도 ______________________ 서울 구경이라도 했으면 좋겠어요.

(2) 가: 감기에 걸리면 병원에 가세요?

나: 아니요, ______________________. 병원에 갈 시간이 있으면 잠 좀 자고 싶어요.

(3) 가: 생일 선물로 뭐 받고 싶어?

나: ______________________. 그냥 점심이나 같이 먹자.

(4) 가: 한 달 정도 푹 쉬었으면 좋겠다.

나: 나는 한 달 ______________________. 하루라도 편하게 쉬었으면 좋겠어.

2. 큰 소원보다는 작은 소원을 바랐던 상황으로 대화를 만들어 보세요.

(1) 소갈비가 먹고 싶지만 안 되면 삼겹살도 괜찮아.

(2) 백화점에서 비싼 옷을 사면 좋겠지만 시장에서 사는 싼 옷도 나쁘지 않아.

(3) 좋은 성적으로 선생님께 칭찬을 받는 것도 좋겠지만 불합격만 안하면 돼.

(4) 복권에 1등으로 당첨되는 것은 너무 어려운 일이야. 복권값만 다시 받을 수 있으면 좋겠다.

● [동] -기 십상이다

바닥이 미끄러워서 **넘어지기 십상이다.**

물건을 잘 보관하지 않으면 **잃어버리기 십상이다.**

그런 말을 하면 나쁜 사람으로 **오해받기 십상이에요.**

● 연습해 봅시다.

1. 배운 표현을 이용해서 이야기해 보세요.

(1) 가: 어제 갔던 곳이니까 잘 찾아갈 수 있겠죠?

나: 아니요, 길이 아주 복잡해서 ______________________________.

(2) 가: 덥지만 일을 더 하고 쉬어야겠어요.

나: 안 돼요. 이런 날씨에 너무 오래 일하면 ______________________________.

(3) 가: 존댓말은 너무 어려운 것 같아요. 자꾸 실수를 해요.

나: 맞아요. 조심하지 않으면 ______________________________.

(4) 가: 내가 전에 산천어 축제에 갔는데 너무 추워서 죽을 뻔했어요.

나: 그렇군요. ______________________________.

(5) 가: 서울에서는 너무 사람들이 많아서 힘들지 않아요?

나: 네, ______________________________.

2. 다음 상황에서 쉽게 일어날 수 있는 일로 문장을 만들어 보세요.

(1) 겨울에 날씨가 춥다고 운동도 안 하고 집에만 계속 있으면……

(2) 단 음식과 튀김 음식을 너무 많이 먹으면……

(3) 아무 계획 없이 쇼핑을 자주 하면……

(4) 학창시절에 공부를 안 하고 놀기만 하면……

(5) 주변 사람들에게 고마움과 미안함을 표현하지 않으면……

어휘 확장

● '말꼬리' 관련 표현

1. 말꼬리를 돌리다 •	• 말을 끝까지 정확하게 하지 못하다.
2. 말꼬리를 흐리다 •	• 남의 말실수를 들어 계속 따지다.
3. 말꼬리를 잡다 •	• 말하기 곤란해서 다른 이야기를 하다.
4. 말꼬리를 물고 늘어지다 •	• 남이 잘못 말한 부분에 대해 말하다.

● 맞장구 치기

1. 동의하는 말

네네, 그렇죠. 그렇고 말고요. 역시 그렇군요.
있을 법한 이야기네요. 맞는 말씀입니다.

2. 부정하는 말

그런 일은 없겠죠. 설마 그러려고요. 그럴 리가 없어요. 아닐 거예요.

3. 기뻐하는 말

다행이에요. 좋으셨겠어요. 와, 신난다! 앗싸!

4. 놀라는 말

저런! 그랬어요? 과연~ 이럴수가! 뭐라고 해야 할지 모르겠어요.

● 다음 말을 들으면 여러분은 어떤 맞장구를 치시겠어요?

1. 제가 이번에 복권에 1등 당첨이 되었어요.
2. 사람들을 대할 때 언제나 진심으로 대해야 돼요.
3. 여자 아이돌 가수가 작년에 결혼했대요.
4. 한 달 간 병원에 입원하셨던 할아버지가 오늘 퇴원하세요.
5. 친구가 어제 오토바이를 타다가 다리를 다쳤어요.

의사소통활동

말하기

● **대화 상황에 맞도록 맞장구를 쳐 보세요.**

1. 화자는 주장이나 의견을 말하고, 청자는 동의하거나 부정하는 상황

화자	청자
 의견 1 "고등학교를 졸업하면 용돈은 자기가 벌어야 할 것 같아." 의견 2 ______________________________ ______________________________ ______________________________	 동의 1 "맞아. 나도 그렇게 생각해." ______________________________ ______________________________  부정 1 "그렇지 않아, 용돈을 버는 것보다는 공부가 더 중요한 때야." ______________________________ ______________________________

2. 화자는 좋은 일을 자랑하고 청자는 축하해 주는 상황

화자	청자
 "저 이번 달에 승진했어요." ______________________________ ______________________________	 "와~, 축하해요. 기분 좋으시겠어요." ______________________________ ______________________________

3. 화자는 나쁜 일이나 놀랄 일을 말하고 청자는 안타까워하거나 놀라거나 위로하는 상황

화자	청자
 "운전면허시험에 떨어졌어요." ______________________________ ______________________________	 안타까워하는 말 "어머! 저런!" "다음에는 꼭 붙을 거예요. 힘내세요." 위로하는 말 "떨어지는 사람들도 많잖아요. 힘내세요."

듣기 Track 08

● **여러분의 꿈은 무엇입니까? 다음을 듣고 질문에 답해 보세요.**

1. 이 여자의 인생을 그래프로 나타내 보세요.

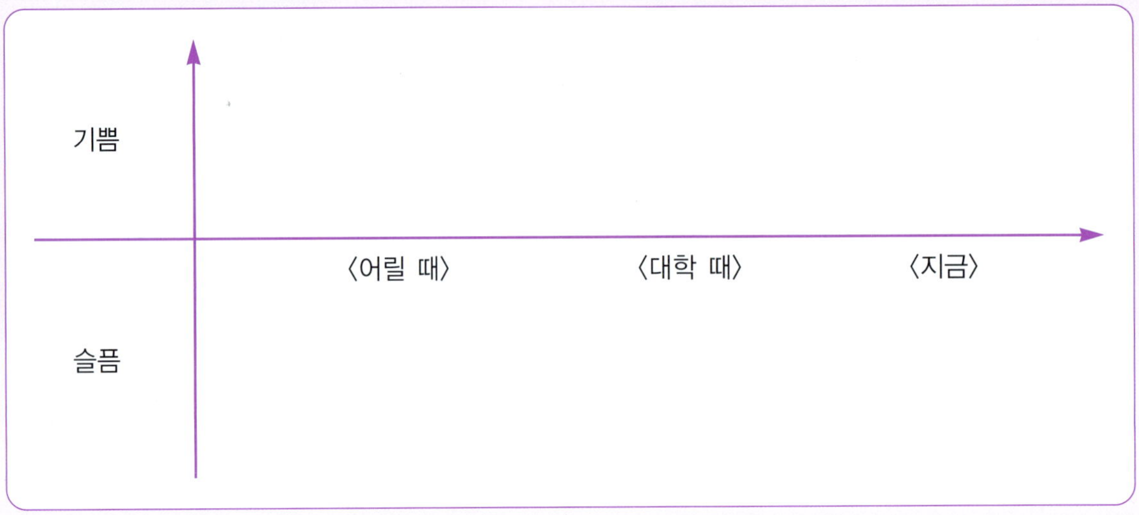

2. 이 여자의 대학 생활과 관계 <u>없는</u> 것은 무엇입니까?

- ☐ 부모님이 원하는 전공을 선택했다.
- ☐ 병원을 다니면서 상담을 받았다.
- ☐ 그림을 그리면서 많은 시간이 지나갔다.
- ☐ 꿈이 없는 생활 때문에 우울했다.

3. 이 여자가 다시 꿈을 갖게 된 것은 언제부터입니까?

4. 여러분도 인생이 크게 바뀐 때가 있습니까?

(1) 언제: ______________________

(2) 왜: ______________________

(3) 어떻게: ______________________

읽기 I

● 다음에 대해 함께 이야기해 봅시다.

1. 여러분은 어렸을 때 거짓말을 한 적이 있습니까?

2. 다른 사람이 거짓말을 하고 있다고 느낀 적이 있었습니까?

3. 다른 사람이 거짓말을 하고 있다고 느꼈을 때 어떻게 했습니까?

● 다음은 직장인을 대상으로 한 설문 조사입니다. 다음을 잘 읽고 물음에 답하세요.

직장인이 자주 하는 거짓말은?

지난달 어떤 취업전문 회사에서 남녀 직장인 1,208명을 대상으로 '직장인의 거짓말'에 대해 조사했다. 그 결과 '회사를 그만둔다'는 답변이 41.8%로 가장 많았다고 밝혔다. 그 다음으로는 '언제 한번 밥(술)이나 먹자'(37.1%), '집에 일이 있어서'(34.5%), '몸이 안 좋아서'(30.7%), '상사의 지시에 이해가 안 가도 알겠다고 말하기' 등의 순이었다. 이 밖에 '출근할 때 차가 막혀서 (늦었습니다)'(21.4%), '(아직 안 끝났지만) 거의 다 됐습니다'(18.1%), 심부름을 시켜서 미안하다고 말하는 상사의 말에 (심부름하기 싫지만) '괜찮습니다 부장님' 등의 답변도 있었다.

거짓말을 하는 직장 동료를 보면 '알지만 그냥 넘어간다'고 말한 응답자가 68.5%로 가장 많았다. 그 다음으로는 '그냥 무시한다'(31.3%), '사람을 다시 보게 된다'(19.5%) 등의 답변 순이었다. 질문을 받은 사람 93%가 직장생활을 하면서 거짓말을 한 적이 있다고 대답했다.

거짓말을 하는 상황으로는 '회식자리'가 45.6%로 가장 많았고, '상사 앞에서'(40.8%), '출퇴근 길에서'(27.5%), '영업장에서'(19.9%)라고 답한 응답자도 있었다.

새단어

뽑다
답변
지시
상사
동료
넘어가다
응답자
무시하다
비율
회식자리

1. 앞의 조사는 어디에서 실시한 것입니까? (   )

2. 글을 읽고 표를 채워 보세요.

질문 내용	자주 하는 거짓말	거짓말에 대한 반응	거짓말 하는 상황
설문 결과 1위			
설문 결과 2위			
설문 결과 3위			

3. 밑줄 친 '사람을 다시 보다' 라는 표현은 무슨 뜻입니까?

4. 좋은 거짓말은 어떤 것이라고 생각합니까?

5. 2~3명이 한 팀이 되어서 '학생들이 자주 하는 말' 에 대한 설문조사를 한 후에 발표해 보세요.

〈설문조사 전 계획하기〉

(1) 제목 (무슨 제목으로 할 것인가?)

제목:

(2) 질문 내용 정하기(몇 문제를 할 것인가? 객관식으로 할 것인가, 주관식으로 할 것인가?)

① ____________________

② ____________________

③ ____________________

(3) 대상: 누구에게 몇 명이나 물어볼 것인가?

대상: ____________________

인원: ________ 명

읽기 II

● 다음에 대해 함께 이야기해 봅시다.

1. 여러분 나라에서 금기시하고 있는 것은 무엇입니까? 어떻게 표현합니까?

2. 여러분 나라에서는 어떤 이야기에 대해 간접적으로 이야기합니까?

3. 적접적으로 말하기 힘든 말은 어떻게 표현합니까?

● 다음 단어의 뜻을 생각하면서 이야기해 보세요.

꺼리다　　　　금기　　　　돌려서 말하다

1. 여러분 나라에서 말하기 꺼리거나 금기로 생각하는 주제는 무엇입니까?

2. 한국에서 금기시하거나 돌려서 말하는 경우는 무엇이라고 생각합니까?

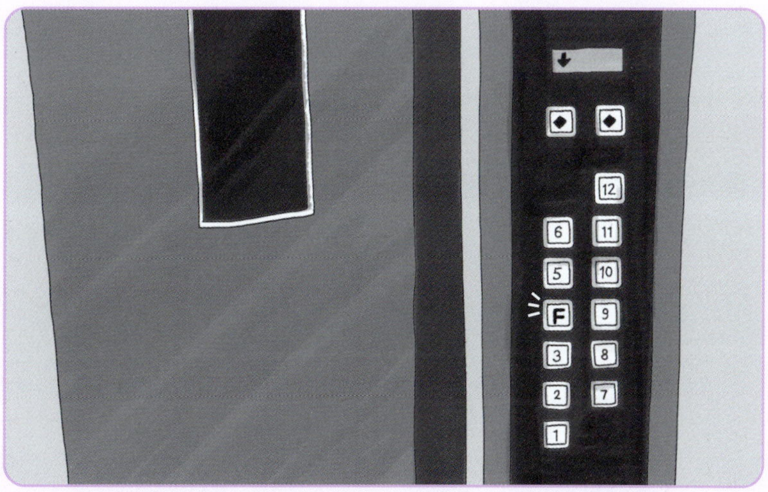

● 직접적으로 말하기 힘든 말은 어떻게 표현합니까? 다음을 잘 읽고 물음에 답하세요.

이 말 대신에 부드러운 말로

한국의 엘리베이터에는 층을 표시할 때 4층의 경우, 숫자 대신 F를 사용하는 경우도 있다. 한국에 살고 있는 사람이면 누구나 그 이유를 짐작할 수 있다. 이것은 한자로 '죽음'을 뜻하는 글자 '사'와 숫자 '4'의 소리가 같아서 나타난 현상이다. 사람들이 죽음을 꺼리고 있는 것과 관계가 있다.

사람들이 살면서 마음에 꺼려서 하지 않거나 피하는 일들이 있는데 이런 것을 금기라고 한다. 예를 들면 무서운 질병이나 동물, 예의 없는 행동 등이다. 금기 중에서도 사람들이 가장 피하고 싶어 하는 것은 죽음이다. 그러므로 죽음에 대해서 말할 때는 직접 말하기를 피하고 다른 표현으로 간접적으로 돌려서 말한다. 이렇게 부드러운 표현으로 대신하다 보니 다양한 표현이 많이 생기게 되었다. '죽다'라는 말도 대상과 죽음의 이유에 따라 표현이 다양해졌는데 '돌아가시다, 안 계시다, 목숨(생명)을 잃다, 하늘나라로 가다, 저 세상으로 가다, 사망하다' 등이 그러하다.

'돌아가시다, 안 계시다'는 나보다 나이가 많은 가족, 친척들에게 쓰는 말이다. '목숨(생명)을 잃다'는 예상하지 못했던 사고나 사건으로 죽었을 때 자주 사용한다. '하늘나라로 가다. 저세상으로 가다'라는 표현도 '죽다'라는 말보다는 부드러운 표현이다. '사망하다'는 나와 관계가 없는 사람들에게 쓰는 말이다. 주로 뉴스나 법과 관계있는 상황에서 사용한다.

1. 위의 내용과 같은 부분을 고르세요.

- ☐ 한국의 엘리베이터의 층수는 주로 영어로 표시한다.
- ☐ 사람들에게는 직접 말하기 어려운 일들이 있다.
- ☐ 금기 대상에 대해서는 말하지 않는 것이 예의이다.
- ☐ 언어는 한 가지 표현으로 여러 가지 의미를 나타낸다.

2. 다음 ( )에 공통적으로 들어가는 단어를 쓰세요.

- 처음 출발한 곳으로 다시 ( )
- 연세가 높으신 가족이나 친척이 얼마 전에 ( )

3. 다음 의미에 맞는 표현 두 개를 찾아 쓰세요.

죽은 후에 가게 되는 곳: (1) ________ (2) ________

LESSON 05

생김새와 재테크

문법과 표현

-에 따라 다르다
일단 -면
-고들 하다
설마 -는 아니겠지요?

어휘

'인연' 관련 표현, '외모'와 '성격' 관련 표현

◆ 옆 사람 얼굴을 보면 어떤 느낌이 듭니까?

얼굴에 따라서 운명이 다르다고 생각해요?

Track 09

민호	나라 씨, 나라 씨는 얼굴에 따라서 운명도 다르다고 생각해요?
나라	글쎄요, 일단 멋진 얼굴은 뭘 해도 쉽지 않을까요?
민호	맞아요, 예쁘고 멋진 사람은 실수해도 쉽게 용서하게 되는 것 같아요.
나라	네, 멋있는 사람이 물어보면 친절하게 가르쳐주었던 기억이 나요. 한국에서는 어떻게 생각하는데요?
민호	코가 두툼하면 돈 복이 있다고 하고요, 귓불이 넓으면 오래 산다고들 하죠.
나라	그래요?
민호	네, 하지만 코가 복코여도 코 밑에 점이 있으면 돈이 줄줄 샌다고 해요.
나라	제 얼굴 좀 봐 주세요. 돈 복이 보이나요?
민호	하하하, 글쎄요. 어디 한 번 볼까요? 나라 씨처럼 얼굴이 둥근형이면 돈과 인연이 많대요. 코 밑과 입술 사이에 살이 많으면 금상첨화고요.
나라	민호 씨, 제게 잘 보이셔야겠어요.
민호	맞아요, 그런 의미에서 점심은 제가 살게요.
나라	맛있는 것으로 사 주셔야 해요! 설마 말로만 끝나는 건 아니겠지요?

새단어

생김새, 재테크, 운명, 두툼하다, 귓불, 복코, 줄줄, 새다, 인연, 금상첨화, 잘 보이다

● 여러분은 어떤 얼굴형이 좋아요? 다음 대화를 잘 듣고 질문에 답하세요.

1. 다음 중 맞는 것을 고르세요.

☐ 한국에서는 입술이 두툼하면 돈 복이 있다고 한다.

☐ 한국에서는 귓불이 넓으면 돈을 많이 번다고 한다.

☐ 얼굴이 네모형이면 돈과 인연이 많다고 한다.

☐ 코 밑과 입술 사이에 살이 많으면 별로 좋지 않다고 한다.

☐ 오늘 점심은 민호가 살 것이다.

● 다음에 대해서 이야기해 보세요.

1. 재테크 방법에는 어떤 것들이 있습니까?

2. 1에서 말한 방법 중에 여러분이 해보거나 성공한 방법이 있습니까?

3. 여러분 친구 얼굴을 보면 어떻게 생겼습니까?

이렇게 표현해요

민호 씨, 제게 잘 보이셔야겠어요

'-에게 잘 보이다'는 어떤 목적을 위해 그 사람에게 좋은 인상을 준다는 의미로 '-의 환심을 사다, -의 눈에 들다, -의 비위를 맞추다'로 바꾸어 쓸 수 있다.

문법과 표현

● [명]에 따라(서) 다르다

재료에 따라서 만두 맛이 **다릅니다.**

옷차림에 따라서 사람이 **달라** 보여요.

학교에 따라서 등록금이 **달라요.**

수업에 따라 선생님이 **달라요.**

나라에 따라서 예절이 **달라요.**

얼마나 **추운지에 따라서** 사람들 옷 두께가 **달라집니다.**

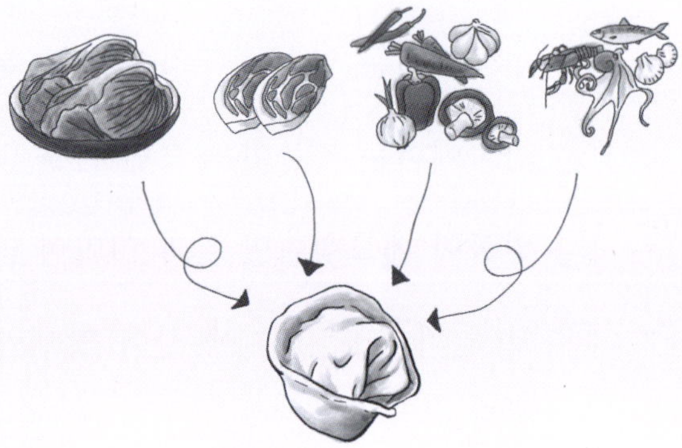

● 연습해 봅시다.

1. 다음 [보기]와 같이 배운 표현을 이용해서 이야기해 보세요.

> **보기** (공부한 양, 성적)
> → 공부한 **양에 따라서** 성적이 **달라져요.**

(1) (머리 모양, 인상)

→ ______________________________.

(2) (취향, 좋아하는 음식)

→ ______________________________.

(3) (사람, 생각)

→ ______________________________.

(4) (음식, 요리 방법)

→ ______________________________.

(5) (, 행복)

→ ______________________________.

2. 배운 표현을 이용해서 이야기해 보세요.

(1) 무엇에 따라서 여행 경비가 달라져요?

____.

(2) 무엇에 따라서 지출이 달라져요?

____.

(3) 무엇에 따라 아침에 일어나는 시간이 달라져요?

____.

(4) 무엇에 따라서 한국어 실력이 달라요?

____.

(5) 성공의 조건은 무엇일까요?

____.

(6) 부자가 되는 조건은 무엇입니까?

____.

(7) 무엇에 따라 만족감이 달라질까요?

____.

● 일단 [형]/[동]-(으)면

일단 잠을 못 **자면** 아무 일도 할 수 없어요.

일단 이 차를 타 **보면** 얼마나 좋은 차인지 알 수 있을 거예요.

일단 약속을 **하면** 무슨 일이 있어도 지켜야 해요.

가: 정말 매일 쓰기 숙제를 하면 한국어 실력이 늘까요?

나: **일단** 숙제를 해 **보면** 알 수 있을 거예요.

● 연습해 봅시다.

1. 다음 [보기]와 같이 배운 표현을 이용해서 이야기해 보세요.

보기 가: 아직도 숙제 안 했니? 빨리 해야지.
나: **일단** 숙제를 **시작하면** 금방 끝낼 수 있어요.

(1) 가: 저는 청소를 할 때 대충 하는 편이에요.
나: (청소를 하다, 완벽하게 해야 한다)
________________________________.

(2) 가: 머리가 아파도 오늘 안에 이 일을 끝내야 해요.
나: (머리가 아프다, 아무것도 하기 싫다)
________________________________.

(3) 가: 배가 고프지만 빨래를 끝내고 외식하러 갈까요?
나: (배가 고프다,)
________________________________.

(4) 가: 저는 그 사람을 처음 본 순간, 사랑에 빠졌어요.
나: (사랑에 빠지다,)
________________________________.

2. 다음을 친구들과 함께 이야기해 보세요.

가: ○○○ 씨는 피곤하면 우선 무엇을 먼저 해요?

나: 저는 일단 피곤하면 푹 자야 해요.

(1) 스트레스 받으면 먼저 무엇을 해요?

→ ______________________________.

(2) 고향 음식이 먹고 싶으면 우선 무엇을 해요?

→ ______________________________.

(3) 숙제가 너무 많을 때 우선 무엇을 해요?

→ ______________________________.

(4) 내일 시험이면 우선 무엇을 해요?

→ ______________________________.

(5) 좋아하는 사람이 생기면 우선 무엇을 해요?

→ ______________________________.

좀 더 자세히

● 무슨 뜻이에요?

가: 오늘은 할 일이 많아요.

나: **일단** 밥부터 먹고 합시다. 배고파 죽겠어요.

● [형]/[동]/[명] -고들 하다

• 평서문

"그 영화는 말이 너무 빨라요."

사람들이 그 영화는 말이 너무 **빠르다고들 해요**.

"한국 사람들은 마늘을 많이 먹습니다."

한국 사람들은 마늘을 많이 **먹는다고들 합니다**.

"부지런한 사람들은 일찍 일어나요."

부지런한 사람들은 일찍 **일어난다고들 해요**.

"한국 사람들이 좋아하는 반찬은 김치입니다."

한국 사람들이 좋아하는 반찬은 **김치라고들 합니다**.

• 의문문

"외국어를 배우는 데에는 왕도가 없습니까?"

외국어를 배우는 데에는 왕도가 **없냐고들 합니다**.

• 명령문

"한국어를 잘하고 싶으면 복습과 예습을 매일 하십시오."

한국어를 잘하고 싶으면 복습과 예습을 매일 **하라고들 합니다**.

• 청유문

"이번 회식 때는 한정식을 먹으러 갑시다."

이번 회식 때는 한정식을 먹으러 **가자고들 한다**.

● 연습해 봅시다.

1. 다음 [가]와 같이 물어 봤을 때 배운 표현을 이용해서 대답해 보세요.

(1) 가: 맛있는 한국 음식을 먹고 싶으면 어떻게 해야 해요?

나: 사람들이 한국 음식을 먹고 싶으면 ______________________

(2) 가: 영화를 보고 싶은데 어디로 가면 좋을까요?

나: ______________________

(3) 가: 한국 요리를 배우고 싶은데 어떻게 하면 좋을까요?

나: ______________________

(4) 가: 한강 공원으로 가려면 어디로 가면 좋을까요?

나: ______________________

2. 다른 사람들이 뭐라고들 이야기합니까? 요즘 사람들이 이야기하는 것에 대해서 말해 보세요.

(1) 공부만 열심히 하고 친구도 없고 사회 생활에 관심이 없는 사람을 뭐라고 합니까?

(2) 여자 친구나 남자 친구가 많은 사람을 뭐라고 합니까?

(3) 성격이 느긋하고 걱정이 없으며 지나치게 착한 사람을 어떤 동물 같다고 합니까?

(4) 오래간만에 반가운 친구를 길에서 만나면 뭐라고 인사합니까?

(5) 약속에 늦으면 뭐라고 이야기를 합니까?

좀 더 자세히

● 뭐가 달라요?

한수 씨 말에 의하면 명절 때 밥을 많이 먹는다고 했어요.

명절 때 밥을 많이 **먹는다고들 해요**.

● 설마 [명]은/는 아니겠지요? 설마 [형]/[동]-(으)ㄴ/는 건 아니겠지요?

설마 이 사람이 애인은 **아니겠지요**?

설마 이 과일이 사과는 **아니겠지요**?

설마 지금 바쁜 **건 아니겠지요**?

설마 이 피자 한 판을 다 먹는 **건 아니겠지요**?

● 연습해 봅시다.

1. 배운 표현을 이용해서 이야기해 보세요.

(1) 이 사람이 부모님은 아닐 거라고 생각해요.

= ______________________________

(2) 오늘이 시험인데 어제 공부를 안 한 건 아닐 거라고 생각해요.

= ______________________________

(3) 이 사람이 여자가 아닐 거라고 생각해요.

= ______________________________

(4) 이게 모두 숙제는 아닐 거라고 생각해요.

= ______________________________

2. 배운 표현을 이용해서 대화를 완성해 보세요.

(1) 가: 나 이번 시험 100점 맞았어!

나: 설마, ______________________________

(2) 가: 나 이번에 복권에 당첨되어서 10억 벌었어.

나: 설마, ______________________________

(3) 가: 오늘 제 생일이어서 우리반 친구들에게 한턱 쏠게요. 먹고 싶은 거 다 말해 보세요.

나: ______________________________

(4) 가: 수박이 오늘 한 통에 3000원이라고 해서 다섯 통 샀어요.

나: ______________________________

3. 다음을 배운 표현을 이용해서 이야기해 보세요.

• 요즘 믿을 수 없거나 충격적인 사실이 있어요?

누구에게 일어났어요?
어디에서 일어났어요?
어떻게 알게 됐어요?

• 충격적인 이야기를 듣고 믿을 수 없는 부분에 '설마~'를 넣어 반응해 보세요.

좀 더 자세히

● 뭐가 달라요?
이 사람이 사장님이에요?
이 사람이 사장님은 **아니겠지요**?

어휘

● '인연'과 관련 있는 표현

1. 다음 표현은 무슨 뜻일까요?

인연	인연이 깊다	인연이 있다
인연이 많다	인연을 맺다	인연이 없다

자꾸 만나는 것도 **인연**인데 우리 한 번 사귀어 보면 어떨까요?

저는 다나카 씨와 **인연이 깊은** 것 같아요. 벌써 10년 동안 연락을 하고 있어요.

저는 대기업과 **인연이 있어서** 지원할 때마다 합격을 해요.

나라 씨는 한국과 **인연이 많아서** 한국에서 오랫동안 살게 되었다.

저는 그 사람과 **인연을 맺기로** 했어요.

그 사람은 돈과 **인연이** 전혀 **없다**.

(1) 여러분은 무엇(누구)과 인연이 많은 것 같습니까?

____

(2) 여러분은 무엇과 인연이 없습니까?

____

(3) 어떤 사람과 인연을 맺고 싶습니까?

____

(4) 여러분과 인연이 별로 없다고 생각한 사람이 있습니까?

____

(5) 어떤 인연을 새로 만들고 싶다고 생각합니까?

____

● '외모' 와 '성격' 관련 표현

1. 다음은 성격 관련 표현과 그 뜻입니다. 알맞은 것끼리 줄로 연결하세요..

(1) 용감하지 못하고 겁이 많다	•	• 치밀하다
(2) 멍청하다, 잘 못 느끼다	•	• 소심하다
(3) 용감하다	•	• 둔하다
(4) 꼼꼼하고 자세하고 완벽하다	•	• 공격적이다
(5) 남이 잘못했다고 비난하거나 반대하며 나서다	•	• 배짱이 좋다

2. 다음은 외모 관련 표현입니다. 다음 중 해당되는 표현을 골라 설명을 써보세요.

가 나 다 라 마

표현	얼굴	설명
얼굴이 갸름하다	다	
이마가 좁다		
턱이 넓다		
뺨에 살이 많다		
광대뼈에 살이 많다		

의사소통활동

말하기

1. 여러분은 어떻게 생긴 얼굴을 좋아합니까? 눈, 코, 입, 얼굴형 등을 생각하면서 이야기해 보세요.

2. 여러분이 좋아하는 연예인은 누구입니까? 그 사람을 모바일 폰을 이용해서 찾아보세요. 그리고 옆 사람과 함께 그 사람의 얼굴이 어떻게 생겼는지 이야기해 보세요.

3. 친구와 자신이 좋아하는 얼굴이 비슷한 것 같습니까? 비슷한 점과 다른 점을 이야기해 보고 정리해 보세요.

비슷한 점	다른 점

듣기

● 다음은 세계의 부자에 대한 기사의 일부입니다.

1. 카를로스 슬림과 빌 게이츠, 워렌 버핏 이 사람들에 대해 들어본 적이 있습니까? 인터넷에서 찾아 봅시다.

● 다음 대화는 세계의 부자들에 대한 이야기입니다. 잘 듣고 답하세요. Track 10

1. 세계의 부자들의 특징은 무엇입니까?

① ______________________

② ______________________

③ ______________________

④ ______________________

2. 여러분이 부자가 되기 위해서 지금 할 수 있는 일에는 무엇이 있을까요?

쓰기

● 세계의 부자들을 찾아보세요.

• 어떤 사람이 있습니까? 그 사람들은 어떻게 생겼습니까? 그 사람들의 사진을 붙여 보세요.

● 세계의 부자들에 대해 정리해 보세요.

이름	사업 및 직업	사회적 활동	얼굴 생김새

읽기 I

● 여러분 나라에서 선호하는 얼굴형은 어떤 얼굴형입니까? 어떤 얼굴이 복이 많은 얼굴형이라고들 합니까? 이상적인 얼굴형을 그리고 그에 대해 세 가지만 생각나는 대로 써 보세요.

[그림]	[설명]
	①
	②
	③

● 다음은 얼굴형에 대한 설명과 그 얼굴형의 사람이 재테크하는 알맞은 방법에 대한 글입니다. 글을 읽고 물음에 답하세요.

1. 머리가 아주 좋을 것 같은 역삼각형 얼굴

이마는 넓고 얼굴은 갸름한 형은 생각하는 시간이 아주 길다. 그런데 너무 오랫동안 생각하다가 기회를 놓친다. 입이 작으면 더더욱 소심하다. 이런 사람은 전문가의 도움을 받아서 투자하는 게 좋다.

(1) 얼굴이 역삼각형인 사람은 입이 작으면 성격이 어떻습니까?

(2) 이런 얼굴형의 사람들은 어떻게 돈을 버는 게 좋겠습니까?

새단어

갸름하다
소심하다

2. 오래 노력해야 하는 삼각형 얼굴

이마는 좁고 턱이 넓은 삼각형 얼굴은 처음에 고생하다가 점점 좋아진다. 월세에서 시작해 전세로 늘려가다 내 집을 사는 것처럼 좋아진다. 이런 사람은 빰에 살이 많아야 금상첨화이다. 이런 사람들은 체력을 기르면서 마음 편하게 기다리는 것이 행복의 지름길이다.

(1) 삼각형의 얼굴은 언제쯤 잘 살게 되는 것 같습니까?

새단어

체력을 기르다
지름길

3. 배짱이 좋은 사각형 얼굴

운동선수처럼 얼굴이 네모난 사람은 밀어붙이는 힘이 좋다. 그리고 코가 크면 공격적으로 투자한다. 그렇지만 빰이 너무 두꺼우면 배짱이 좋고 둔해 실패하기 쉽다. 조금 더 천천히, 조금 더 치밀하게 결정하는 게 좋다. 쉽게 현금으로 바꾸기 어려운 부동산이나 적금에 투자하는 것이 좋다.

(1) 얼굴이 사각형인 사람에게 적당한 투자 방법은 무엇입니까?

새단어

투자
밀어붙이다
배짱이 좋다
둔하다

4. 연금과 보험이 필요한 마름모형 얼굴

광대뼈가 튀어나와 이마와 턱이 좁은 얼굴이다. 이런 얼굴은 혼자 힘으로 돈을 버는 형이라고들 한다. 광대뼈와 코에 살이 많아서 중년에 재물을 모으는 데에 성공한다. 그러나 말년까지 유지하기는 좀 어려울 것 같다. 갑자기 돈이 없어질 위험이 있다. 미래를 위해 보험이나 연금을 들어두는 것이 좋을 듯 하다.

(1) 유명한 사람 중에서 마름모형 얼굴인 사람이 있습니까? 이 사람에게 꼭 필요한 재테크 방법은 무엇입니까?

새단어
- 말년
- 유지하다

5. 돈이 가장 잘 붙는 둥근형 얼굴

둥근 얼굴은 돈과 가장 인연이 많은 유형인데 이 사람은 끝까지 운도 좋다. 그러나 둥근 형이라도 이마의 피부가 얇으면 실속이 없다. 비싼 옷을 입고 다니는 중년의 부인들은 코밑과 입술 사이에 살이 올라 있다. 미인과는 거리가 멀지만 이곳이 통통해야 돈이 따라다닌다고들 한다.

(1) 둥근형 얼굴이 실속이 있으려면 어때야 합니까?

새단어
- 유형
- 운이 좋다
- 실속이 없다
- 실속이 있다

● 여러분 얼굴형을 거울을 보고 살펴보세요. 어느 얼굴형에 가깝습니까? 자신에게 맞는 재테크 방법을 확인해 보세요.

읽기 II

- 여러분 나라에서는 사람의 얼굴을 보고 그 사람의 미래를 추측할 수 있다고 생각합니까?

- 다음 단어는 무슨 뜻일까요? 다음 설명을 보고 알맞은 단어를 쓰세요.

관상　　　관상가　　　운명　　　수명

1. 모든 것을 지배하는 인간이 할 수 있는 것 이상의 힘:

2. 생물이 살아 있는 기간:

3. 사람의 얼굴을 보고 그의 운명, 성격, 수명 등을 판단하는 것:

4. 사람의 얼굴을 보고 운명을 판단하는 사람:

● 다음은 '관상'에 대한 글입니다. 다음을 읽고 물음에 답해 보세요.

관상

사람들은 종종 사람의 얼굴을 보고 그 사람의 성격이나 운명에 대해서 이야기합니다. 이렇게 사람의 얼굴을 통해 그 사람의 운명, 성격, 수명 등을 판단하는 것을 '관상'이라고 합니다. 한국에서는 옛날부터 관상을 보았습니다. 사람의 얼굴을 통해 그 사람의 운명이나 성격을 판단하는 일은 예로부터 지금까지 전해져 오늘날에도 이어져 내려오고 있습니다. 예를 들면 기업에서 신입사원을 뽑을 때에도 관상을 보는 일이 있다고 합니다. 또 관상을 보는 일을 직업으로 하는 사람들도 있습니다. 이러한 사람들을 '관상가'라고 합니다. 관상은 한국사람들에게 아주 익숙합니다. 그래서 관상이 영화나 텔레비전 프로그램의 소재로 자주 등장하기도 합니다. 관상은 얼굴의 각 부위를 보아 좋고 나쁨을 이야기합니다.

그럼 좋은 관상에 대해 간단하게 알아보겠습니다. 눈은 조금 가늘고, 길면 길수록 좋습니다. 또 눈을 떴을 때 검은자가 흰자보다 많아야 좋지만, 검은자가 2/3 정도만 보여야 합니다. 귀를 보면 사람의 성격을 판단할 수 있습니다. 선한 성격의 귀는 단단하고 두툼하지만, 귀의 윗부분이 날카로우면 성격이 잔인합니다. 또 귓불이 뾰족하면 이성적인 성격입니다. 좋은 귀는 옆에서 보면 크고 두툼하지만 앞에서 보면 머리 쪽으로 붙어서 잘 보이지 않는 귀입니다. 코는 콧대인 뼈가 단단하게 서 있어야 하며, 코에 붙은 살은 재물을 의미해 살이 많을수록 재복이 많습니다. 입은 넓고 길어야 합니다. 또 입술은 두툼한 것이 좋습니다. 특히 아랫입술이 윗입술보다 조금 더 두툼해야 한다고 합니다.

여러분의 얼굴은 어떻습니까? 거울을 보고 자신의 운명이나 성격을 알아보는 것도 재미있는 일일 것 같습니다.

새단어

판단하다
익숙하다
소재
검은자
흰자
잔인하다
뾰족하다
이성적이다
재복

1. 위의 내용과 맞는 것을 고르세요.

- ☐ 입술은 얇고 긴 것이 좋다.
- ☐ 눈은 커다랗고 긴 모양이 좋다.
- ☐ 요즘 시대에는 관상을 보는 일이 흔한 일은 아니다.
- ☐ 한국에서는 사람의 인상을 보고 그 사람을 판단하기도 한다.

2. 위 내용을 읽고 좋은 관상의 눈, 코, 입, 귀 모양을 정리해보세요..

눈	코	입	귀

3. 위 내용에 의하면 어떤 얼굴형이 관상에 좋은 얼굴인 것 같습니까? 눈, 코, 입, 귀 등을 잘 그려 보세요.

LESSON 06

질병과 민간요법

문법과 표현

-지 않고
-더니
-지 뭐예요?
-게 하다

어휘

'감기, 몸살' 관련 어휘, '최고'를 나타내는 표현

온 몸이 갑자기 춥거나 몸에 열이 날 때 어떻게 하는 것이 좋을까요?

감기가 유행하기 시작하면 조심해야 돼요

Track 11

영숙	우리 애가 감기에 걸렸지 뭐예요.
베라	그래요? 증세가 어떤데요?
영숙	콧물을 흘리고 기침이 심해요. 가래도 심하고요.
베라	그래도 열이 안 나면 괜찮은 편이에요. 독감은 아니니까요. 그런데 언제부터 아팠어요?
영숙	그저께부터요. 날씨가 갑자기 추워졌을 때 머리를 감았는데 친구가 밖으로 나와 달라고 부탁했대요. 그래서 머리를 말리지도 않고 나가더니 밤부터 아프기 시작했어요.
베라	저런, 조심하지 않고. 일단 감기가 유행하기 시작하면 밤바람을 쐬지 않는 게 좋은데.
영숙	불과 10분도 안 있었는데 그렇게 되었대요.
베라	요즘 감기는 지독하니까 조심하지 않으면 안돼요.
영숙	좀 나아지더라도 집에서 며칠 쉬게 하려고요.
베라	감기에는 푹 쉬는 게 제일이에요. 그리고 기침이 안 나으면 배즙이나 도라지 끓인 물 좀 먹게 해 보세요. 아주 좋대요.
영숙	그래야겠어요.

새단어

증세	말리다	밤바람	푹	배즙	저런
가래	심하다	불과	독감	도라지	지독하다

● 요즘 유행하는 전염병이 있습니까? 다음 대화를 잘 듣고 질문에 답하세요.

1. 다음 중 맞는 것을 고르세요.

☐ 영숙의 아이는 독감에 걸렸다.

☐ 영숙의 아이는 어제부터 아프기 시작했다.

☐ 영숙의 아이는 머리를 말리지 않고 나가서 친구를 만났다.

☐ 요즘 감기에는 독이 있다.

2. 영숙의 아이 증세는 어떻습니까?

3. 감기에 걸렸을 때 어떻게 하는 것이 좋다고 합니까?

이렇게 표현해요

저런

안 좋은 일에 대한 안타까움과 약간의 비난 및 탄식의 뜻의 감탄사. '저런, 이런, 아이고, 어쩌냐, 어떻게 하지.' 등이 있다.

문법과 표현

● [동]-지 않고 (왜 그랬어요!)

가: 어제 상한 음식을 먹어서 배탈이 났어요.
나: 저런, 맛을 잘 **보지 않고요**.

가: 지난 주말에 하루 종일 물놀이를 했는데 몸살이 났어요.
나: **조심하지 않고**.

● 연습해 봅시다.

1. 배운 표현을 이용해서 문장을 만들어 보세요.

(1) 가: 어제 길이 미끄러워서 넘어졌어요.
나: ______________________ (조심하다).

(2) 가: 아까 이 근처에서 드라마를 찍었어요.
나: ______________________ (나한테 알려 주다).

(3) 가: 전공 선택을 잘못 한 거 같아. 너무 힘들어.
나: ______________________ (처음에 잘 선택하다).

(4) 가: 오늘 제인 씨가 미국으로 돌아갔는데 인사도 못 했어요.
나: 저런, ______________________ (어제 메시지라도 보내다).

2. 최근에 어떤 일 때문에 난처했거나 힘들었던 적 있어요? 세 가지만 써 보세요.
그리고 옆 친구와 함께 배운 표현을 이용해서 이야기해 보세요.

(1) ______________ → ______________ 지 않고!

(2) ______________ → ______________ 지 않고!

(3) ______________ → ______________ 지 않고!

● [형]/[동]-더니(만)

I. 대조

처음에는 이 빵이 정말 **맛있더니만** 자꾸 먹으니까 질리는 것 같아요.

우리 아이가 학기 초에는 숙제를 안 **하더니** 요즘은 예습까지 해요.

두 형제가 어렸을 때는 자주 **싸우더니** 나이를 먹으니까 우애가 아주 좋아졌어요.

● 연습해 봅시다.

1. 배운 표현을 이용해서 문장을 만들어 보세요.

(1) 조금 전까지 비가 왔어요. 지금은 안 와요.

→ ______________________________

(2) 여름에는 8시에도 밝아요. 요즘은 6시에도 어두워요.

→ ______________________________

(3) ______________________________ 요즘에는 무관심해요.

(4) ______________________________

II. 원인/결과

옌 씨는 열심히 **공부하더니** 한국어 박사가 되었어요.

마이클 씨는 매일 열심히 **운동하더니** 몸이 튼튼해졌어요.

친구가 매일 6시에 저녁을 먹고 그 이후에는 안 **먹더니** 살이 빠졌어요.

● 연습해 봅시다.

1. 배운 표현을 이용해서 문장을 만들어 보세요.

(1) 동생이 많이 놀았어요. 시험에 떨어졌어요.

→ ______________________________

(2) 옛날부터 친구가 음식을 잘 만들었어요. 요리사가 됐어요.

→ ______________________________

(3) ______________________________ 영화배우가 되었어요.

(4) 링링씨가 한국어 공부를 열심히 하더니 ______________________________.

(5) ______________________________

2. 배운 표현을 이용해서 대화를 만들어 보세요.

(1) 가: 3급과 4급의 차이가 있어요?

나: 3급은 ______________ 더니 4급은 ______________

(2) 가: 지난 학기에 누가 1등을 했어요?

나: ______________ 씨가 ______________ 더니 1등을 했어요.

(3) 가: 요즘 날씨가 어때요?

나: ______________ 더니 ______________

(4) 가: ______________ 씨 오늘 학교에 왔어요?

나: ______________ 더니 ______________

좀 더 자세히

- 뭐가 달라요?

(1) (그 학생은) 드라마를 열심히 보더니 한국어 듣기를 잘 하게 되었다.

(2) (내가) 매일 예습과 복습을 열심히 했더니 한국어를 잘 하게 되었다.

● 배운 표현을 이용해서 이야기해 보세요.

오랜만에 고등학교 때 친구들을 만났어요. 다들 많이 변해 있어요.

그 친구에게 무슨 말을 할까요?

친구 1 – 고등학교 졸업하자마자 유학을 갈 거라고 했다.

친구 2 – 고등학교 때 이성에게 인기가 많았다.

친구 3 – 대학교에 입학하면 다이어트를 할 거라고 했다.

친구 4 – 가능하면 빨리 결혼하고 싶다고 했다.

친구 5 – 고등학교 때 1등만 했다.

친구 6 – 옛날에 조금 뚱뚱했다.

친구 7 – 노래도 잘 하고, 춤도 잘 추었다.

친구 8 –

친구 9 –

친구 10 –

● [형]/[동]-지 뭐예요

청소를 하라고 했는데 더 엉망으로 만들어 **놓았지 뭐예요.**

너무 무서워서 소리를 질렀는데 **꿈이었지 뭐예요.**

저는 두 사람이 연인인 줄 알았는데 알고 보니 **남매이지 뭐예요.**

● 연습해 봅시다.

1. 배운 표현을 이용해서 문장을 만들어 보세요.

(1) 학교에 왔는데 교실에 아무도 없어서 깜짝 놀랐어요.

→ ______________________________

(2) 오늘 아침에 지하철을 타려고 하는데 지갑이 없어서 당황했어요.

→ ______________________________

(3) 어제 중요한 약속이 있었는데 잊어버려서 큰일 날 뻔했어요.

→ ______________________________

(4) 시험 공부를 많이 했는데 시험이 너무 어려워서 잘 못 봤어요.

→ ______________________________

2. 배운 표현을 이용해서 이야기해 보세요.

여러분은 최근에 어떤 일 때문에 놀란 적이 있습니까? 언제, 왜 놀랐습니까?

● [동]-게 하다

선생님이 학생에게 숙제를 **하게 했어요.**

어머니께서 딸에게 혼자 옷을 **입게 했어요.**

누나가 동생에게 책을 **읽게 했어요.**

할머니께서 손자에게 우유를 **마시게 하셨어요.**

● 연습해 봅시다.

1. 배운 표현을 이용해서 문장을 만들어 보세요.

(1) 언니가 동생에게 심부름을 시켰어요.

→ ______________________________

(2) 엄마가 아이에게 두꺼운 옷을 입으라고 했어요.

→ ______________________________

(3) 아내가 남편에게 집 청소를 시켰어요.

→ ______________________________

(4) 선생님께서 학생들에게 한국 드라마를 보라고 했어요.

→ ______________________________

2. 배운 표현을 이용해서 이야기해 보세요.

(1) 저는 외국친구가 있는데 그 친구가 한국어 쓰기를 어려워해요. 어떻게 하죠?

(2) 남편이 자꾸만 살이 쪄요. 어떻게 하죠?

(3) 내 친구는 한국어 발음이 많이 안 좋아요. 어떻게 하죠?

(4) 저희 아이는 다른 아이들보다 키가 작은 편이에요. 어떻게 하면 좋을까요?

(5) 집이 지저분하고 정리가 안 돼요. 저는 매일 청소하지만 룸메이트가 집을 청소하지 않아요. 어떻게 하죠?

좀 더 자세히

- 사동사

엄마가 아이에게 우유를 먹여요.
엄마가 아이에게 우유를 (혼자) **먹게 해요**.

엄마가 아이에게 옷을 입혀요.
엄마가 아이에게 옷을 (혼자) **입게 해요**.

엄마가 아기를 유모차에 태워요.
엄마가 아기를 유모차에 (혼자) **타게 해요**.

엄마가 아기의 양말을 벗겨요.
엄마가 아기에게 양말을 (혼자) **벗게 해요**.

- [동]-도록 하다

엄마가 아이에게 우유를 **먹도록 해요**.
엄마가 아이에게 옷을 **입도록 해요**.
엄마가 아이를 자전거에 **타도록 해요**.
엄마가 아이에게 양말을 **벗도록 해요**.

어휘 확장

● 다음 표현들은 감기에 관련된 표현들입니다. 주어진 대화를 보고 어떤 뜻일지 추측해 정리해 보세요.

감기 기운이 있다　　　-에게 감기가 옮다　　　-에게 감기를 옮기다

올가　오후부터 갑자기 머리가 아프고, 목이 조금 따끔거려요.
샤오　감기 기운이 있네요. 따뜻한 유자차라도 한 잔 드릴까요?
올가　동생이 며칠 전부터 독감을 앓았는데, 동생에게 옮은 모양이에요.
샤오 씨에게 감기를 옮기기 전에 빨리 가야겠어요. 제가
일하기 싫어서 가는 게 절대 아니에요. 알죠?
샤오　(혼잣말로 – 또 꾀병 부리는 거 아닐까?)
올가 씨. 괜찮아요. 저 독감 예방 주사 맞았어요.

(1) 감기 기운이 있다 → ____________________

(2) -에게 감기가 옮다 → ____________________

(3) -에게 감기를 옮기다 → ____________________

● 다음은 몸살과 관련된 표현들입니다. 어떤 뜻인지 추측해 정리해 보세요.

몸살기가 있다 / 온몸이 쑤시고 아프다
몸이 으슬으슬하다 / 머리가 지끈지끈하다

비타 올가 씨가 오늘 학교에 안 왔네요.
샤오 어제 감기 기운이 있다고 하더니 결국 감기에 걸렸나 봐요.
비타 저도 어제부터 몸살기가 있더니 오늘은 몸이 으슬으슬하고, 머리가 지끈지끈해요. 아무래도 감기에 걸린 것 같아요.
샤오 그럼 어서 가서 쉬세요. 이번에 유행하는 감기가 아주 독하대요. 고열에 온몸이 쑤시고 아프대요.
비타 따뜻한 차 마시고 푹 자야겠어요.

(1) 몸살기가 있다:

(2) 온몸이 쑤시고 아프다:

(3) 몸이 으슬으슬하다:

(4) 머리가 지끈지끈하다:

● 최고의 의미를 나타내는 표현들

1. [형]/[동]-(으)ㄴ/는 게 제일이다

감기에 걸렸을 때는 **쉬는 게 제일이에요**.

잠이 안 올 때는 따뜻한 우유를 **마시는 게 제일이에요**.

살을 빼는 데에는 운동을 열심히 하고 세 끼를 다 **먹는 게 제일이에요**.

2. [명]이/가 그만이다

목감기에는 도라지 끓인 **물이 그만이에요**.

허리 아픈 데에는 이 **약이 아주 그만이에요**.

아이를 기분 좋게 하는 방법으로는 **선물이 그만이에요**.

3. [명]만 한 것(곳, 사람…)이 없다

한국어 공부하기에는 이 **책만 한 것이 없어요**.

서울의 야경을 구경하려면 **남산만 한 곳이 없어요**.

시간이 없는데 배고플 때는 **김밥만 한 것이 없어요**.

● 이럴 때는 어떻게 하는 게 제일 좋아요? 같이 이야기해 보세요.

보기 자고 싶은데 침대가 없을 때는 책상에 엎드려서 **자는 게 제일이에요**.

1. 너무 피곤한데 할 일이 태산이에요.

2. 그 사람이 싫은데 같이 일해야 돼요.

3. 집에 가야 하는데 돈이 300원밖에 없어요.

4. 몸이 으슬으슬 춥고, 머리가 지끈지끈 아파요.

의사소통활동

말하기

1. 친구들에게 한 명씩 돌아가면서 물어 보세요.

(1) 감기 기운이 있을 때 ○○씨 나라에서 특별히 하는 민간요법이 있어요?

예 한국: 뜨거운 생강차를 마시고 푹 잔다.

(2) ○○씨 나라에서 잘못된 민간요법이 있어요?

예 한국: 감기에 걸렸을 때 소주에 고춧가루를 넣어서 마신다.

2. 친구들에게 물어 본 후 이야기해 보세요.

(1) 친구들에게 들은 민간요법 중 인상적인 민간요법은 무엇이었어요?

(2) 친구들에게 들은 민간요법 중 해 보고 싶은 민간요법은 무엇이에요?

3. 함께 이야기해 보세요.

(1) 다음 전염병에 대해 알고 있어요?

신종플루(H1N1)	SARS	에볼라 바이러스
독감	메르스	콜레라

(2) 위의 전염병의 증상에 대하여 아는 대로 이야기해 보세요.

(3) 전염병 예방법에 대하여 다음 어휘를 이용하여 이야기해 보세요.

개인 위생 청결 소독 격리 예방접종 접근 접촉 피하다

예 눈병에 걸린 사람과 직접적으로 접촉하지 않는다.

듣기 Track 12

1. 다음은 독감에 대한 이야기입니다. 잘 듣고 맞는 것을 모두 고르세요.

- ☐ 독감이 대유행 단계로 접어들었다.
- ☐ 올해에 전 세계적으로 2명이 독감으로 죽었다.
- ☐ 독감을 예방하기 위해서는 개인 위생이 중요하다
- ☐ 독감에 걸리면 대부분 사망하기 때문에 조심해야 한다.

2. 독감 예방을 위하여 특히 아이들이 자주 손을 씻어야 하는 이유는 무엇입니까?

- ☐ 면역력이 약하기 때문에
- ☐ 예방접종을 안 하기 때문에
- ☐ 외출을 자주 하기 때문에
- ☐ 약을 먹을 수 없기 때문에

3. 독감을 예방하기 위해서 가장 중요한 것은 무엇입니까?

● 손 씻는 방법

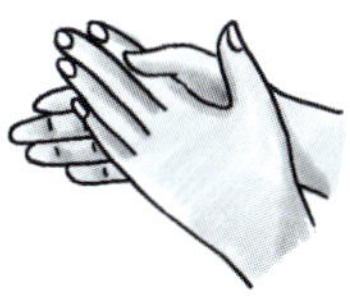

1단계: 손바닥과 손바닥을 마주 대고 문질러 줍니다.

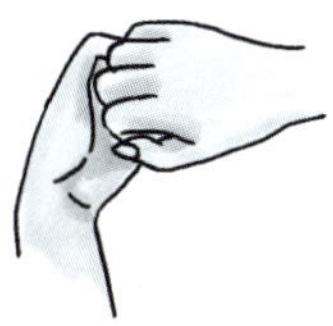

2단계: 손가락을 마주 잡고 문질러 줍니다.

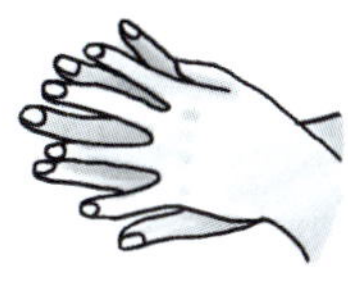

3단계: 손등과 손바닥을 마주 대고 문질러 줍니다.

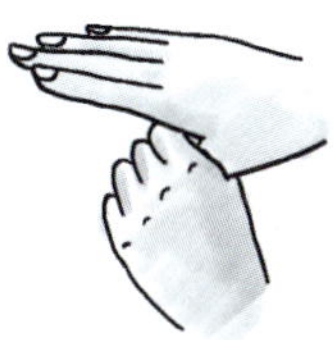

4단계: 엄지손가락을 다른 편 손바닥으로 돌려주면서 문질러 줍니다.

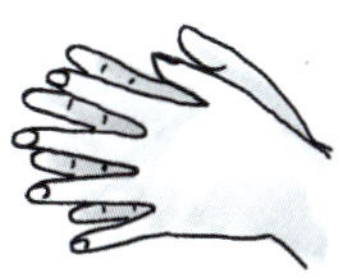

5단계: 손바닥을 마주 대고 손깍지를 끼고 문질러 줍니다.

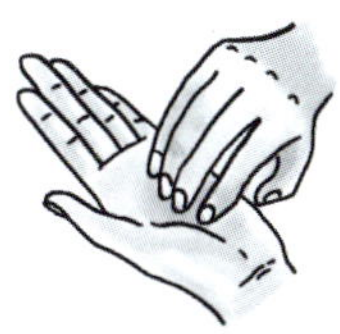

6단계: 손가락을 반대편 손바닥에 놓고 문지르며 손톱 밑을 깨끗하게 합니다.

쓰기

1. 건강한 생활을 유지하기 위해서는 면역력을 높이는 것이 가장 중요하다고 합니다. 다음은 면역력을 높일 수 있는 습관들입니다. 다음을 읽고 V 하세요.

		그렇다	아니다
(1)	규칙적인 운동을 한다.	☐	☐
(2)	과로하지 않는다.	☐	☐
(3)	아침에 일어나자마자 누워서 가벼운 스트레칭을 한다.	☐	☐
(4)	무슨 일이든 너무 오래 걱정하거나 고민하지 않는다.	☐	☐
(5)	마음을 느긋하게 갖고 화를 내지 않는다.	☐	☐
(6)	따뜻한 체온을 유지한다.	☐	☐
(7)	모든 영양소를 골고루 섭취하는 식사를 한다.	☐	☐
(8)	될 수 있는 대로 적정 수면 시간을 지킨다.	☐	☐
(9)	주변 사람들과 원만한 관계를 유지한다.	☐	☐
(10)	취미생활을 즐기면서 스트레스를 해소한다.	☐	☐

2. '그렇다'가 몇 개나 되나요? '그렇다'가 많을수록 건강한 생활 습관을 가지고 있는 것입니다. '아니다'라고 답한 것 중 내가 쉽게 지킬 수 있는 것이 몇 개나 됩니까? 자신의 생활 습관을 반성하고 앞으로 어떻게 하면 건강한 생활을 할 수 있을지 써 보세요.

읽기 I

- 여러분은 인생에서 가장 중요한 것이 무엇이라고 생각합니까?

- 다음 신문 기사를 읽고 물음에 답하세요.

인생에서 가장 중요한 것은 무엇일까요?

서울에 거주하고 있는 20-30대 미혼 남녀 300명을 대상으로 설문조사를 했습니다. 그 결과 20-30대 젊은이들의 40% 가까이가 건강이 중요하다고 생각하고 있었습니다. 그리고 그 뒤를 이어 가족이 중요하다고 답했습니다. 돈이나 명예가 중요하다고 답한 사람은 겨우 7%밖에 되지 않았습니다. 그 외에 친구, 안정된 직장, 결혼과 배우자 등이 있었습니다. 그리고 인생에서 가장 중요한 것을 위해 지금 준비를 하고 있느냐는 질문에는 10%만이 준비를 하고 있다고 답했습니다.

1. 이 기사의 제목으로 적당한 것을 고르세요.

① 도시의 젊은이들 ② 뭐니 뭐니 해도 건강이 최고! ③ 돈과 명예, 그리고 사랑

2. ( )에 알맞은 말을 써서 그래프를 완성하세요.

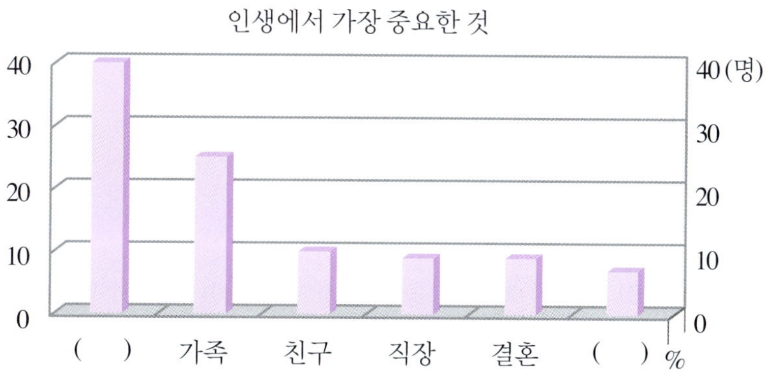

3. 우리 반 친구들을 대상으로 설문 조사를 하고, 그 결과를 써 보세요.

읽기 II

● 다음에 대해 같이 이야기해 봅시다.

1. 여러분 나라에서는 병원에 갈 수 없을 때 머리가 아프거나 배가 아프면 어떻게 합니까?

2. 한국에서 갑자기 몸이 안 좋거나 아플 때 어떻게 합니까?

3. 한국에서 새롭게 알게 된 민간요법이 있습니까?

● 다음 어휘의 의미를 생각하며 이야기해 보세요.

체력　　보충하다　　혈액순환　　효과적　　보호하다

1. 여러분 나라에서 체력이 떨어질 때 체력을 보충하기 위하여 특별히 먹는 음식이 있습니까?

2. 혈액순환을 돕는 효과적인 방법은 어떤 것이 있겠습니까?

3. 목이 자주 아픈 사람에게 목을 보호하기 위한 방법을 알려 주세요.

● 다음을 읽고 물음에 답해 보세요.

이런 민간요법 들어 보셨나요?

여러분은 병원에 갈 수 없는 상황에서 갑자기 아플 때 어떤 방법을 사용합니까? 의사가 아닌 일반 사람이 행하는 오래된 치료법을 '민간요법' 이라고 합니다.

한국에는 많은 민간요법이 있습니다. 그 중에서도 감기와 관련된 민간요법이 많이 있습니다. 감기에 걸려서 기침과 가래가 있을 때는 배의 속을 파내고 그 안에 잘게 썬 도라지를 꿀과 함께 넣고 끓여서 먹습니다. 도라지는 가래를 없애 주고, 꿀은 체력을 보충해줍니다. 또 기침을 많이 할 때는 생강을 갈아서 물과 설탕과 함께 끓여 생강차를 만들어 먹습니다. 이 생강차를 자주 먹으면 기침이 많이 줄어듭니다. 또 기침을 자주 할 때는 도라지물을 먹는 것도 효과적입니다. 도라지는 목을 보호하는 효과가 있기 때문입니다. 열이 많이 나는 곳에 두부를 붙여 놓으면 열을 내리는 데 효과적입니다. 콧물이 많이 날 때는 코의 양 옆을 마사지합니다. 코에서 열이 날 정도로 마사지하면 코의 혈액순환이 좋아져서 콧물을 멈추게 합니다. 또한 미간부터 앞머리까지를 엄지손가락으로 30~50번 아래에서 위로 올리는 것도 콧물이 멈추게 하는 좋은 마사지 방법입니다.

여러분 나라에는 어떤 민간요법이 있습니까? 효과가 좋은 민간요법에 대해 함께 이야기해 봅시다.

1. 민간 요법을 잘못 행한 사람은 누구입니까?

(1) 저는 기침이 심해서 생강차를 끓여 마셨어요.

(2) 저는 열이 많이 나서 두부를 먹었어요.

(3) 저는 콧물이 심해서 코 옆을 세게 문질렀어요.

(4) 저는 목을 보호하려고 도라지물을 매일 마셔요.

새단어

행하다
치료법
체력
보충하다
혈액순환
보호하다

2. 기침감기에 걸린 친구를 위해 다음과 같은 것을 준비했습니다. 어떻게 만들어서 친구에게 주어야 할까요? 설명해 보세요.

3. 여러분이 사용해 보고 싶은 민간요법이 있습니까? 그 이유는 무엇입니까?

LESSON 07

습관

문법과 표현

-을 걸 그랬다
-기 일쑤이다
-다니
-곤 하다

어휘

'습관' 관련 표현

여러분은 어떤 습관을 가지고 있습니까?

미숙 씨는 늦게 오기 일쑤잖아요

Track 13

민호	여보세요.
미숙	여보세요, 민호 씨예요? 저 미숙이에요.
민호	우리 약속 시간이 5시 30분 아니었어요? 지금 6시인데 왜 아직도 안 와요?
미숙	기다리게 해서 미안해요. 화 많이 났어요?
민호	그럼요, 미숙 씨는 늦게 오기 일쑤잖아요. 지금 어디예요?
미숙	지금 시청 앞이에요.
민호	맙소사! 아직도 시청 앞이라니!
미숙	마침 빈 택시가 와서 그걸 탔는데 길이 너무 막혀서 못 가고 있어요. 지하철을 탈 걸 그랬어요. 지금 당장 내려서 뛰어가고 싶지만 그러면 더 늦겠죠?
민호	됐어요. 툭하면 늦게 오곤 하니까 시간 맞춰서 오는 건 바라지도 않았어요.
미숙	정말 미안해요. 다음부터는 꼭 시간 맞춰서 갈게요.
민호	괜찮다니까요. 길이 막히면 어쩔 수 없죠. 저도 마음을 비웠으니까 서두르지 말고 천천히 오세요. 사랑이 죄죠, 뭐. 그래도 30분 안에는 올 수 있죠?
미숙	30분 내로요? 좀 빠듯하지만 최선을 다해서 갈게요.

새단어

당장	마음을 비우다	빠듯하다
시간을 맞추다	서두르다	최선을 다하다

● 여러분은 친구를 오래 기다린 적이 있나요? 민호가 미숙을 기다리고 있습니다. 다음 대화를 잘 듣고 질문에 답하세요.

1. 맞는 것을 고르세요.

- ☐ 이 여자는 길이 막혀서 지하철을 탔다.
- ☐ 이 여자는 이미 약속 시간에 늦었다.
- ☐ 이 여자는 약속 장소까지 30분이면 충분히 도착할 수 있다.
- ☐ 이 남자는 여자가 일찍 올 거라고 기대하고 있다.

2. 여자는 어떤 잘못을 한 것 같습니까?

3. 여자는 평소에 시간 약속을 잘 지키는 편인 것 같습니까?

4. 두 사람은 어떤 관계입니까?

● 여러분은 약속 시간을 잘 지키는 편입니까?

이렇게 표현해요

사랑이 죄다

'사랑하니까 어쩔 수 없다'는 뜻이다. 어떤 상황이나 상태 등을 말로 구체적으로 설명하지 않아도 특정한 관용 표현이나 속담 등을 이용하여 상황 · 상태 등을 제시해 준다.

문법과 표현

● [동]-(으)ㄹ걸 그랬다

5년 전에 한국어 공부를 시작**할걸 그랬어요.**

친구가 갑자기 집에 왔는데 먹을 게 하나도 없어요. 피자를 남겨 놓**을걸 그랬어요.**

10년 전 집값이 쌀 때 아파트를 **살걸 그랬어요.** 지금은 너무 비싸서 엄두도 못 내겠어요.

택시를 탔는데 길이 너무 막혀요. 택시를 타지 **말걸 그랬어요.**

● 연습해 봅시다.

1. 배운 표현을 이용해서 대화를 완성해 보세요.

(1) 가: 음식이 부족한데, 더 있어요?

나: 미안해요. 손님이 이렇게 많이 올 줄 몰랐어요.

____

(2) 가: 요즘 조금 살이 찐 것 같아요. 얼굴이 좋아 보여요.

나: 밤마다 야식을 먹었더니 살이 쪘어요.

____

(3) 가: 어제 산 신발을 왜 안 신고 가져왔어요?

나: 어제는 예뻐 보였는데, 집에 가서 다시 보니까 별로 마음에 안 들어서 바꾸려고요.

____

(4) 가: 4급 공부가 힘든 것 같아요.

나: 그렇죠. 저도 그래요. 3급에서 열심히 안 했더니 4급이 너무 어려워요.

____

2. 여러분은 다음과 같은 상황에서 어떻게 후회를 하겠습니까?

(1) 아침에 우산을 가지고 나오려다가 안 가지고 나왔는데 밖에 비가 올 때

→ ______________________________

(2) 중고등학교 때 찍은 사진들이 별로 없어서 아쉬운 마음이 들 때

→ ______________________________

(3) 어제 사고 싶었던 물건을 안 사고 집으로 그냥 돌아왔는데 오늘 다시 가보니 다 팔리고 없을 때

→ ______________________________

(4) 요리하고 있는 음식이 싱거워서 소금을 더 넣었더니 너무 짜졌을 때

→ ______________________________

3. 여러분은 어떤 일을 후회한 적이 있습니까? '-(으)ㄹ걸 그랬다'를 사용해 말해 보세요.

보기 일찍 일어날걸 그랬어요. 늦게 일어나서 기차를 놓쳤어요.
아침을 먹을걸 그랬어요. 지금 너무 배가 고파서 공부를 못하겠어요.

____

____

좀 더 자세히

● '-(으)ㄹ걸 그랬다'는 '-었어야 했는데'나 '-었더라면 -(으)ㄹ텐데'를 사용하여 말할 수도 있어요.

독감 예방주사를 안 맞았더니 독감에 걸렸어요. 예방주사를 **맞을걸 그랬어요**.

= 예방주사를 **맞았어야 했는데**.

= 예방주사를 **맞았더라면** 독감에 안 **걸렸을 텐데**.

● '-(으)ㄹ걸 그랬다'는 '그랬다'를 빼고 말할 수도 있어요.

아까 음식이 있었을 때 많이 **먹을걸**. 시간이 지나니까 배고프다.

사진 찍을 때 예쁘게 하고 **찍을걸**. 사진 나온 걸 보니까 후회가 된다.

● [동]-기 일쑤이다

휴대폰을 회사에 놓고 **오기 일쑤예요.**

약속에 늦게 **오기 일쑤예요.**

비가 안 오는 날 우산을 가져오면 **잃어버리기 일쑤예요.**

가스 불 켜 놓은 것을 **잊어버리기 일쑤예요.**

● 연습해 봅시다.

1. 배운 표현을 이용해서 완성해 보세요.

(1) 우리 선생님은 ______________________.

우리 선생님은 툭하면 / 걸핏하면 ______________________.

(2) 제 동생은 해야 할 일을 ______________________.

제 동생은 툭하면 / 걸핏하면 ______________________.

(3) 우리 남편은 TV를 켜 놓고 ______________________.

우리 남편은 툭하면 / 걸핏하면 ______________________.

(4) 그 사람은 작은 일에도 ______________________.

그 사람은 툭하면 / 걸핏하면 ______________________.

2. 여러분의 서울 생활은 어떻습니까? '-기 일쑤이다'를 사용해서 말해 보세요.

(1) 출퇴근 시간에 택시를 타면 ______________________.

(2) 여름에는 ______________________.

(3) 주말에 놀이 공원에 가면 ______________________.

(4) ______________________.

3. 여러분이 자주 하는 안 좋은 습관이 있습니까? '-기 일쑤이다'를 사용해서 말해 보세요.

보기 늦게 자고 늦게 일어나기 일쑤예요.
아침을 안 먹기 일쑤예요.

좀 더 자세히

● '-기 일쑤이다'의 의미를 '툭하면', '걸핏하면' 등을 사용하여 표현할 수 있어요.

1. 툭하면

그 아기는 **툭하면** 울어서 돌보기가 매우 힘들다.

왜 김 사장님은 **툭하면** 화를 내시지? 대화를 이어 나가기 너무 어려워.

툭하면 거짓말하는 사람과 별로 만나고 싶지 않아요. 신용이 없잖아요.

2. 걸핏하면

그 아기는 **걸핏하면** 운다.

걸핏하면 변명을 하는 사람이야. 이번 실수에 대해서도 아마 변명만 할 거야.

우리는 **걸핏하면** 싸워요. 서로 양보하는 마음이 없어서 그런 것 같아요.

● [형]/[동]-다니　　[명](이)라니

어린 꼬마가 피아노를 저렇게 잘 **치다니**! 정말 놀랍다.

와, 5월에도 눈이 **오다니**!

아니 커피 값이 이렇게 **비싸다니**! 식사 값보다 더 비싸네!

이 일을 벌써 **끝냈다니**. 번개처럼 빠르네.

● 연습해 봅시다.

1. 배운 표현을 이용해서 말해 보세요.

(1) 외국 사람인데 한국말을 한국 사람처럼 잘 하는 것을 볼 때

→ ____________________

(2) 삼 일 동안 비가 계속 많이 올 때

→ ____________________

(3) 채소 값이 많이 올랐을 때

→ ____________________

(4) 친구가 잘못하고 나한테 먼저 사과를 안 할 때

→ ____________________

2. 한국에 와서 놀란 일들이 있습니까? '-다니' 문법을 이용해서 말해 보세요.

보기 와이파이(Wi-fi)가 이렇게 잘 되다니!
24시간 하는 편의점이 이렇게 많다니!

____

____

____

● [동]-곤 하다

우리 아이는 어려서 아직도 길에서 **넘어지곤 해요**.

식사할 때 음식을 남기는 건 안 좋은 것이지만 나는 배부르면 자주 **남기곤 해요**.

저는 머리가 복잡하면 가까운 곳으로 여행을 **가곤 해요**. 그럼 머리가 가벼워지더라고요.

● 연습해 봅시다.

1. 배운 표현을 이용하여 문장을 만들어 보세요.

(1) 저희 어머니는 맛있는 음식을 하면 ____________________.

(2) 그 사람이랑 직접 만나지는 않지만 가끔 ____________________.

(3) 이 길은 출퇴근 시간에 복잡해서 길이 ____________________.

(4) 기억해야 할 친구 생일들이 많아서 바쁠 때는 가끔 ____________________.

2. 다음 질문에 '-곤 하다'를 사용하여 대답해 보세요.

(1) 요즘 친구들을 만나면 뭘 하곤 해요?

(2) 여러분 나라에 있을 때 시간이 나면 보통 뭘 했어요?

(3) 여러분 나라에는 중요한 손님이 오시면 준비하곤 하는 특별한 음식이 있어요?

좀 더 자세히

● '-곤 하다'는 '자주, 가끔, 때때로' 등과 같은 빈도 부사와 자주 사용해요.

우리는 수업이 끝나면 반 친구들이랑 **가끔** 도서관에 **가곤 해요**.

여기는 제가 어렸을 때 **자주 가곤 하던** 놀이터예요.

어휘 확장

● 다음 단어들 중에서 여러분이 아는 단어와 모르는 단어를 찾아 보세요.
모르는 단어를 친구들에게 물어보고 아는 친구는 의미를 설명해 주세요.

되풀이하다	정기적으로	어쩌다	꾸준히
반복하다	규칙적으로	끊임없이	

1. 아무리 반복해서 해도 재미있는 일이 뭐가 있을까요?

2. 많이 친하지 않아서 어쩌다 만나는 친구와 보통 어떤 이야기를 나누세요?

3. 예전에 중고등학생일 때나 대학생일 때 꾸준히 공부하는 편이었나요? 시험 전에만 열심히 하는 편이었나요?

4. 받고 싶지 않은 사람에게 끊임없이 전화가 오면 어떻게 하겠어요?

● 다음 알맞은 표현을 찾아 써 넣으세요.

습관이 되다	습관을 버리다	습관적으로 하다	습관을 기르다

1. 처음에는 가끔 한두 번씩 야식을 먹곤 했는데 이제는 매일 밤 늦게 야식을 먹는 게 ____________________.

2. 언어를 배울 때는 매일 꾸준히 공부하는 게 무엇보다 중요합니다. 그러니까 지금부터라도 매일 조금씩 공부하는 ____________________.

3. 그 사람이 없는 자리에서 그 사람에 대한 안 좋은 얘기를 하는 건 나쁜 습관이에요.

   그런 ____________________.

4. (회사에서)

   A : 매일 아침 다른 사람 책상까지 닦아 주는 일이 쉬운 일이 아닌데 정말 대단하시네요!

   B : 뭘요. 오래 전부터 ____________________는 일이라서 힘든 줄 모르고 하고 있어요.

의사소통활동

말하기

● 습관에는 좋은 습관과 나쁜 습관이 있습니다. 여러분 자신이나 여러분이 알고 있는 사람들은 어떤 습관이 있습니까? 함께 이야기해 보세요.

▶ 생활 습관

좋은 습관	외출하기 전에 가스, 전기, 수도 등을 잘 점검한다.
나쁜 습관	TV를 보지 않아도 집에 있는 동안 계속 TV를 켜 놓고 있다.

▶ 소비 습관

좋은 습관	
나쁜 습관	

▶ 식습관

좋은 습관	
나쁜 습관	

▶ 공부 습관

좋은 습관	
나쁜 습관	

듣기 Track 14

● 다음 두 사람의 이야기를 듣고 질문에 답을 하세요.

1. 들은 내용과 같으면 ○, 다르면 × 하세요.

(1) 여자는 최근에 가벼운 운동을 했다. (　　)

(2) 남자는 평소 나쁜 습관 때문에 허리가 아팠다. (　　)

(3) 여자는 누워서 텔레비전 보는 것을 좋아한다. (　　)

(4) 여자는 지금 허리와 목이 아프다. (　　)

(5) 여자는 오늘 병원 진료가 끝나기 전에 병원에 갈 것이다. (　　)

2. 남자의 말하는 태도로 알맞은 것을 고르세요.

☐ 원인을 따지듯이 묻고 있다.

☐ 객관적 자료에 근거해 조언을 하고 있다.

☐ 조심스레 자신의 의견을 말하고 있다.

☐ 상대방의 의견을 존중하면서 타협점을 찾고 있다.

3. '습관이 무섭다'는 어떤 뜻일까요? 추측해서 이야기해 보세요.

읽기 I

● 다음에 대해 생각해 보고 이야기해 봅시다.

1. 여러분 나라에 '게으른 사람'에 대한 옛날이야기가 있습니까? 그 이야기를 간단히 소개해 보세요.

(1) 누가 나오나요?

(2) 그 사람은 어떤 사람인가요?

(3) 그 사람에게 무슨 일이 있었나요?

2. 다음 그림의 소를 보면 어떤 생각이 드나요?

● 다음은 '게으른 사람'에 대한 한국의 옛날이야기입니다.

옛날 어느 마을에 아주 게으른 습관을 가진 남자가 살았다. 이 남자는 툭하면 싸우고 매일 빈둥빈둥 먹고 놀며 지내기만 했다. 어느 날 부인은 너무 속상해서 남편에게 "소에게 먹일 풀이라도 베어 오세요."라며 남편을 내보냈다. 어쩔 수 없이 집을 나온 남자는 어기적어기적 길을 걷다가 나무 그늘에서 한가롭게 풀을 뜯고 있는 소를 보았다. '저 소는 정말 좋겠군! 세상에 부러울 게 없겠어.' 남자는 소를 부러운 눈빛으로 쳐다보았다. 그때 한 노인이 그 남자를 보고 소가 되고 싶으면 따라오라고 했다. 노인은 남자를 산속 작은 집으로 데려갔다. 거기에는 여러 가지 탈이 있었는데 노인은 남자에게 마음에 드는 탈을 골라 쓰라고 하였다. 남자가 소의 탈을 골라 머리에 썼더니 갑자기 소로 변하고 말았다. 머리에서 뿔이 나고 엉덩이에서는 꼬리가 생겼다. 노인은 그 소를 시장으로 끌고가서 한 농부에게 팔았다. 노인은 농부에게 "이 소에게 절대 무를 먹이지 마세요." 라고 말했다.

농부는 소를 데리고 집에 와서 아침부터 밤까지 소에게 일을 하게 했다. 소가 된 남자는 "너무 힘들어요. 저는 사람이라고요!"라고 소리쳤지만 그 소리는 그저 '음메음메' 소리로만 들릴 뿐이었다. 어느 날 소가 된 남자는 길을 가다가 무 밭을 보았다. 그때 시장에서 노인이 무를 절대 먹이지 말라는 말이 갑자기 생각이 났다. 소가 된 남자는 ㉠ <u>'그래, 무를 먹어서 큰일이 생겨도 지금보다는 나을 거야.'</u>라고 생각하며 무 밭에 있는 무를 하나 먹어 버렸다. 그랬더니 갑자기 꼬리와 뿔은 없어지고 두 다리와 팔이 생겼다. 소가 다시 남자로 변하고 말았다. 이것을 본 농부는 깜짝 놀라 저 멀리 도망가고 말았다. 소가 된 남자는 다시 집으로 돌아와서 그 후에는 부지런히 일을 하며 지냈다. 소가 되었던 남자는 이렇게 해서 게으른 습관을 고쳤다고 한다.

새단어

빈둥빈둥
베다
어기적어기적
한가롭다
쳐다보다
탈
뿔

● 다음을 읽고 물음에 답해 봅시다.

1. ㉠에 나타난 남자의 심정으로 알맞은 것을 고르세요.

(1) 아쉽다　　(2) 자포자기하다　　(3) 당황하다

2. 이 남자는 왜 소가 되었습니까?

3. 이 남자는 어떻게 다시 사람이 될 수 있었습니까?

4. 여러분 나라에서는 게으른 습관을 가진 사람을 부르는 특별한 별명이 있습니까?

읽기 II

- 다음을 이야기해 봅시다.

1. 여러분 나라 사람들의 식습관과 한국인의 식습관이 비슷합니까? 아니면 많이 다릅니까?

2. 여러분은 자신의 식습관을 개선하기 위해 어떤 노력을 해 보았습니까?

3. 한국인이 가장 많이 걸리는 병이 무엇인지 아십니까?

- 다음 밑줄 친 단어의 의미를 생각하면서 글을 읽어 보세요.

우리 학교 어학당 친구들을 대상으로 자신의 나쁜 식습관에 대해 조사하였다. 조사 결과에 따르면 '치맥 등 야식을 먹는다'가 가장 많았다. 그리고 자신의 식습관을 개선하기 위해 노력하고 있다는 친구는 10% 정도였다.

18세기 영국에서 산업혁명이 일어나면서 산업화가 진행되었다. 한국은 조금 늦게 산업화가 되었지만, 아주 빠른 속도로 산업화가 되었다. 이렇게 급속한 산업화를 겪은 나라들은 여러 가지 문제를 가지고 있다.

● 다음을 읽고 물음에 답해 보세요.

한국인의 식습관

한국인들의 식습관에 대해 이야기를 할 때 빠지지 않는 이야기가 두 가지 있습니다. 첫 번째는 한국인들이 밥을 빨리 먹는다는 것이고, 두 번째는 한국인들이 밥을 많이 먹는다는 것입니다. 한국인의 식사시간은 다른 나라 사람들에 비해 3배 이상 빠르다고 합니다. 한 텔레비전 프로그램에서 한국의 직장인을 대상으로 조사한 결과에 의하면, 10~15분 사이가 49%, 10분 이내가 23%로 나타났습니다. 전체의 72% 정도의 사람들이 15분 안에 식사를 마치는 것입니다. 한국인들이 이렇게 밥을 빨리 먹는 이유에 대해서는 여러 가지 의견이 있지만, 6 · 25 전쟁 이후 급속한 산업화를 겪는 과정에서 일할 시간이 모자라 늘 서둘러서 밥을 먹었기 때문이라고 생각하는 사람들도 있습니다. 또 한국인들은 밥을 많이 먹습니다. 요즘에는 몸매 관리나 건강을 위해서 밥을 많이 먹지 않는 사람들도 많이 있지만, 한국에서는 예전부터 '잘 먹는다'는 말이 칭찬이었을 정도로 밥을 많이 먹었습니다. 이렇게 밥을 빨리, 또 많이 먹는 습관은 건강에 어떤 영향을 미칠까요. 꼭 밥을 빨리, 많이 먹기 때문이라고 말할 수는 없지만 한국인에게 가장 많이 팔리는 약은 소화제였습니다. 음식을 빠르게, 많이 먹는 습관은 위에 부담을 주기 때문입니다. 이러한 사실은 한국인의 식습관이 건강에 좋지 않은 영향을 미친다는 것을 의미합니다. 지금부터라도 한국 사람들은 건강에 도움이 되지 않는 식습관을 개선하도록 노력해야 할 것입니다.

새단어

대상
급속하다
산업화
겪다
개선하다

1. 한국인들의 식습관 중 가장 많이 이야기되는 두 가지는 무엇입니까?

2. 다음 중 읽은 내용과 맞는 것은 무엇입니까?

① 식사하는 데 걸리는 시간은?

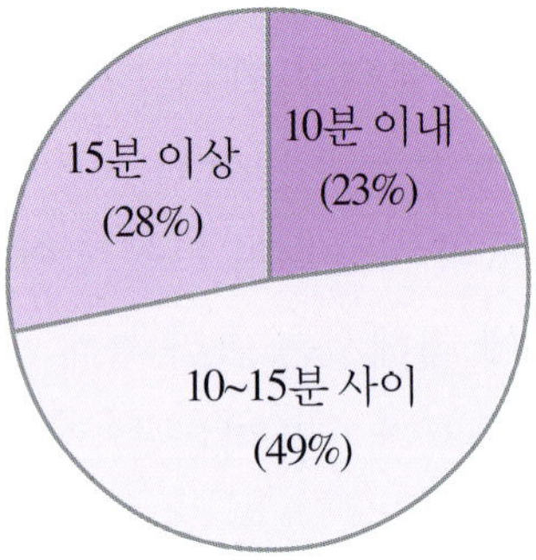

(조사대상: 직장인)

② 식사하는 데 걸리는 시간은?

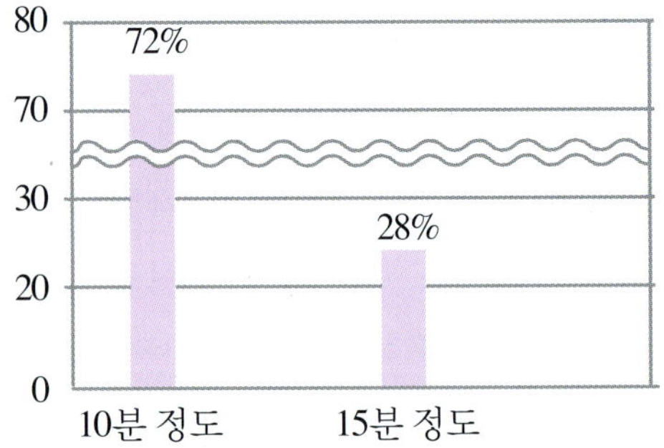

(조사대상: 한국인)

3. 2009년 한국의 약국에서 소화제가 가장 많이 팔린 이유는 무엇입니까?

● 여러분 나라에서 가장 많이 걸리는 병은 무엇입니까? 그 이유는 무엇이라고 생각합니까?

병명	이유

LESSON 08

외모와 성격

문법과 표현

-기가 무섭게
-는 바람에
-탓이다
-나 마나

어휘

'마음' 과 관련된 표현

여러분은 다른 사람의 외모를 보고 성격을 짐작할 수 있다고 생각합니까?

회사에 도착하기가 무섭게 머리를 빗어요

Track 15

지영	마이클 씨가 요즘 갑자기 멋을 내는 것 같지 않아요? 회사에 도착하기가 무섭게 머리를 빗고 향수까지 뿌리잖아요. 틈만 있으면 전화를 하는 바람에 일이 있어도 말을 걸기가 힘들어요.
첸	몰랐어요? 마이클 씨 연애 중이잖아요. 연애 탓에 요즘 일도 열심히 안 하는 것 같아요.
지영	그랬어요? 그래서 마이클 씨가 요즘 얼굴에 화색이 돌았군요!
첸	맞아요. 그동안 연애는 신경도 쓰지 않고 일에만 매달렸잖아요. 그 때는 소개팅 시켜주나 마나였어요.
지영	저는 똑똑하고 능력 있는 사람을 좋아하거든요. 그래서 마이클 씨는 똑똑하고 일도 열심히 하니까 인기가 많을 줄 알았어요. 그런데 마이클 씨 말에 의하면 꼭 그런 것만은 아니라고 하더라고요.
첸	그건 마이클 씨 말이 맞아요. 나도 너무 완벽한 사람보다는 가끔 실수도 하는 사람에게 끌리더라고요. 인간적이잖아요.
지영	그래요? 저는 믿음직스럽고 튼튼해 보이는 사람이 좋아요. 하긴 사람마다 취향이 다르니까요. 제 눈에 안경이라잖아요.

새단어

틈	친밀감	매달리다	실수하다	완벽하다	믿음직스럽다	하긴
심리학자	불안감	끌리다	뛰어나다	인간적이다	당연히	

● 다음 대화를 잘 듣고 질문에 답하세요.

1. 다음 중 맞는 것을 고르세요.

- ☐ 마이클은 요즘 여자 친구와 사귀고 있다.
- ☐ 마이클은 연애를 하기 전에는 직장에서 일을 열심히 하지 않았다.
- ☐ 사람들은 모두 능력이 있는 사람을 좋아한다.
- ☐ 가장 좋은 것은 마음이 착한 사람이다.

2. 다음에 대해서 이야기해 보세요.

- 마이클 씨가 요즘 어떻게 변했습니까?
- 마이클 씨는 평소에 일을 열심히 하는 편이었습니까?
- 완벽한 사람은 어떤 면에서 좋습니까?

● 다음 표현을 익혀 보세요.

멋을 내다 / 향수를 뿌리다 / 말을 걸다 / 화색이 돌다 / 제 눈에 안경이다

● 여러분은 어떤 사람에게 호감이 갑니까?

(1) 잘 웃는 사람
(2) 친절한 사람
(3) 겸손한 사람
(4) 잘 생긴/예쁜 사람
(5) 재미있는 사람
(6) 몸매가 좋은 사람
(7) 근육이 있는 사람
(8) 똑똑한 사람
(9) 돈이 많은 사람
(10) ______________________

이렇게 표현해요

꼭 그런 것만은 아니다

다른 경우도 있다는 사실을 강조할 때 쓰인다.

항상 그런 것만은 아니다, 모두 그런 것만은 아니다, 다 그런 것만은 아니다.

문법과 표현

● [동] -기가 무섭게

학교 수업이 **끝나기가 무섭게** 학생들은 식당으로 달려갔어요.

방학이 **되기가 무섭게** 각자 고향으로 돌아가 버렸어요.

신호등 불이 **바뀌기가 무섭게** 사람들이 길을 건너기 시작했어요.

● 연습해 봅시다.

1. 배운 표현을 이용해서 이야기해 보세요.

(1) 가: 지선 씨는 벌써 집에 갔어요?
나: 그럼요, 수업이 ________________ 집으로 갔어요.

(2) 가: 어제 점심도 못 먹어서 많이 배고팠지?
나: 음, 그래서 집에 ________________ 라면을 끓여 먹었어.

(3) 가: 저 식당은 장사가 잘 되는 것 같아요.
나: 그럼요, 식당 문을 ________________ 손님들이 모여들어요.

(4) 가: 동생이 저축을 잘 하는 편이에요?
나: 천만에요. 제 동생은 용돈을 ________________ 다 써 버려요.

2. 어떤 일이 끝나고 바로 다른 일을 해야 하는 상황이 있었어요? 말해 보세요.

보기 친구가 서울에 온다는 연락을 갑자기 받고 수업이 끝나기가 무섭게 서울역으로 뛰어갔어요.

____

____

____

● [동]-는 바람에

버스를 잘못 **타는 바람에** 학교에 늦었습니다.

지난 1년 동안 일을 안 하고 신나게 **노는 바람에** 모아 놓은 돈을 다 썼어요.

성적 때문에 부모님께서 불같이 화를 **내시는 바람에** 여행 얘기는 시작도 못했다.

● 연습해 봅시다.

1. 배운 표현을 이용해서 이야기해 보세요.

(1) 가: 왜 이렇게 늦었어요?

나: ____________________

(2) 가: 왜 어제 학교에 안 왔어요?

나: ____________________

(3) 가: 왜 기차를 놓쳤어요?

나: ____________________

2. 어떤 일이나 사람 때문에 방해를 받은 적이 있어요? 혹은 하고 싶지 않은 일을 한 적이 있어요? '-는 바람에'를 이용해서 말해 보세요.

보기 어떤 사람이 새치기하는 바람에 택시를 놓쳤어요. 그래서 지각했어요.

좀 더 자세히

● '-어서(이유)'와 바꿔 쓸 수 있어요.

ㄱ. 늦잠을 자서 학교에 지각했다.

ㄴ. 늦잠을 자는 바람에 학교에 지각했다.

● 주로 뒤의 문장은 부정적인 경우가 많아요.

ㄱ. 밥을 빨리 먹는 바람에 체했다.(○)

ㄴ. 밥을 빨리 먹는 바람에 소화가 잘 됐다.(×)

● [명] 탓이다

친구가 다친 건 **내 탓이다.**

친구가 실수를 자주 하는 것은 급한 **성격 탓이다.**

교통사고가 난 것은 운전자의 **음주 운전 탓이다.**

● 연습해 봅시다.

1. 배운 표현을 이용해서 이야기 해 보세요.

(1) 가: 이번 교통사고는 누구의 잘못입니까?

나: 저 사람 ____________________. 저는 그냥 서 있었어요.

(2) 가: 입학시험에 떨어진 건 시험문제가 너무 어려워서였나요?

나: 아니에요. 시험에 떨어진 건 모두 ________________. 제가 공부를 안 했어요.

(3) 가: 친구와 왜 자주 싸워?

나: ____________________. 친구는 성격이 너무 급하고 참을성이 없어.

(4) 가: 동생이 잘못했다고 사과했어요?

나: 아니요, 동생은 항상 ________________고 말해요. 자기 잘못은 없대요.

2. 사람들은 어떤 일이 잘 안 되었을 때 남의 탓을 하는 경우가 많습니다. 여러분의 경험을 말해 보세요.

보기 축구를 할 때 뜻대로 안 되면 내 실력 탓을 하지 않고 공 탓을 한다.

좀 더 자세히

● 좋지 않은 결과가 있는 경우에는 '탓이다'를 주로 쓰고, 좋은 결과가 있는 경우에는 '덕분이다, 덕택에' 등을 써요.

선생님이 한국어를 잘 가르쳐 주셨다.

ㄱ. 내가 한국어를 잘 하게 된 것은 선생님 덕(분)이다.

ㄴ. 선생님 덕분에 한국어를 잘 하게 되었다.

● [동]-(으)나 마나

이 옷은 **입어 보나 마나** 잘 맞을 거예요.

내 친구는 시험을 **보나 마나** 합격할 거예요.

제가 쓴 글은 **읽으나 마나** 재미없을 거예요.

● 연습해 봅시다.

1. 배운 표현을 이용해서 이야기해 보세요.

(1) 가: 이 영화 재미있을까요?

나: 그럼요. 유명한 김준호 감독이 만든 영화니까 ________________ 재미있을 거예요.

(2) 가: 지금 빨리 뛰어가면 12시 기차를 탈 수 있을까요?

나: 이제 12시 다 됐어요. ________________ 이미 늦었어요.

(3) 가: 그 사람 말을 한번 들어 볼까요?

나: ________________ 모두 거짓말일 거예요. 들을 필요 없어요.

(4) 가: 저 식당의 음식이 맛있을까?

나: ________________ 맛있을 거야. 요리사가 고급 호텔 주방장이었대.

2. 너무 당연해서 확실하게 말하는 대화를 만들어 보세요.

보기 가 : 시험 공부를 하나도 안 했어. 어떡하지? 시험에 떨어지겠지?

나 : 당연하지. ________________ 떨어지겠다.

(1) 먹어 보지 않아도 불고기가 당연히 맛이 있다는 것을 알고 말할 때

(2) 만나지 않아도 소개하는 이성 친구가 정말 좋은 사람이라는 것을 알고 말할 때

(3) 일기예보를 보지 않아도 오늘 날씨가 너무 추워서 기온이 당연히 영하라는 것을 알고 말할 때

(4) 들어 보지 않아도 그 친구가 노래를 잘 한다는 것을 알고 말할 때

어휘 확장

● '마음'과 관련한 표현

마음이 통하다	마음이 풀리다	마음을 알아보다
마음을 주다	마음을 읽다	마음을 열다
마음에 두다	마음에 있다/없다	마음에 차다

(1) 그 일은 절대 잊을 수 없어요. 영원히 ______________________________.

(2) 공부하고 싶지 않아요. 공부는 ______________________________.

(3) 그 사람과 친해져서 이제는 그 사람에게 ______________________________.

(4) 새로 뽑은 신입 사원에 대해 만족해요. 아주 ______________________________.

(5) 오랜 기간 살다 보면 생각이 비슷해지죠. ______________________________.

(6) 친구가 사과를 하니까 이제는 ______________________________.

● 어떤 마음/느낌일까요?

책임감 신뢰감 친밀감 불안감 정의감 경외감

● N+스럽다

1. 맞는 뜻을 찾아 줄로 이어 보세요.

(1) 여성스럽다 ● ● ㄱ. 나이는 어리지만 다른 사람을 먼저 생각해 준다.

(2) 자랑스럽다 ● ● ㄴ. 정장을 입으니까 진짜 여자처럼 보인다.

(3) 어른스럽다 ● ● ㄷ. 친구는 항상 잘 웃는다. 억지로 웃는 것이 아니다.

(4) 사랑스럽다 ● ● ㄹ. 내 여자 친구의 옷차림이 너무 귀엽다.

(5) 자연스럽다 ● ● ㅁ. 부모는 상을 받은 딸을 보면 기분이 좋다.

(6) 복스럽다 ● ● ㅂ. 옆집 아들은 얼굴이 동그랗고 통통하다.

● 다음 단어와 '스럽다'를 연결한 후에 ________에 알맞게 넣으세요.

조심	고통	만족	다행	변덕	부담

(1) 준비를 충분히 못 해서 시험에 떨어질 줄 알았는데 ________________ 시험에 합격했다.

(2) 지난주에는 목감기에 걸려서 물 마시는 것도 너무 ________________.

(3) 깨진 유리가 바닥에 있으니까 ________________ 걸어야 해.

(4) 아무 일도 안 했는데 이렇게 큰돈을 받으니까 마음이 너무 무겁다. ________________.

의사소통활동

말하기

● 친구들과 같이 여러분의 사랑에 대해서 이야기 해 보세요.

그리운 그대에게

그대여, 저는 이런 사람이 되고 싶습니다.

늘 같은 곳을 바라보고

문득 생각나면 간절히 보고 싶고

작은 다툼에도 사랑해 주고 싶고

오랜 시간이 흘러도 당신 가슴에 남아

아련한 기억으로 남는

그런 사람이 되고 싶습니다.

1. 이런 편지를 써 본 적이 있습니까? 여러분의 사연을 말해 보세요.

2. 여러분은 사랑하는 사람에게 어떤 사람이면 좋겠습니까?

3. 여러분 나라의 사랑 노래를 한국어로 바꾸어 보세요.

듣기 Track 16

● 다음을 듣고 다음 질문에 답해 보세요.

1. 여자는 어제 무슨 일을 했습니까?

2. 남자의 이상형은 어떤 사람입니까?

3. 일이 잘 되면 남자는 여자에게 어떻게 할까요?

4. '김칫국부터 마시다'는 어떤 상황에서 쓰는 말입니까?

① 맛있는 음식을 먹기 전에 간단하게 음료수를 마실 때

② 기분이 우울해서 음식을 먹으면서 안정시킬 때

③ 다른 사람이 주려고 생각도 안하는데 받을 준비할 때

④ 너무 오래 기다려서 목이 마를 때

5. 대화 후에 남자는 어떤 행동을 했을까요? 알맞은 그림을 고르세요.

● 다음은 사랑을 노래한 곡들의 제목입니다. 노래를 듣고 반복되는 부분을 써 보세요. 그리고 가사를 바꿔서 불러 보세요.

(1) 사랑스러워

(2) 살다가

(3) 님의 향기

(4) 제비꽃

(5) 당신도 울고 있네요

(6) 가슴앓이

(7) 하루

(8) 그리움만 쌓이네

읽기 I

● 다음에 대해 생각해 봅시다.

1. 연애에서 가장 중요한 것은 무엇이라고 생각합니까?

2. '마음' 과 관련된 표현을 아는 대로 써 보세요.

● 이성 친구를 처음 만날 때 무엇을 준비합니까? 다음을 읽고 물음에 답하세요.

모든 일을 성공하기 위해서는 꼭 기억해야 할 세 가지가 있다. 바로 '겉모습, 재능, 지혜' 이다. 이것은 사회생활에서도 중요하지만 연애를 하는 데도 필요한 것이다. 이 세 가지를 잘 기억하면 연애를 성공적으로 할 수 있을 것이다.

먼저 겉모습부터 말을 하면, 처음 만날 때 가장 중요한 것은 첫인상이다. 그러므로 이상하지 않고 깔끔한 옷을 입어야 한다. 소개팅의 경우, 만나고 5분이 지나면 상대에 대한 인상과 느낌이 결정된다. 즉 5분 안에 다음 약속을 결정하게 되는 것이다. 깔끔한 옷차림은 긍정적인 이미지를 줄 수 있다. 그러나 너무 가벼운 느낌의 옷차림은 피하는 것이 좋다.

두 번째로 중요한 것은 재능이다. 자연스럽지 않은 분위기를 즐겁게 만드는 재능이 필요하다. 처음 만나는 불편한 자리에서 상대방을 편하게 만들어 주려는 노력이 중요하다. 평소에 말을 잘 하는 편이 아니라면 최근 텔레비전이나 신문에서 본 이야기를 준비해 가는 노력을 보이는 것이 필요하다.

마지막으로 지혜가 중요하다. 상대의 ㉠ **마음을 읽을** 줄 아는 지혜가 필요하다. 성공적인 소개팅을 위해서는 외모나 조건도 중요하지만 무엇보다 진실한 마음을 전달해야 한다. 상대가 원하는 것이 무엇인지 알려고 하면 당연히 ㉡ **마음이 쉽게 통할** 수 있다. 상대방의 ㉢ **마음을 알아보기** 전에 먼저 ㉣ **마음을 열고** 솔직하게 다가가는 태도가 필요하다.

1. 앞의 글에 알맞은 제목을 만들어 보세요.

2. 앞의 글에서 성공적인 만남을 위해 필요한 세 가지를 찾아 보세요.

3. 표현과 뜻이 잘못 연결된 것을 고르세요.

(1) 마음을 읽다 — 상대의 생각을 알다

(2) 마음이 통하다 — 서로의 생각이 같다

(3) 마음을 알아보다 — 생각을 살펴보다

(4) 마음을 열다 — 상대를 믿지 않다

4. 여러분은 소개팅에서 어떤 점이 제일 자신이 있습니까? 자신이 없습니까?

5. 기억에 남는 만남에 대해서 말해 보세요.

새단어

걸모습
재능
지혜
연애
첫인상
긍정적 이미지
평소
외모
조건
진실하다
깔끔하다
상대(방)

읽기 II

● 다음에 대해 함께 이야기해 봅시다.

1. 여러분 나라의 '아름다움'의 기준은 무엇입니까?

2. 여러분은 어떤 사람이 '아름답다, 멋있다'고 생각합니까?

● 다음 단어의 의미를 생각하면서 이야기해 보세요.

미인　　조건　　기준　　풍만하다

1. 여러분 나라의 미인의 조건은 어떻습니까?

(1) 남자의 경우

(2) 여자의 경우

2. 여러분 나라의 미의 기준은 한국과 어떻게 다릅니까?

● 여러분 나라에서는 어떤 남성, 여성을 아름답다고 하나요? 다음을 읽고 물음에 답해 봅시다.

미인의 조건

한국 속담에 '십 년이면 강산도 변한다.' 라는 말이 있다. 이 속담은 시간이 지나면 모든 것이 바뀐다는 것이다. 미인에 대한 생각이나 기준도 마찬가지이다.

외모와 관련해서 생각해 보면, 요즘 젊은 세대는 어떤 사람을 미인이라고 생각할까? 대부분 큰 키에 날씬한 허리, 가늘고 긴 다리의 여자를 미인이라고 생각할 것이다. 그럼 조선시대에도 이런 여자가 미인이었을까? 조선시대에는 미인의 기준이 지금과 매우 달랐다. 먼저 조선시대에는 둥글고 통통한 얼굴이 아름다운 얼굴형이었다. 몸매 또한 지금과 다르게 통통한 것을 아름답다고 생각했다. 즉, 건강하고 풍만한 여자가 미인이었던 것이다. 그 이유는 한국이 전통적으로 농업을 중요하게 여기던 나라라는 것과 관계가 있다. 농사를 지으려면 많은 인력이 필요했다. 그렇기 때문에 여성은 아이를 많이 낳아야 할 의무가 있었다. 그러므로 날씬하기보다는 풍만한 몸매의 여성을 미인으로 여겼던 것이다.

미인의 기준이 변함에 따라 칭찬도 달라졌다. 얼굴을 보고 '보름달 같다' 라는 말은 과거에는 최고의 칭찬이었지만, 지금은 상대의 기분을 나쁘게 할 수도 있는 말이 되었다.

1. 위의 내용과 같은 부분을 고르세요.

- ☐ 요즘은 과거와 달리 외모만을 중요하게 생각한다.
- ☐ 과거에는 키가 크고 통통한 몸매의 여성을 미인으로 생각했다.
- ☐ 시간이 지나가면 옛날 것이 더 중요해진다.
- ☐ 미인의 기준이 바뀌었으므로 칭찬하는 말도 다르게 해야 한다.

새단어

속담
기준
젊은 세대
가늘다
몸매
풍만하다
여기다
의무

2. 조선시대의 미의 기준을 쓰세요.

3. '십 년이면 강산도 변한다.' 라는 말과 같은 속담이 여러분 나라에 있습니까?

● 여러분 나라에서는 미의 기준이 달라졌습니까? 달라졌다면 어떻게 달라졌습니까?

LESSON 09

환경

문법과 표현

-처럼 -는 -도 없다
-지 않으면 안되다
-기에는 너무
-을 만큼

어휘

손과 관련한 관용 표현

여러분은 평소에 환경 문제에 대해 생각을 한 적이 있습니까?

환경을 생각합시다!

Track 17

베라　민호 씨, 한국에서는 쓰레기를 버릴 때 힘들지 않아요?
민호　익숙해지니까 별로 힘들지는 않아요.
베라　음식물은 모두 따로 챙겨서 버리지요?
민호　네, 그래요. 그런데 물기를 꼭 짜서 버리지 않으면 안 돼요.
베라　왜요?
민호　무게를 재서 그 무게에 따라서 가격도 달라져요.
물기가 있으면 무거워져서 돈을 더 내야 해요.
베라　될 수 있으면 음식을 먹을 만큼만 만드는 게 낫겠어요.
그냥 버리기에는 너무 아깝잖아요.
민호　한국 사람들은 손이 큰 사람들이 많아서 음식물 쓰레기가 많은 편이지요.
베라　우리 동네는 재활용 쓰레기를 주말에만 버릴 수 있어서 불편해요.
민호　그래도 전보다 많이 나아진 거예요. 전에는 큰 차가 음악을 틀면서
지나갈 때 재활용 쓰레기를 들고 뛰어가지 않으면 안 되었거든요.
그리고 쓰레기를 차에 있는 그물망에 종류별로 넣었어요.
베라　저런, 달리기를 잘 해야 쓰레기를 버릴 수 있었겠어요.
민호　맞아요, 저처럼 달리기를 잘 하는 사람도 없어요.

새단어

물기	재활용	그물망	별
아깝다	틀다	종류	

● 다음은 재활용 쓰레기에 대한 대화입니다.
대화를 잘 듣고 질문에 답하세요.

1. 다음 중 맞는 것을 고르세요.

- ☐ 민호 씨는 쓰레기를 버릴 때 귀찮고 힘들대요.
- ☐ 쓰레기는 한꺼번에 버려도 괜찮아요.
- ☐ 한국 사람들은 음식을 많이 만들어서 많이 버리는 편이에요.
- ☐ 전에는 재활용 쓰레기 버리기가 더 힘들었어요.

2. 재활용 쓰레기 버리는 방법이 어떻게 바뀌었습니까?

☐ → ☐

● 여러분 나라에서는 쓰레기를 어떻게 버립니까?

이렇게 표현해요

저처럼 달리기를 잘 하는 사람도 없어요

대화에 어울리는 농담으로 대화를 마무리했다. 이러한 농담은 말하는 사람들 사이에 친밀감을 높일 뿐만 아니라 대화의 분위기를 부드럽게 해주기도 한다.

문법과 표현

● [명]처럼 [형]/[동]-(으)ㄴ/는 [명]도 없다

우리 어머니처럼 김을 좋아하는 사람도 없어요.

그 사람처럼 나를 사랑해 주는 사람도 없어요.

이 세상에서 자기 자식처럼 예뻐 보이는 사람도 없을 거예요.

● 연습해 봅시다.

1. 다음을 연결해서 문장으로 말해 보세요.

(1) 가: 너희 집에서 제일 열심히 일하는 사람이 누구야?

나: (우리 아버지/열심히 일하다/사람) ____________________

(2) 가: 제일 재미있는 공부가 뭐예요?

나: (한국어/재미있다/공부) ____________________

(3) 가: 가족 중에서 가장 예쁜 사람이 누구예요?

나: (내 동생/예쁘다/사람) ____________________

(4) 가: 세계에서 가장 집값이 비싼 도시는 어디예요?

나: ____________________

2. 위 문형을 이용해서 이야기해 보세요.

(1) 제일 좋아하는 한국 음식이 뭐예요?

____

(2) 꼭 여행하고 싶은 곳은 어디예요?

____

(3) 제일 나를 사랑해 주는 사람이 누구라고 생각해요?

____

(4) 이 세상에서 제일 멋있는 사람은 누구예요?

____

(5) 정말 재미있는 책을 추천해 주세요.

____

(6) 이 세상에서 제일 쉬운 일이 무엇이에요?

____

좀 더 자세히

- 뜻이 비슷해요.

  우리 선생님처럼 친절한 사람도 없어요.

  = 우리 선생님이 정말 친절해요.

● [형]/[동]-지 않으면 안 되다

비행기 표를 미리 **예매하지 않으면 안 될 거예요.**

지금 당장 **입원하지 않으면 안 됩니다.**

그 일을 오늘 오후까지 **끝내지 않으면 안 돼요.**

● 연습해 봅시다.

1. 배운 표현을 이용해서 이야기해 보세요.

(1) 가: 왜 그렇게 뛰어가? 무슨 일 있어?

나: (오늘 오후에 손님이 오다 / 당장 청소를 하다) ______________________

(2) 가: 우리 오늘 밤에 같이 운동하러 갈까?

나: (내일 시험이 있다 / 오늘 밤에 공부를 하다) ______________________

(3) 가: 오늘 저녁에 뭐 해야 하죠?

나: ______________________

(4) 가: 내일 꼭 해야 하는 일이 뭐죠?

나: ______________________

2. 오늘, 혹은 이번 학기에 꼭 해야 하는 일이 뭐가 있어요? 배운 표현을 이용해서 써 보세요.

____

____

____

____

좀 더 자세히

● 뜻이 비슷해요.

나는 공부를 **하지 않으면 안 돼요.**

나는 공부를 **할 수밖에 없어요.**

나는 공부를 **해야 해요.**

● [동]-기에는 너무

가: 조금 늦기는 했지만 지금이라도 가 볼까요?

나: 지금 나가 봤자 기차역까지 **가기에는 너무** 시간이 부족해요.

너는 결혼을 **하기에는** 아직 **너무** 이른 나이다.

지금 이 일을 **시작하기에는 너무** 늦었다.

짧은 팔을 **입기에는** 아직 날씨가 **너무** 추워요.

● 연습해 봅시다.

1. 배운 표현을 이용해서 문장으로 말해 보세요.

(1) 높은 나무의 사과를 따다 / 키가 작다

(2) 열 사람이 먹다 / 음식이 부족하다

(3) 밤늦게까지 일하다 / 힘들다

2. 다음 대화를 완성하세요.

(1) 가: 나는 피자 두 판을 먹고야 말겠어.

나: ______________________________

(2) 가: 지금 같이 부산으로 놀러 가자!

나: ______________________________

(3) 가: 오늘부터 하루에 15시간씩 공부할 거야!

나: ______________________________

(4) 가: 1년 동안 세계 여행을 하고 싶어.

나: ______________________________

3. 친구가 어울리지 않는 옷을 골랐을 때, 어울리지 않는 머리를 했을 때 뭐라고 이야기할 수 있을까요?

● [동]-(으)ㄹ 만큼

저는 시험이 **죽을 만큼** 싫어요.

냉면을 싫증이 **날 만큼** 먹어서 더 안 먹을래요.

한국말로 꿈을 **꿀 만큼** 한국말을 잘하고 싶어요.

저는 어제 지진 때문에 **기절할 만큼** 놀랐어요.

뷔페에서는 좋아하는 음식을 **먹을 만큼** 가져가시면 돼요.

● 연습해 봅시다.

1. 배운 표현을 이용해서 대화를 완성해 보세요.

(1) 가: 어제 앞 동 아파트에서 불이 난 것 봤어요?

나: 네, ______________________ 놀랐어요.

(2) 가: 오늘 비빔밥 먹으러 갈까요?

나: 싫어요, ______________ 많이 먹어서 이제는 다른 음식 먹고 싶어요.

(3) 가: 공부를 열심히 해야 해요.

나: 저는 벌써 ______________ 많이 해서 좀 쉬어야겠어요.

2. 배운 표현을 이용해서 이야기해 보세요.

(1) 돈을 얼마나 모았으면 좋겠어요?

____

(2) 애인/가족을 얼마나 사랑해요?

____

(3) 한국어 공부를 얼마나 열심히 해요?

____

(4) 고향에 얼마나 가고 싶어요?

____

어휘 확장

● '손'과 관련된 표현을 알아봅시다.

1. 손이 크다

- 우리 어머니는 손이 크셔서 항상 음식을 많이 하신다.
- 우리 엄마는 손이 커서 올해도 김치를 100 포기나 담그셨어요.
- 제 친구는 평소에는 돈을 아끼지만 다른 사람을 도울 때는 손이 커요.

2. 손을 내밀다

- 이번 달 월급이 안 들어와서 부모님께 손을 내밀 수밖에 없었어요.
- 생활이 어려운 사람들에게 도움의 손을 내밀어야 합니다. (도와주다)
- 한국에서 여러 가지 어려움이 있었을 때 그 사람이 내게 손을 내밀었다.
- 먼저 손을 내밀 수 있는 사람이 되길 바랍니다. (다가가다)
- 친구를 사귀려면 먼저 다른 사람에게 손을 내밀 줄 알아야 한다.

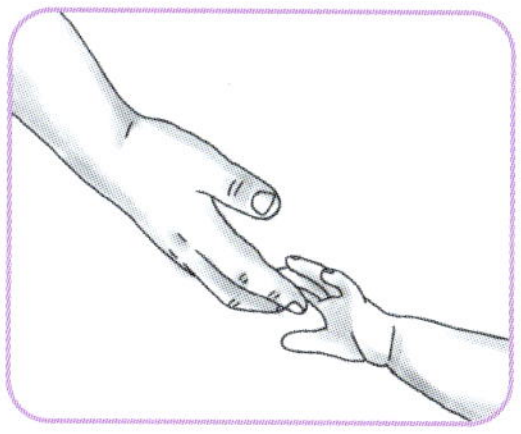

3. 손꼽아 기다리다

- 초등학교 시절에는 언제나 소풍을 손꼽아 기다리곤 했다.
- 돈이 다 떨어져서 다음 월급 받을 날을 손꼽아 기다리고 있다.
- 열흘 후에 바다에 놀러 가기로 해서 요즘 그 날만을 손꼽아 기다린다.

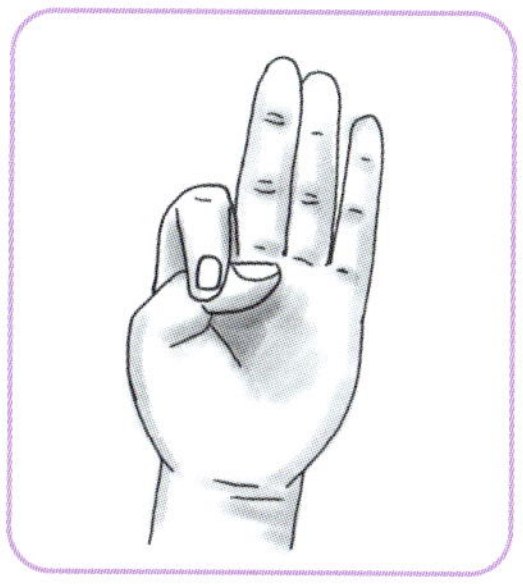

4. (사람)의 손에 달리다

- 제 목숨은 의사 선생님 손에 달렸습니다.
- 아이들의 미래는 부모의 손에 달렸어요.
- 당신의 운명은 당신의 손에 달렸다.
- 이번 영화의 성공은 관객의 손에 달렸다.

5. (손을) 끊다

- 나쁜 친구들과 손을 끊는 것이 좋겠다.
- 그는 이제 도박에는 손을 끊었다.
- 그 사람은 담배를 끊었다.

6. 손이 맵다

- 그 여자는 손이 매워서 살짝 때려도 정말 아파요.
- 그 사람은 손이 매워서 일처리가 완벽하다.

7. 손에 익다

- 이제 집안일이 손에 익었다.
- 회사일이 손에 익어서 힘들지 않다.

8. 손을 잡다

- 두 회사는 손을 잡고 사업을 시작했다.
- 고구려는 신라와 손을 잡고 전쟁을 시작했다.

의사소통활동

말하기

● 친구들에게 한 명씩 돌아가면서 물어 보세요.

질문 \ 이름			
내가 지금 쓰는 물건 중에서 가장 오래된 물건은 무엇입니까?			
내가 버리는 쓰레기 중에서 가장 많이 나오는 쓰레기의 종류는 무엇입니까?			
그 쓰레기를 줄이거나 다시 쓸 수 있는 방법은 무엇입니까?			
여러분 나라의 쓰레기 중에서 가장 심각한 것은 무엇입니까?			
심각한 쓰레기 문제를 해결하기 위한 좋은 방법에 무엇이 있습니까?			

듣기

● 다음에 대해 이야기해 보세요.

1. 여러분은 일회용품을 자주 쓰는 편입니까?

2. 어떤 것을 자주 이용합니까?

3. 일회용품과 환경에 대해 생각해 본 적이 있습니까?

● 다음 대화를 듣고 틀린 것을 고르세요. Track 18

☐ 화자의 경우 평소에 나무 젓가락이나 일회용 컵을 자주 사용하는 편이라고 합니다.
☐ 일회용품은 쓰면 쓸수록 경제도 발전하고 소비도 촉진되어서 긍정적입니다.
☐ 땅이 오염되면 모든 생물들에게 해가 됩니다.

● 우리가 시작할 수 있는 환경 보호 운동으로 무엇이 있습니까? 여러분의 생각을 쓰세요.

읽기 I

● 여러분은 환경 문제를 피부로 느끼고 있습니까?

1. 환경 문제에는 어떤 것이 있습니까? 어느 정도 심각합니까?

2. 요즘 뉴스나 잡지에서 자주 나오는 환경 문제에 어떤 것이 있습니까?

3. 환경을 위해 어떤 일을 해야 합니까?

● 다음은 '탄소배출권'에 대한 글입니다. 다음 글을 읽고 이야기해 보세요.

환경 보호를 위한 탄소배출권

요즘 세계적으로 탄소배출권이 화제이다. 탄소 배출권은 무엇일까? 앞으로 국제기구는 각 나라마다 이산화탄소를 감축해야 하는 의무가 생긴다고 했다. 탄소 배출권은 각 나라별로 탄소를 배출할 수 있는 권리이다. '탄소'란 실제 온실가스 배출을 탄소의 양으로 환산해서 비교한 것을 말한다. 그런 후에 각 정부는 기업들에게 탄소를 감축하라고 지시하게 된다. 기업들은 일단 지시를 받으면 두 가지 방법을 생각하게 되는데 그 중 하나는 정화 시설을 갖추어서 탄소를 줄이는 방법이고, 다른 하나는 '탄소 배출권'을 시장에서 구입하는 것이다.

※ 요약하기: 탄소배출권은 ________________________________

____

'탄소 배출권'을 확보하는 방법에도 두 가지 정도의 방법이 있는데 우선 조림지를 조성하면, 즉 '숲'을 만들면 그만큼의 권리를 얻을 수 있다. 이를테면 10t의 이산화탄소를 정화할 만큼의 숲을 조성하면 10t의 탄소 배출권을 받을 수 있는 것이다. 다음으로는 의무 이상으로 탄소를 줄이면 된다. 예를 들어 10t의 '탄소 배출권'이 있는데 정화 시설을 만들어 이를 줄이면 줄인 정도의 탄소 배출권이 생기는 것이다. 이러한 탄소 배출권을 팔 수 있는데 이것을 '탄소 배출권 거래제'라고 한다.

※ 요약하기: 탄소배출권을 확보하는 방법

1. ______________________________

2. ______________________________

2015년 파리 협정 이후, 세계의 여러 기업들이 이처럼 환경을 보호하기 위해서 노력을 기울이고 있는데 우리가 각자 할 수 있는 환경을 보호할 수 있는 방법은 무엇이 있을지 관심을 가져야 할 때이다.

1. 탄소 배출권이 무엇인지 찾아서 밑줄을 치세요.

2. 다음 도표를 보고 위 글 내용에 맞게 채워 보세요.

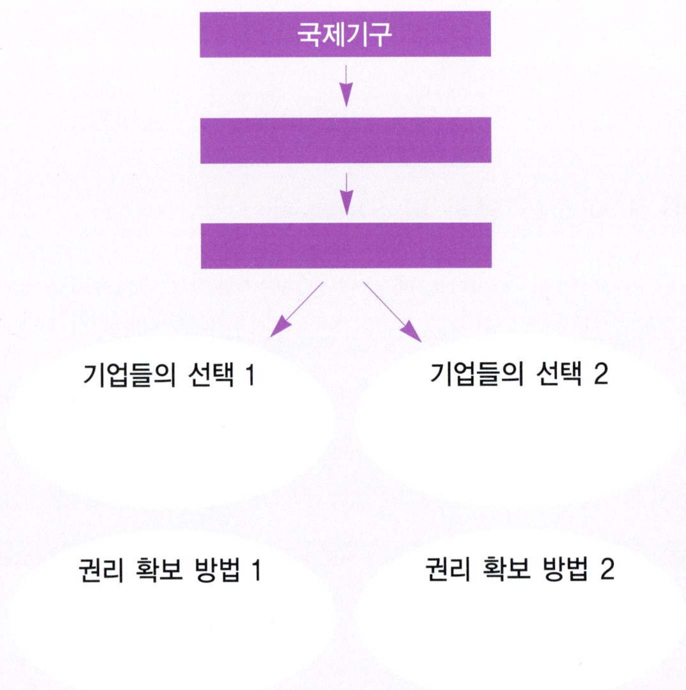

3. 여러분 나라에서는 탄소를 줄이기 위해 어떤 노력을 하고 있습니까?

새단어

탄소 배출
화제
국제기구
감축
의무
권리
온실가스
환산
정화시설
조림지
조성하다
거래제
관심을 가지다

읽기 II

● 다음에 대해 함께 이야기해 봅시다.

1. 여러분 나라에서는 갑자기 날씨가 이상해지거나 더워지는 일이 있습니까?

2. 여러분 나라의 공기나 물은 깨끗한 편이라고 생각합니까?

● 다음 단어는 무슨 뜻일까요? 다음 설명을 보고 알맞은 단어를 쓰세요.

이상기후	대기오염	수질오염	멸종

1. 생물의 한 종류가 없어짐:

2. 공기가 오염되는 것:

3. 물이 오염되는 것:

4. 기후가 이상하게 바뀌는 것:

● 다음을 읽고 답해 보세요.

환경오염이 지구에 미치는 영향

요즘 지구 곳곳에서 이상한 일들이 일어나고 있습니다. 갑자기 여름에 눈이 내리는 일도 있고 겨울에 따뜻한 날씨가 계속되기도 하는 등 이상기후가 나타납니다. 또한 전에 없던 새로운 질병들이 유행하게 되었습니다. 왜 이런 일들이 일어나는 것일까요? 많은 사람들은 그 이유가 환경오염 때문이라고들 합니다.

이러한 환경오염은 인간들의 이기적인 활동 때문에 일어난 일들입니다. 인간은 공장과 자동차를 이용해서 편리한 생활을 하지만 여기에서 나오는 매연은 공기를 오염시켰습니다. 그리고 공장에서 나오는 더러운 물 때문에 식수도 오염되고 말았습니다. 이러한 환경오염은 인간뿐만 아니라 동식물에게도 많은 피해를 주었습니다. 가뭄과 홍수로 동물들의 먹이가 사라지고 살 곳을 잃어버려서 많은 동식물들이 서서히 없어지고 있습니다.

이렇게 환경을 보호하지 않고 계속 오염시키면 대기오염, 수질오염, 동식물 멸종 등의 문제들 때문에 지구는 우리가 살 수 없는 곳으로 바뀔 것입니다. 우리 모두 깨끗한 환경을 만들기 위해서 노력합시다.

1. 위의 내용과 같은 것을 고르세요.

- ☐ 옛날부터 이상기후가 계속 있었다.
- ☐ 환경오염은 자연스러운 일이므로 인간의 힘으로 어쩔 수 없다.
- ☐ 동식물의 멸종은 사람들 때문이다.
- ☐ 지구는 우리가 살 수 없는 곳이다.

2. 여러분 나라에서는 어떤 종류의 환경문제가 있습니까? 그리고 그것을 위해 어떤 노력을 하고 있습니까?

새단어

영향
이기적이다
매연
피해를 주다

LESSON 10

한국의 결혼 문화

문법과 표현

-는커녕

같으면

-만 못하다

-는 대로

어휘

결혼 문화 관련 어휘

여러분 나라에서는 보통 몇 살에 결혼합니까?

그 사람은 멋지기는커녕 못생긴 편이었어요

Track 19

민호	나라 씨, 지난 주말에 선본다고 들었는데 좋은 시간 보냈어요?
나라	말도 마세요. 괜히 나갔다는 생각이 들 정도였어요.
민호	그래요? 미영 씨가 멋진 사람 소개해 줬다고 이야기하던데요.
나라	멋지기는커녕 오히려 못생긴 편이었어요. 게다가 처음부터 끝까지 자기 자랑만 늘어놓는 바람에 얼마나 지겨웠는지 몰라요.
민호	그랬군요. 나 같으면 결혼하고 싶은 사람을 다른 방법으로 찾겠어요.
나라	저도 지금 후회하고 있어요. 그런데 다른 방법이 뭐 있어요?
민호	글쎄요. 먼 곳에서 찾지 말고 가까운 곳에서 찾으면 어떨까요? 이를테면 저에게 관심을 더 가지면서 교제를 한다든지 말이에요. 제가 어제 만난 그 사람만 못한가요?
나라	호호, 민호 씨, 농담도 잘 하시네요. 하지만 나쁘지 않은 생각이에요.
민호	그런 의미에서 오늘 저녁 같이 먹읍시다.
나라	그럼, 민호 씨가 말한 대로 한번 해 볼까요?

새단어

선보다	늘어놓다	지겹다	교제
자랑	괜히	이를테면	

● 여러분은 소개팅한 적이 있습니까?
다음 대화를 잘 듣고 질문에 답하세요.

1. 다음 중 맞는 것을 고르세요.

☐ 남자가 여자에게 다른 남자를 소개해 주었다.
☐ 여자는 선을 보러 간 것을 후회하고 있다.
☐ 이 남자와 여자는 요즘 교제 중이다.
☐ 여자는 잘난 척하는 사람을 싫어하는 편이다.

2. 이 여자는 지난 주말을 어떻게 보냈습니까?

3. 이 여자가 선을 본 남자는 멋진 사람이었습니까?

4. 이 남자는 여자에게 관심이 있는 것 같습니까?

● 여러분 나라에서는 남자와 여자가 주로 어떻게 만나서 사귀게 됩니까? 친구들과 이야기해 보세요.

나라	만나는 방법
한국	친구에서 연인으로, 소개팅, 미팅, 맞선, 클럽 등등

이렇게 표현해요

말도 마세요

상대방의 의견에 반대하거나, 자신이 겪은 일이 너무 힘들었을 때 쓰는 표현.

말도 마세요. 그 얘긴 꺼내지도 마. 좋기는!

문법과 표현

● -은/는커녕

■ [명]-은/는커녕

가: 요즘 평균 수명이 늘어서 저축을 많이 해야 한대요.
마이클 씨는 저축을 많이 하세요?
나: **저축은커녕** 생활비도 모자라요.

가: 한국 오신 지 벌써 일 년이 되었네요.
한국 구경을 많이 하셨어요?
나: 한국 **구경은커녕** 서울 구경도 못해봤어요.

가: 요즘 주연 씨에게 관심 있다고 했죠?
데이트를 하셨어요?
나: 데이트를 했냐고요? **데이트는커녕** 말도 못 붙여봤어요.

■ [형]/[동]-기는커녕

가: 요즘 한국어 공부를 열심히 하세요?
나: 직장에서 너무 바빠서 한국어 공부를 열심히 **하기는커녕** 학교 오기도 힘들어요..

가: 어제 생일에 좋은 선물 많이 받았어요?
나: 선물을 **받기는커녕** 축하문자 하나 못 받았어요.

가: 시간이 흐르면 문제가 해결되지 않을까요?
나: 문제가 **해결되기는커녕** 점점 문제가 심각해져서 골치가 아파요.

● 연습해 봅시다.

1. 배운 표현 이용해서 문장을 만들어 보세요.

(1) 시험을 못 봐서 1등은 할 수도 없고 5급에도 못 갈 것 같아요.

→ ______________________________.

(2) 그 남자 키가 165cm가 넘지 않을 걸요. 155cm도 안 되겠어요.

→ ______________________________.

(3) 부모님께 칭찬을 받았냐고요? 아니요. 아주 많이 혼이 났어요.

→ ______________________________.

(4) 돈이 없어서 김밥도 못 사 먹는데, 어떻게 고기를 사 먹을 수 있겠어요.

→ ______________________________.

2. 배운 표현을 이용해서 이야기해 보세요.

(1) 요즘 한국어 공부를 5시간 이상 하세요?

____

(2) 첫사랑이랑 아직도 연락이 되나요?

____

(3) 한국에 와서 유명한 한정식을 먹은 적이 있어요?

____

(4) 서울에 집을 한 채 사면 어때요?

____

(5) 시간이 있으면 우리 같이 쇼핑할래요?

____

좀 더 자세히

● 바꾸어 쓸 수 있어요.

요즘에 너무 바빠서 **공부는 고사하고** 숙제도 못 해요.

장염에 걸려서 밥을 **먹기는 고사하고** 물도 마실 수 없어요.

● [명] 같으면

주말 **같으면** 그 식당까지 세 시간쯤 걸릴 것 같은데요.

우리나라 **같으면** 상상도 할 수 없는 끔찍한 이야기예요.

내 자식 **같으면** 호되게 야단을 쳤을 텐데 남의 자식을 어쩌겠어요.

● 연습해 봅시다.

1. 배운 표현을 이용해서 문장을 만들어 보세요.

(1) 그런 상황에서 (너) ______________________ 어떻게 했겠어?

(2) 그런 상황에서 (나) ______________________ 그렇게 하지 않았을 거야.

(3) 우리 (가족) ______________________ 중요한 날에는 보통 큰집에 모여요.

(4) (출퇴근 시간) ______________________ 더 오래 걸리니 바로 출발하세요.

2. 배운 표현을 이용해서 이야기해 보세요.

(1) 여러분 나라에 가려면 비행기 값이 얼마 정도 해요?

____

(2) 여러분이 부모님의 생신을 잊어버렸을 때 여러분의 부모님이라면 어떻게 하실 것 같아요?

____

(3) 여러분 같으면 돈이 1억이 생기면 무엇을 할 것 같아요?

____

(4) 유명한 배우가 데이트 신청하면 어떻게 할 거예요?

____

좀 더 자세히

● '[명]-(이)라면' 과 비슷해요.

내가 만약 **너라면** 그렇게 행동하지 않겠어.

그 사람이 **내 남친(남자친구)**이라면 얼마나 좋겠어요!

● [명]만 못하다

역시 동생이 **형만 못해요.**

지금 애인은 옛날 **애인만 못해요.**

음식은 서울이 **전라도만 못해요.**

● 연습해 봅시다.

1. 배운 표현을 이용해서 문장을 만들어 보세요.

(1) 호텔이 좋기는 하지만 그래도 우리 집이 더 좋아요.

→ ____________________

(2) 여자가 아무리 힘이 세도 남자보다 세지는 않아요.

→ ____________________

(3) TV가 아무리 커도, 역시 영화는 극장에서 보는 게 재미있어요.

→ ____________________

(4) 중국에서도 한국어를 배울 수 있지만 한국에서 배우는 게 더 좋아요.

→ ____________________

2. 배운 표현을 이용해서 이야기해 보세요.

(1) 부산에 갈 때는

(2) 수영을 하기에는

(3) 날씨가 더울 때는

(4) 감기에 걸렸을 때는

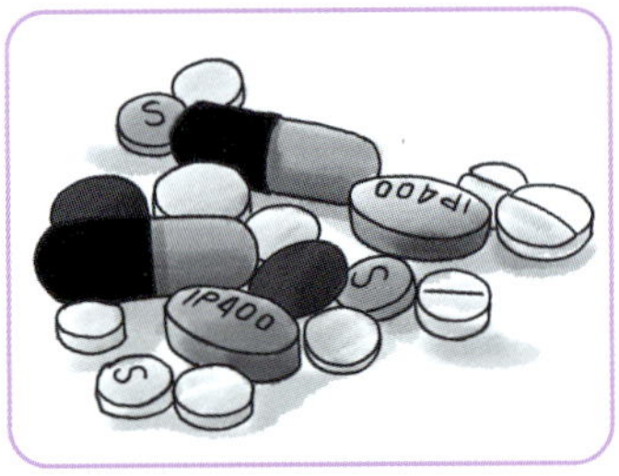

(5) 나이 들어서 살기에는

좀 더 자세히

- 비교급, [명]보다 더

  축구는 내가 **형보다 더** 잘해요.

  = 축구는 형이 **나만 못해요**.

● [동]-은/는 대로

■ [동사 현재] -는 대로

내가 **하는 대로** 따라 해 보세요.

아는 대로 모두 다 말하세요.

그 사람이 **하라는 대로** 다 했어요.

생각나는 대로 모두 써 보세요.

■ [동사 과거] -(으)ㄴ 대로

본 대로 그려 보세요.

들은 대로 해 보았는데 잘 안 되네요.

성형수술 하지 말고 **생긴 대로** 삽시다.

내가 아까 **말한 대로** 12시까지 일을 끝내세요.

● 연습해 봅시다.

1. 배운 표현을 이용해서 문장을 만들어 보세요.

(1) 아이들은 어른들이 (하다) ______________________ 똑같이 따라한다.

(2) 설명서에 (쓰여 있다) ______________________ 해 보세요.

(3) 그 가수가 (입었다) ______________________ 비슷하게 옷을 입은 사람이 많다.

(4) 너무 긴장하지 말고 (외웠다) ______________________ 말하면 돼요.

2. 선생님이 말한 대로 똑같이 따라 해 보세요. 누가 제일 선생님이 말한 대로 잘 했나요?

(1) 내가 그린 기린 그림은 잘 그린 기린 그림이고

네가 그린 기린 그림은 못 그린 기린 그림이다.

(2) 간장 공장 공장장은 강 공장장이고, 된장 공장 공장장은 장 공장장이다.

3. 첫 번째 학생은 선생님이 보여 준 대로 옆 사람에게 문장을 전달해 주세요.
그리고 두 번째 학생부터는 친구에게 들은 대로 옆 사람에게 문장을 전달해 주세요.

좀 더 자세히

- [명]대로

  내 **말대로** 한번 해 보세요.

  그대로 움직이지 마세요.

  원래대로 해 놓으세요.

- '[동]-을 수 있는 대로'로 많이 쓰여요. '할 수 있는 만큼 최대한'의 뜻이에요.

  먹을 수 있는 대로 드세요.

  될 수 있는 대로 빨리 부탁드립니다.

어휘 확장

● 결혼과 관련된 단어들

기혼	미혼	혼기	혼담	혼수
맞선	중매	상견례	약혼	파혼
이혼	재혼	궁합	배우자	

1. 위에 있는 단어들 중 아는 단어가 있어요? 아는 대로 친구들에게 설명해 보세요.

2. 다음 설명을 읽고 맞는 단어를 쓰세요.

- 결혼 약속을 깨는 것 : □□
- 결혼 전 양가 가족들이 만나는 것 : □□□
- 결혼에 대해 오가는 말 : □□
- 결혼 후에 필요한 물건 : □□
- 결혼 관계를 끝내는 것 : □□
- 결혼할 남자와 여자를 소개하는 것 : □□
- 이미 결혼한 상태 : □□

3. □에 공통으로 들어갈 말을 찾아 쓰세요.

- □□가 차다 / □□를 놓치다
- □□를 서다 / □□쟁이
- □□을 보다 / □□이 맞다 / □□이 좋다

● 여러분 나라는 어때요? 친구들과 함께 이야기해 보세요.

1. 몇 살이 되면 혼기가 찼다고 하나요?

2. 상견례를 하나요? 어떻게 하나요?

3. 결혼 전 궁합을 보나요? 만약 궁합이 좋지 않으면 어떻게 하나요?

4. 요즘 이혼이 많아지는 추세인가요?

5. 혼수는 누가, 무엇을, 어떻게 준비하나요?

의사소통활동

말하기

● 옆에 있는 친구와 함께 커플 매니저가 되어 보세요.

여러분은 지금 커플 매니저입니다.

여러 사람에 대한 정보 카드를 만들고, 잡지에서 사람 사진을 오려 붙이세요.

(남자 4명, 여자 4명)

정보 카드에 그 사람의 이름, 나이, 직업, 성격, 취미를 쓰세요.

그리고 그 사람과 어울리는 커플을 찾아주세요.

남자 1	남자 2	남자 3	남자 4

이름: 홍수철	이름:	이름:	이름:
나이: 31	나이:	나이:	나이:
직업: IT회사연구원	직업:	직업:	직업:
성격: 외향적이고 유머감각이 뛰어남	성격:	성격:	성격:
취미: 자전거 타기	취미:	취미:	취미:
이상형:	이상형:	이상형:	이상형:

여자 1	여자 2	여자 3	여자 4

이름: 신지예	이름:	이름:	이름:
나이: 29	나이:	나이:	나이:
직업: 은행원	직업:	직업:	직업:
성격: 내성적이고 꼼꼼함	성격:	성격:	성격:
취미: 맛집 찾아다니기	취미:	취미:	취미:
이상형:	이상형:	이상형:	이상형:

보기

가: 31세, IT 회사에서 연구원으로 일하고 있는 남자분에게 어울릴 만한 여자분이 있어요?

나: 성격은 어떠신데요?

가: 외향적이고 유머 감각이 뛰어나세요. 재미있고 활기 있는 분이라서 어떤 스타일의 여자분이든 잘 어울릴 것 같아요.

나: 그럼 좀 조용하고 내성적이시면서 꼼꼼하신 여성분과도 잘 어울리겠는데요. 비슷한 성격도 좋지만 서로 반대되는 성격의 커플도 잘 맞더라고요.

가: 맞아요. 저도 그런 커플을 많이 봐 왔어요.
그 여자분의 나이나 직업은 어떠세요?

나: 나이도 딱 좋아요. 29세이니까 두 살 차이고요. 직업은 은행원이에요. 그런데 취미가 맛집 찾아다니기인데 남자분이 좋아할까요?

가: 네, 제 생각엔 이 남자분은 특별히 싫어하는 게 없을 것 같아요.
이상형은…….

듣기 Track 20

● 다음 이야기를 듣고 질문에 답하세요.

1. 요즘 이 친구 집안에서 문제되고 있는 일은 무엇입니까?

(1) 언니의 늦은 결혼　　(2) 언니의 국제결혼

(3) 요즘 사회의 국제 결혼　　(4) 요즘 사회의 늦은 결혼

2. 들은 이야기와 틀린 것을 고르세요.

☐ 요즘 우리 사회에 국제결혼이 증가하고 있다.

☐ 부모님 중 엄마는 허락을 하셨지만 아빠는 반대를 하고 계시다.

☐ 동생은 결혼을 할 때 꼭 부모님의 허락이 필요하다고 생각한다.

☐ 동생의 친구는 결혼을 할 때 꼭 부모님의 허락이 필요하다고 생각한다.

3. 이야기에 나온 '형만한 아우 없다' 가 무슨 의미입니까?

4. 여러분 나라에서는 결혼을 할 때 반드시 부모님의 허락이 반드시 필요하다고 생각합니까?

여러분 개인의 생각은 어떻습니까?

그리고 만약 부모님이 결혼을 반대하신다면 여러분은 어떻게 하겠습니까?

5. 국제결혼에 대한 여러분의 생각은 어떻습니까?

국제결혼에 대한 장단점을 생각해 보세요.

장점	단점

읽기 I

● 다음에 대해 생각해 봅시다.

1. 여러분은 결혼이 필수라고 생각합니까, 선택이라고 생각합니까?

2. 만약 결혼을 한다면 여러분은 어떤 방법을 통해 결혼할 사람을 만나고 싶습니까?

● 다음 도표를 보고 물음에 답하세요.

1. 선호하는 결혼 방법은?

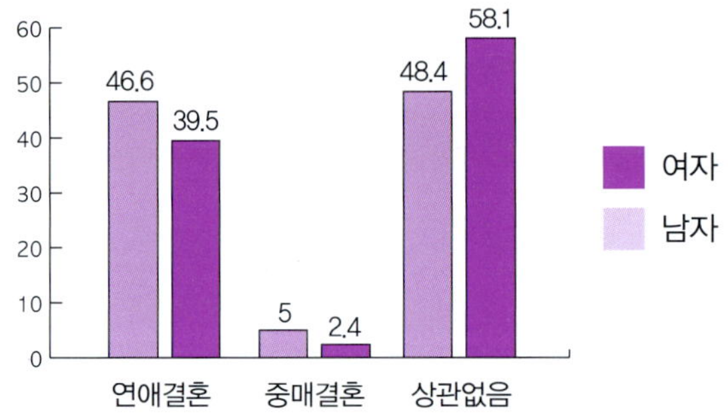

미혼 남녀 300명을 대상으로

2. 실제 결혼 방법은?

결혼 방법

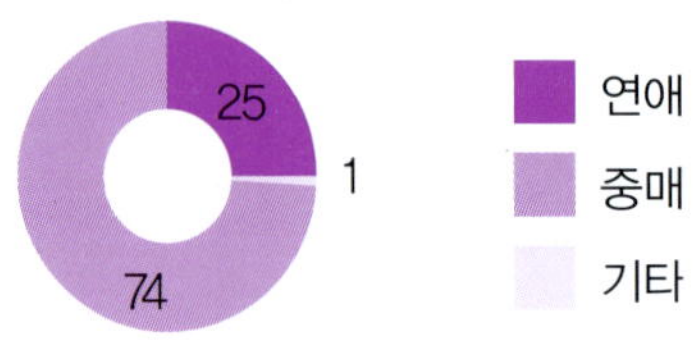

기혼 남녀 150쌍을 대상으로

3. 결혼에 대한 생각은?

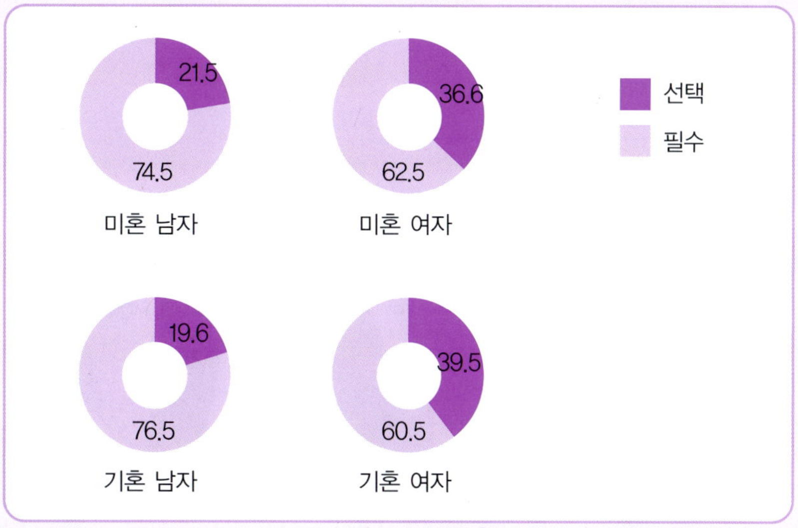

(1) 한국의 미혼 남녀가 선호하는 결혼 방법은 무엇입니까?

(2) 선호하는 결혼 방법과 실제 결혼 방법은 차이가 있습니까?

(3) 한국 사람들은 결혼에 대해 어떻게 생각하는 것 같습니까?

(4) [보기]처럼 위 도표를 이용해서 한국 사람들의 결혼 문화에 대한 생각을 써 보세요.

보기

한국 사람들은 연애결혼을 선호하지만, 중매결혼에 대해서도 부정적으로 생각하지 않는 것 같다. 실제로 중매로 결혼한 부부가 74%나 되었다. 우리나라 같으면 중매결혼은 결혼을 연애로 할 수 없는 사람들이 어쩔 수 없이 선택하는 것인데, 한국에서는 그렇지 않은 것 같다.

읽기 II

● 다음에 대해 함께 이야기해 봅시다.

1. 한국에서 결혼식에 참석해 본 경험이 있습니까?

2. 한국의 결혼 문화에 대해 어떤 것을 들어 봤습니까? 또 어떤 것이 궁금합니까?

3. 여러분 나라의 특별한 결혼 문화는 어떤 것이 있습니까?

● 다음 어휘의 의미를 생각하여 이야기해 보세요.

전통 혼례　　　함　　　연지곤지　　　폐백

1. 여러분은 전통 혼례와 현대 결혼 중에서 어떤 것을 더 선호합니까?

2. 영화나 드라마를 통해 '함'을 본 적이 있습니까?

3. 연지곤지와 폐백은 각각 무슨 의미를 가지고 있습니까?

● 다음을 읽고 물음에 답해 보세요.

한국의 전통 혼례

전통적인 한국의 결혼문화를 살펴보면 재미있는 것들이 많습니다. 먼저 신랑은 결혼식 전에 신부 집에 함을 보냅니다. 함에는 결혼을 허락하는 편지와 신부에게 주는 선물로 옷과 보석들이 들어 있습니다. 함을 보낼 때에는 신랑의 친구가 말린 오징어를 가면처럼 쓰고 시끄럽게 "함 사세요!"를 외치며 갑니다. 신부가 함을 받으면 결혼은 이미 시작된 것으로 봅니다. 전통 사회에서는 함을 반드시 했다면 요즘에는 원하는 집에서만 하는 추세입니다.

한국의 전통 결혼식을 전통 혼례라고 합니다. 전통 혼례는 신부의 집에서 열렸고 주례가 없었습니다. 결혼식에서 신부는 아름다운 한복을 입고 두 볼에 연지곤지라고 하는 붉은 반점을 찍습니다. 붉은색은 귀신이 매우 싫어하는 색입니다. 그래서 좋은 날 귀신의 질투를 막기 위해 이 연지곤지를 찍습니다.

현대 결혼에서 신부는 서양식 웨딩드레스를 입습니다.

결혼식이 끝난 후에는 폐백을 합니다. 이것은 신부가 시부모님에게 드리는 중요한 인사입니다. 시어머니는 다산을 상징하는 대추와 밤을 여러 개 집어서 신부의 치마로 던져줍니다. 현대 결혼에서는 결혼식이 끝난 후에 전통 결혼과 마찬가지로 폐백을 합니다. 폐백을 할 때 신부는 웨딩드레스에서 한복으로 갈아입고 연지곤지를 찍습니다. 이렇게 한국의 현대 결혼 문화에는 전통 혼례의 의식이 많이 남아 있습니다.

1. '함' 에 대해 잘못 설명하고 있는 것은 무엇입니까?

- ☐ 신랑이 신부 집에 보내는 것이다.
- ☐ 신랑이 오징어 가면을 쓰고 간다.
- ☐ 요즘은 함을 안 하는 사람도 있다.
- ☐ 결혼식 전에 하는 것이다.

2. 전통 혼례 때 연지곤지를 찍는 이유는 무엇입니까?

3. '다산' 의 의미로 폐백 때 시어머니는 무엇을 합니까?

새단어

함
외치다
가면
추세
주례
연지곤지
질투
폐백
다산
상징하다
대추
밤
집다
의식

● 각 나라의 전통 혼례에 대해 이야기해 봅시다.

LESSON 11

가치 기준

문법과 표현

-을 것 하나 없다
-기 짝이 없다
-기 마련이다
-니까요

어휘

가치 관련 어휘

여러분이 요즘 가장 중요하게 생각하는 것은 무엇입니까?

인상 좋은 사람에게 호감이 가기 마련이에요

Track 21

김 부장	이 대리, 자네도 피부 관리 받나? 우리 집사람이 피부 관리 받으라고 성화라서 귀찮기 짝이 없어.
이 대리	네, 피부 관리는 안 받지만 몸매 관리를 위해 운동은 하고 있습니다. 아직 장가도 안 갔는데 신경 써야죠.
김 부장	그래도 자네는 30대 초반이니까 장가 못 갈 걱정은 안 해도 될 거 같은데?
이 대리	김 부장님, 그런 말씀 마세요. 요즘 여자들은 몸매가 안 좋은 건 용서 못 한답니다. 김 부장님도 늦기 전에 관리 시작하십시요. 요즘은 무엇보다 '이미지 메이킹'이 중요하다고 하잖아요.
김 부장	그렇지 않아도 그럴 생각이야. 부인 말 들어서 후회할 것 하나 없다니까. 그런데 말이야, 외모에 너무 집착하면 마음의 병이 생기기 마련 아닌가?
이 대리	부장님, 그것도 다 옛날 말입니다. 좋은 인상 줘서 손해 볼 거 있습니까? 인상 좋은 사람에게 호감이 가기 마련이라니까요.
김 부장	그건 그렇지. 그럼 나도 이제부터라도 부지런히 신경을 좀 써야겠어.

새단어

피부 관리	몸매 관리	이미지 메이킹	손해
성화	장가	집착하다	호감

● 다음 대화를 잘 듣고 질문에 답하세요.

1. 다음 중 대화 내용과 다른 것을 고르세요.

- ☐ 이 대화는 직장 상사와 부하직원의 대화다.
- ☐ 이 대리는 외모를 중요하게 생각하는 편이다.
- ☐ 요즘 여자들은 몸매보다 얼굴을 더 중요하게 생각한다고 한다.
- ☐ 김 부장은 이 대리의 말을 듣고 생각이 좀 바뀌었다.

2. 이 대리는 외모를 가꾸기 위해 어떤 노력을 하고 있습니까?

3. 이 대리와 김 부장은 어떤 생각의 차이가 있었습니까?

● 다음에 대해 함께 이야기해 봅시다.

1. 여러분은 '이미지 메이킹'이라는 말에 대해 어떻게 생각합니까?

2. 여러분은 '외모가 중요하다'라는 말에 대해 찬성을 합니까? 그렇지 않습니까?

3. 여러분은 외모를 가꾸기 위해 어떤 노력을 하고 있습니까?

이렇게 표현해요

그런데 말이야

화제를 전환할 때 사용하는 표현.

'그런데 말이야', '그나저나', '그건 그렇고'…….

문법과 표현

● [형]/[동] -(으)ㄹ 것 하나 없다

부모님 말 들어서 손해 **볼 것 하나 없으니까** 이번에는 그대로 따르도록 해.

가: 이번에 월급 많이 받았다면서요? 좋겠어요.
나: **좋을 것 하나 없어요**. 월급이 잘못 들어와서 다음 달에 덜 들어온대요.

가: 저는 이렇게 열심히 공부하는데 한국어 실력이 별로 안 늘어요. 왜 그럴까요?
나: **걱정할 것 하나 없어요**. 시간이 지나면 한국어 실력이 확 좋아질 거예요.

● 연습해 봅시다.

1. 배운 표현을 이용하여 문장을 완성하세요.

후회하다	미안하다	고맙다	원망하다	속상하다

(1) 가: 그때 다른 선택을 했어야 했는데…….
나: ______________________. 시간이 지나면 다 괜찮아질 거야.

(2) 가: 그 사람 때문에 일이 이렇게 복잡해졌어요.
나: 그 사람을 ______________________. 모두 다 같이 잘못한 일인걸요.

(3) 가: 연습을 그렇게 많이 했는데 또 실수를 하다니! 정말 속상해.
나: ______________________. 다음에 또 기회가 올 거예요. 힘 내요!

(4) 가: 이렇게까지 도와주시니 너무 고맙습니다.
나: ______________________. 당연히 해야 할 일을 했을 뿐이에요.

(5) 가: 어떻게 사과를 해야 할지 모르겠네요. 정말 죄송합니다.

나: ______________________________ 으니까 걱정하지 마세요.

2. 다음을 같이 이야기해 봅시다.

(1) 손해 보다(무엇을 하면 손해 볼까요? 또 손해 볼 것 하나 없을까요?)

(2) 걱정하다(무슨 걱정이 있어요? 어떻게 하면 걱정이 없어질까요?)

(3) 속상하다(무슨 일 때문에 속상해요? 어떻게 하면 좋을까요?)

● [형]-기 짝이 없다

영화가 **유치하기 짝이 없지만** 보고 있으면 웃음이 나온다.

돌봐주는 사람 하나 없이 아이들끼리 사는 걸 보니 **불쌍하기 짝이 없다.**

그 많은 사람들 앞에서 그런 실수를 하다니 **부끄럽기 짝이 없다.**

● 연습해 봅시다.

1. '-기 짝이 없다'를 사용하여 문장을 바꾸어 보세요.

(1) 시험에 계속 떨어져서 너무 실망스럽다.

→ 시험에 계속 떨어져서 ________________________.

(2) 여러 번 약속을 어기게 되어서 정말 미안하다.

→ 여러 번 약속을 어기게 되어서 ________________________.

(3) 초등학교 때 친구를 한국에서 다시 만나니까 정말 반가웠다.

→ 초등학교 때 친구를 한국에서 다시 만나게 되어서 ________________.

(4) 여러 사람 앞에서 실수를 해서 너무 부끄러웠다.

→ 여러 사람 앞에서 실수를 해서 ________________________.

2. 다음 질문에 대답해 보세요.

(1) 한국에 와서 외롭기 짝이 없을 때가 있었습니까? 어느 때였습니까?

(2) 누군가가 원망스럽기 짝이 없을 때가 있었습니까?

(3) 소중하기 짝이 없는 물건이나 사람이 있습니까?

(4) 누군가가 고맙기 짝이 없었던 적이 있었습니까?

좀 더 자세히

● '-기 짝이 없다'는 억양에 따라 점잖은 표현을 써야 할 때는 적당하지 않으므로 사용할 때 조심해야 한다.

● [형]/[동] -기 마련이다

돈이 없어도 다 **살기 마련이니까** 너무 걱정하지 마세요.

멋진 사람이 지나가면 사람들이 다 **쳐다보기 마련이에요**.

형이 열심히 공부하면 동생도 열심히 **공부하기 마련 아닌가요**?

● 연습해 봅시다.

1. 배운 표현을 이용하여 문장을 만들어 보세요.

(1) 시험이 끝나면 긴장이 풀려서 ____________________ 기 마련이에요.

(2) 여자들은 아기를 낳고 나면 ____________________ 기 마련이에요.

(3) 비가 오는 날은 ____________________ 기 마련이에요.

(4) 사람은 돈이 많아지면 ____________________ 기 마련이에요.

2. 배운 표현을 이용하여 대화를 완성하세요.

(1) 가: 주말에 쉬지 못해서 피곤하고, 집중도 안 되고 그래요.
나: 월요일은 항상 ____________________.

(2) 가: 이번 시험 완전히 망쳤어!
나: 공부를 안 하면 ____________________.

(3) 가: 내가 왜 그런 바보같은 실수를 했을까요?
나: 사람은 누구나 ____________________. 너무 자책하지 마세요.

3. 다음 표현의 의미를 생각해 보세요.

(1) 팔은 안으로 굽기 마련이다.

(2) 암탉이 울면 집안이 망하기 마련이다.

좀 더 자세히

● -기 마련이다' 는 '-게 마련이다' 로 바꿔 쓸 수도 있다.

나이가 들면 마음이 **약해지게 마련이에요**.

지갑에 돈이 있으면 **쓰게 마련이니까** 은행에 넣어 두세요.

● [형]-다니까요 / [동]-(느)ㄴ다니까요

아까 말했잖아요. 저는 오늘 할 일이 **있다니까요**. 먼저 퇴근하세요.

저는 사람 많은 데 안 **좋아한다니까요**. 여기 말고 다른 데로 가는 게 좋겠어요.

고속버스보다 KTX가 더 **편하다니까요**. 그냥 KTX로 갑시다.

● 연습해 봅시다.

1. 배운 표현을 이용해서 문장을 바꾸어 보세요.

(1) 갈 거예요. 이제 그만 말하세요.

→ ______________________________

(2) 숙제했다고 말했는데 왜 또 물어보세요.

→ ______________________________

(3) 역시 쇼핑하기에는 명동이 제일 좋아요.

→ ______________________________

(4) 서두르세요. 시간이 없어요.

→ ______________________________

2. 배운 표현을 이용하여 대화를 만들어 보세요.

(1) 가: 빨리 와서 먹어요. 음식이 다 식어요.

나: ______________________. 배가 하나도 안 고파요.

(2) 가: 오늘은 그냥 가볍게 입고 갈래요.

나: 오늘 날씨가 ______________________. 아까 일기예보 못 봤어요?

(3) 가: 저 여자 좀 보세요. 진짜 다리가 길고 날씬하죠? 키도 크고요.

나: 모델 ______________________. 지난번에 제가 말했잖아요. 잊어버렸어요?

좀 더 자세히

● '-다니까요'는 점잖은 표현을 써야 할 때는 적당하지 않으므로 사용할 때 조심해야 한다.

어휘 확장

● 다음 단어에서 공통적으로 들어가는 말을 찾아보고 무슨 뜻일지 추측해 보세요.

가치관: 인간이 자신이 속한 세계를 평가하는 기본적인 태도와 관점

인생관: 인생의 의의, 가치, 목적에 대한 태도나 관점

세계관: 자연 세계나 인간 세계를 바라보는 태도나 관점

영향력: 어떤 것에 미치는 힘 또는 능력

경제력: 경제 행위를 해 나가는 힘 또는 능력

경쟁력: 경쟁을 할 수 있는 힘 또는 능력

● 다음 단어를 알맞게 분류해 보세요.

명예 재산 성실 행복 재물 만족 부동산 사랑

● 물질적인 것	● 정신적인 것

멋 성격 성품 마음 외모 인상 겉모습

● 외적인 면	● 내적인 면

● 다음에 대해 이야기해 봅시다.

1. 다음 단어의 의미를 사전에서 찾아 보세요.

봉사 – 봉사 활동 – 자원 봉사
기부 – 기부금
희생 – 희생 정신
배려 – 배려심
인내 – 인내심

2. 같이 이야기해 보세요.

(1) 여러분 나라에서는 학생들이 봉사 활동을 해야 하는 의무가 있나요?

(2) 지금까지 자원 봉사를 해 본 적이 있나요? 어떤 것을 해 봤나요?

(3) 여러분은 어떤 곳에 기부를 하고 싶나요?

(4) 어떤 직업을 가진 사람이 희생 정신이 강해야 할까요?

(5) 여러분 자신은 배려심이 많은 사람인가요?

(6) 여러분은 인내심이 많은 편인가요, 부족한 편인가요?

의사소통활동

말하기

● '자기 관리'를 위하여 할 수 있는 것은 어떤 것이 있겠습니까? 함께 이야기해 봅시다.

외적인 면	
내적인 면	

1. 여러분은 위에서 말한 '자기 관리'의 외적인 면과 내적인 면 중에서 어떤 것을 더 중요하게 생각하고 있습니까? 여러분은 지금 어떤 면에 더 신경을 쓰고 있습니까?

2. '내적 아름다움'이란 무슨 의미라고 생각합니까?

3. 여러분이 알고 있는 사람들이나 들은 사람들 중에서 '내적 아름다움'을 가진 사람이 있습니까? 있다면 어떤 사람입니까?

듣기 Track 22

● 다음 대화를 듣고 질문에 답해 보세요.

1. 어디에서 하는 대화입니까?

(1) 한국대학교 교정　　(2) 방송국 토크쇼

(3) 저녁 뉴스　　(4) 다큐멘터리 방송

2. 들은 내용과 다른 것을 고르세요.

☐ 김효순 할머니는 모은 재산의 일부를 기부했다.

☐ 김효순 할머니는 어렸을 때 가난해서 학교에 다니지 못했다.

☐ 남자는 할머니의 모습을 보고 자신을 반성하고 있다.

☐ 할머니가 기부하신 돈은 가난한 학생들의 장학금으로 쓰일 예정이다.

3. 할머니는 어느 때 행복을 느끼십니까?

4. 여러분은 기부를 한다면 어떤 곳에 기부를 하고 싶습니까? 그 이유는 무엇입니까?

5. 여러분은 어느 때 행복을 느끼십니까? 할머니가 느끼신 행복과 비슷한 행복을 느낀 경험이 있습니까?

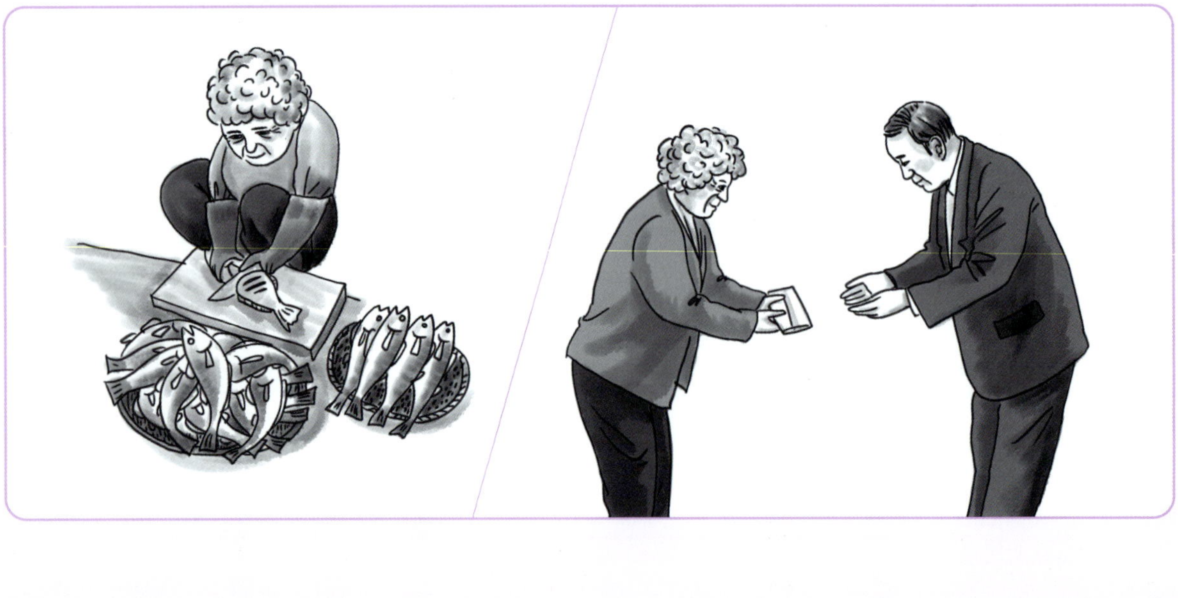

읽기 I

● 다음에 대해 생각해 봅시다.

1. 여러분은 절망에 빠져 본 적이 있습니까?

2. 여러분은 현재 열정적으로 살고 있다고 생각합니까?

3. 여러분은 주위에서 고난과 역경을 이겨 낸 사람들을 알고 있습니까?

● 여러분은 행복의 가치를 어디에 두고 있습니까? 다음을 읽고 답해 보세요.

팔다리가 없이 태어난 한 청년은 여덟 살 이후 세 번이나 자살을 시도했다. 사랑하는 이의 손을 잡을 수도, 자신의 아이를 안아줄 수도 없을 거라는 절망 때문이었다. 하지만 성인이 된 청년은 스케이트보드를 타고 서핑을 하며 드럼을 연주한다. 전 세계 30여 개국을 다니며 지금까지 300만 명의 사람들에게 희망을 전하고 있다.

보통 사람이라면 상상할 수도 없는 절망 속에서 청년은 보통 사람들보다 10배는 더 열정적으로 산다. 그가 이토록 열정적으로 살 수 있는 이유는 그 역시 사람들을 만나며 희망을 얻기 때문이라고 한다.

그는 표정이 유난히 밝고 미소가 많다. 자신은 지문이 없기 때문에 완벽 범죄를 저지를 수 있다는 농담을 던지고, 팔다리가 없는 것은 꿈을 이루는 데 아무런 장애도 되지 않는다고 말하는 그이지만 그런 생각을 갖기까지 수많은 고난과 역경을 이겨내야 했다.

"일시적인 것에 행복의 가치를 둔다면 그 행복 역시 일시적인 것이 됩니다. 사람의 외모는 변하게 마련이고 돈은 있다가도 없을 수 있어요. 자신의 겉모습이나 경제력이 아닌 내면에 가치를 두세요. 그 가치를 지켜 나가는 건 자신의 몫입니다."

살아 있다는 것만으로 충분히 가치 있는 삶. 그는 지금 그 누구도 상상하지 못했던 인생을 즐기고 있다. 남들이 겪지 못한 장애를 가진 덕분에 그는 사람들의 아픔을 이해하고 위로해 줄 수 있는 기회를 얻을 수 있었다고 말한다.

1. 읽은 내용과 다른 것을 골라 보세요.

- [ ] 이 사람은 태어날 때부터 장애가 있었다.
- [ ] 이 사람은 내면의 가치가 제일 중요하다고 생각한다.
- [ ] 일시적인 행복은 한정적이다.
- [ ] 이 사람은 자신의 장애 때문에 절망한 적이 없었다.

2. 이 이야기의 주인공의 인생관을 알 수 있는 부분을 찾아 써 보세요.

3. 이 사람은 자신의 장애 덕분에 어떤 것을 얻었다고 생각합니까?

4. 이 사람이 보통사람들보다 더 열정적으로 사람들을 만나며 사는 이유는 무엇입니까?

5. 위 글의 제목을 만들어 보세요.

새단어

자살
절망
지문
범죄
장애
고난
역경
일시적
몫
삶
위로하다

읽기 II

● 다음에 대해 생각해 봅시다.

1. '부는 삼대를 가지 못한다'는 말이 있습니다. 무슨 뜻일까요?

2. 부자이거나 지도자의 위치에 있는 사람들이 해야 할 일은 무엇일까요?

3. 많은 사람들에게 존경받는 사람이 되기 위해서는 어떤 조건이 필요할까요?

● 다음 단어를 공부해 봅시다.

1. 다음은 반대되는 단어들입니다. 단어가 무슨 뜻일지 추측해 보세요.

(1) 지속되다 ↔ 멈추다

보기 세계의 인구 증가가 지속되고 있다.

(2) 흉년 ↔ 풍년

보기 올해는 비가 너무 많이 와서 사과 농사가 흉년이다.

2. 다음은 집안과 관련된 단어입니다. 무슨 뜻일지 추측해 보세요.

(1) 그 사람은 좋은 가문에서 태어났다.

(2) 그 가계는 4년째 국수를 만들어 팔고 있다.

(3) 그 집은 아이를 적게 낳아서 자손이 귀하다.

● 다음을 읽고 답해 보세요.

존경받는 부자의 기준

우리는 누구나 부자가 되기를 원합니다. 그리고 그 부가 자손 대대로 지속되기를 원합니다. 그러나 부를 오래도록 지속하는 것은 어려운 일입니다. 그런데 부를 300년 동안 지켜온 가문이 있습니다. 바로 경주 최부자입니다. 경주 최부자가 오래도록 부를 유지할 수 있었던 중심에는 '나눔' 정신이 있었습니다. 그 정신은 다음과 같습니다.

첫째, 흉년에는 남의 논밭을 사지 마라. 가난한 사람들에게 흉년은 힘든 해이지만 부자에게는 가난한 사람들의 논을 싼값에 사 들여서 재산을 늘릴 수 있는 절호의 기회였습니다. 그러나 최부자는 오히려 흉년에 가난한 사람들에게 곡식을 나누어 주고 농사를 지을 수 있게 도와 주었다고 합니다.

둘째, 동네에서 굶어 죽는 사람이 없게 하라. 경주 최부자는 동네 사람들이 굶어 죽는데 혼자서만 잘 먹고 잘사는 것은 사람의 도리가 아니라고 생각했다고 합니다. 그래서 1년 동안 사용하는 쌀 3000석 가운데 1000석은 가난한 사람들을 위해 사용했다고 합니다.

이렇듯 나눈다는 것은 중요합니다. 경주 최부자는 부자였지만 나눔은 반드시 필요하다는 생각을 가지고 있었습니다. 이렇게 경주 최부자처럼 이웃과 나누는 삶이 부자의 목표가 되어야 할 것입니다.

1. 경주 최부자가 오래도록 부를 유지할 수 있었던 이유는 무엇입니까?

2. 경주 최부잣집에서 '흉년에는 남의 논밭을 사지 마라' 라고 한 이유가 무엇입니까?

3. 여러분 나라에도 '나눔' 을 실천하는 부자들이 있습니까?

새 단어

자손
대대로
지속되다
가문
절호의 기회
도리

LESSON 12

사건과 사고

문법과 표현

-을 따름이다
-을락 말락 하다
못지않다
-다시피

어휘

'사건/사고' 와 관련된 표현

◆ 여러분은 뉴스를 자주 보는 편입니까?

교통사고가 날 뻔했어요

Track 23

민호	첸 씨, 저 어제 운전하다가 교통사고 날 뻔했어요.
첸	그래요? 누구 못지않게 운전을 잘 했잖아요?
민호	운전하고 있는데 오른쪽에 가던 차가 갑자기 제 앞으로 끼어드는 거예요.
첸	그래서 잘 피했어요?
민호	네, 차선을 왼쪽으로 바꾸려고 하는데 눈 때문에 차가 미끄러졌어요. 그리고 중앙선을 조금 넘어 갔어요.
첸	반대편에서 오는 차는 없었어요?
민호	마침 지나가던 차가 급정지를 해서 큰 문제는 없었어요. 그 차와 거의 닿다시피 했거든요.
첸	정말 다행이에요. 많이 놀랐겠어요.
민호	네, 그 차하고 거의 닿을락 말락 했어요. 생각만 해도 끔찍해요.
첸	큰일 없었던 거 정말 다행이에요. 지금 기분이 어때요?
민호	이렇게 살아 있는 것이 고마울 따름이죠. 당분간은 운전하고 싶지 않아요.
첸	정말 운전 조심해야 돼요. 제가 오늘 집까지 태워다 줄게요.
민호	아니에요. 오늘은 그냥 지하철 타고 갈래요.

새단어

교통사고	차선	중앙선	닿다	다행이다	당분간
끼어들다	미끄러지다	급정지	끔찍하다	놀라다	태우다

● 요즘 일어난 사건, 사고는 무엇입니까? 다음 대화를 잘 듣고 질문에 답하세요.

1. 다음 중 맞는 것을 고르세요.

- ☐ 두 사람은 어제 일어난 접촉 사고에 대해 이야기하고 있습니다.
- ☐ 뒤에 오던 차가 부딪히는 사고가 났습니다.
- ☐ 반대편 차와 거의 충돌할 뻔했습니다.
- ☐ 한 사람은 오늘 대중교통 수단을 이용하려고 합니다.

2. 다음에 대해서 이야기해 보세요.

- 어제 민호 씨가 겪은 일은 무엇입니까?
- 민호 씨는 평소에 운전을 잘 하는 편이었습니까?
- 민호 씨는 어제 기분이 어땠습니까?

이렇게 표현해요

정말 다행이에요

불행 중 다행이다, 천만 다행이다, 큰일 날뻔했네……

문법과 표현

● [형]/[동] -(으)ㄹ 따름이다

가: 어제 밤 12시까지 야근했다면서요? 정말 힘들었겠어요.

나: 많이 힘들지는 않아요. 약간 **피곤할 따름이죠**, 뭐.

가: 고향에 와 보니까 기분이 우울해지세요?

나: 아니에요. 친구들과 놀던 생각이 **떠오를 따름입니다**.

가: 왜 이런 나쁜 일을 하셨죠?

나: 저는 아무것도 몰랐어요. 그냥 사장님 말을 **따랐을 따름이에요**.

● 연습해 봅시다.

1. 배운 표현을 이용해서 이야기해 보세요.

(1) 가: 시험에서 일등을 하니까 기분이 어때요?

나: 다른 생각은 안 나요. 그냥 ______________________

(2) 가: 한국에 온 이유는 뭐예요?

나: 다른 건 없어요. 오직 ______________________

(3) 가: 참 훌륭한 일을 하셨어요.

나: 아니에요. 그냥 ______________________

2. 다음 상황을 대화로 만들어 보세요.

보기 상황: 말하기 대회에서 상을 받았다. 한국 친구와 말하기 연습을 매일 했다. 다른 것은 안 했다.

가: 와~ 이렇게 한국말을 잘하는 특별한 방법이 있어요?

나: 한국 친구와 말하기 연습을 매일 했을 따름이에요.

(1) 학교에 다시 온 이유는 책상 위에 놓고 간 핸드폰을 가지러 온 것입니다. 다른 이유는 없어요.

가: ____________________

나: ____________________

(2) 물에 빠질 뻔했는데 살려줘서 정말 고맙게 생각해요. 다른 생각은 들지 않아요.

가: ____________________

나: ____________________

(3) 제가 이번 시험에서 1등을 해서 정말 기뻐요. 다른 생각은 없어요.

가: ____________________

나: ____________________

(4) 친구가 나에게 거짓말을 해서 지금 너무 화가 났어요. 좀 전에 좋았던 기분은 사라졌어요.

가: ____________________

나: ____________________

좀 더 자세히

- '-(으)ㄹ 뿐이다' 와 바꿔 쓸 수 있어요.

  조금 피곤할 따름이에요.

  조금 피곤할 뿐이에요.

● [명] 못지않다

그 아이는 어른 **못지않게** 생각이 깊어요.

도모코 씨는 우리 학교 누구 **못지않게** 열심히 공부합니다.

저 사람은 가수 **못지않은** 실력을 가지고 있어요.

그림을 참 잘 그리시네요. 화가 **못지않으신데요.**

● 연습해 봅시다.

1. 배운 표현을 이용해서 칭찬해 보세요.

(1) 와, 정말 연기를 잘 하네요. 탤런트 같아요.

→ ______________________________

(2) 내 친구는 자기 일처럼 내 일을 걱정해요.

→ ______________________________

(3) 그 사람은 영어 실력이 굉장해요. 거의 미국 사람 같아요.

→ ______________________________

(4) 친구는 농구를 정말 잘 해요. 프로 선수와 경기를 해도 지지 않을 거예요.

→ ______________________________

(5) 공부를 잘 하는 것도 중요하지만 열심히 하는 것도 중요해요.

→ ______________________________

2. 다음 질문에 답해 보세요.

보기 한국말을 정말 잘하는 외국학생은 누구예요?

→ 마이클 씨예요. 마이클 씨는 한국 사람 못지않게 한국말을 잘하거든요.

(1) 요리를 정말 맛있게 만드는 사람은 누구예요?

(2) 노래를 뛰어나게 잘하는 학생은 누구예요?

(3) 달리기를 아주 잘하는 학생은 누구예요?

(4) 키가 아주 큰 사람은 누구예요?

● [동]-(으)ㄹ락 말락 하다

그 아이는 열 살이 **넘을락 말락 해** 보였다.

소리가 너무 작아서 **들릴락 말락 하다.**

멀리 있는 물건이 **보일락 말락 하다.**

● 연습해 봅시다.

1. 배운 표현을 이용해서 대화를 만들어 보세요.

(1) 가: 이 대학에 합격할 것 같아요?

나: 잘 모르겠어요. 이 대학에 ______________________ 점수로 원서를 냈거든요.

(2) 가: 물 다 끓었어요?

나: 조금 전에 불을 켰어요. 이제 ______________________.

(3) 가: 어휘 다 외웠어요? 우리 같이 어휘 확인해 볼까요?

나: 잠시만요, 지금 어휘를 ______________________.

(4) 가: 아기가 자고 있어요?

나: 이제 잠이 ______________________.

2. 배운 표현을 이용해서 문장을 바꾸어 보세요.

> **보기** 멀리 있는 우리집이 보이는 것 같다.
> → 멀리 있는 우리집이 **보일락 말락 하다.**

(1) 지금 바로 비가 올 것 같다.

(2) 이제 기차가 떠나려고 움직이는 것 같다.

(3) 이야기가 너무 웃기지만 웃음을 힘들게 참고 있는 것 같다.

(4) 아기가 걸음 연습을 할 때 넘어질 것 같다.

● [동]-다시피

시험 기간에는 매일 밤을 **새우다시피** 해요.

뛰다시피 해서 기차역에 겨우 도착했다.

친구는 살을 뺀다고 거의 **굶다시피** 해요.

● 연습해 봅시다.

1. 배운 표현을 이용해서 문장을 만들어 보세요.

(1) 친구는 항상 우리 집에서 지내곤 했다. 거의 ______________________.

(2) 이 과자는 동생이 주지 않으려고 했는데, 거의 ______________ 가져온 거야.

(3) 이 도로에서 사고가 자주 발생한다. 거의 매일 ________________ 곳이다.

2. 배운 표현을 이용해서 문장을 바꾸어 보세요.

보기 동생이 공부는 안 하고 매일 노는 것처럼 보인다.
→ 동생은 거의 매일 놀다시피 해요.

(1) 시간이 늦어서 뛰는 것처럼 해서 빨리 걸어갔다.

(2) 친구는 공부 때문에 도서관에서 살고 있는 것처럼 보인다.

(3) 고민이 많아서 밤에 거의 잠을 자지 못했다.

어휘 확장

● 다음은 사고 관련 어휘입니다.

1. 사고

(1) 교통사고 ●	● (가) 어떤 사람이 내 지갑을 몰래 훔쳐 갔어요.
(2) 도난사고 ●	● (나) 에스컬레이터에서 뛰다가 다쳤어요.
(3) 정전사고 ●	● (다) 차가 빗길에 미끄러졌어요.
(4) 안전사고 ●	● (라) 우리 동네 전기가 모두 나갔어요.

2. 사건/사고 관련 어휘

사건/사고	목격자/목격하다	증인 - 증거
신고(하다)	뺑소니(치다)	현장

교통사고의 ( )을/를 찾습니다.

지난 수요일 저녁 7시에 자동차가 오토바이를 치고 달아났습니다. 오토바이를 탄 사람은 다쳐서 지금 병원에 있습니다. 자동차를 운전한 사람은 다친 사람을 그냥 두고 ( )을/를 쳤습니다. 이 사고를 보신 분은 112로 ( ) 주시기 바랍니다. 자동차와 오토바이가 충돌했을 때 차의 사이드 미러가 떨어졌습니다. 이것이 유일한 ( )입니다.

3. 가정에서 자주 발생하는 안전사고

(1) 미끄럼 사고
(2) 전기/전열 기구 사고
(3) 식중독 사고
(4) 가스 사고

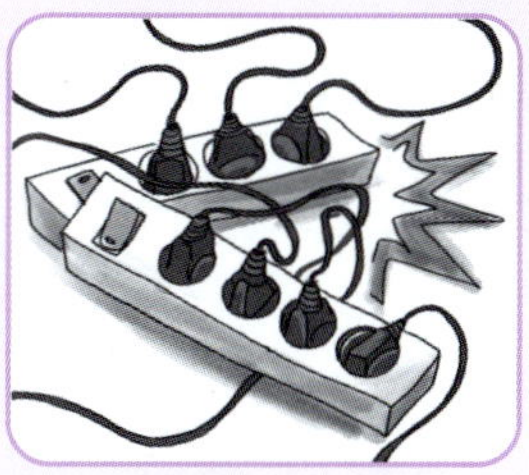

의사소통활동

말하기

● 자연 재해에 대해 이야기해 봅시다.

1. 어떤 자연 재해가 있을까요?

• 자연 재해

폭우　폭설　폭풍　지진　태풍　쓰나미　허리케인

홍수　가뭄　산사태　화산　폭발　해일

2. 자연 재해가 발생하면 어떤 일이 생길까요?

자연 재해	일어나는 일	대처 방법
폭우	집이나 건물이 물에 잠긴다	높은 곳으로 피한다
폭설		
지진		
태풍		
화산		

3. 자연 재해 중에서 하나를 골라 설명하고 일어나는 일과 대처 방법을 말해 보세요.

• 자연 재해: 폭우는 짧은 시간 동안 비가 내리는 것을 말합니다.
• 일어나는 일: 이때 집이나 건물이 물에 잠기는 일이 발생합니다.
• 대처방법: 이런 상황에서는 낮은 곳보다는 높은 곳으로 먼저 피해야 합니다.

듣기 I

Track 24

● 다음 방송을 잘 듣고 답하세요.

1. 어디에서 들을 수 있는 내용입니까?

2. 무슨 일이 일어났을 때 이런 안내 방송이 나오겠습니까?

3. 안내 방송 내용이 아닌 것을 고르세요.

☐ 비상벨을 누른다.
☐ 사람들이 가는 곳으로 함께 간다.
☐ 소화기로 직접 불을 끈다.
☐ 손잡이를 당겨 문을 연다.

듣기 II

Track 25

● 다음 내용을 잘 듣고 답하세요.

1. 어디에서 들을 수 있는 내용입니까?

2. 조심해야 하는 것은 무엇입니까?

(1)
(2)

3. 언제 자유롭게 움직일 수 있습니까?

● 태풍 안내 방송을 만들어 보세요.

읽기 I

● 다음에 대해 이야기해 봅시다.

1. 일상 생활에서 일어날 수 있는 응급 사고에는 어떤 것이 있습니까?

2. 사고를 당했을 때 여러분이 할 수 있는 응급 처치법은 무엇이 있습니까?

● 다음을 읽고 물음에 답하세요.

사고 시 응급 처치법

크고 작은 사고가 자주 일어난다. 사고를 당하게 되면 사람들은 대부분 당황하기 쉽다. 이럴 때 더욱 침착하게 사고에 잘 대처해야 한다. 특히 아이를 키우는 집에서는 사전에 조심해야 할 뿐만 아니라 사고가 났을 때 신속하게 알맞은 응급 처치를 해야 한다. 그래서 사고가 발생했을 때 쉽게 할 수 있는 응급 처치법 몇 가지를 소개하고자 한다.

뜨거운 물 등에 화상을 입었을 때는 먼저 찬물로 열을 식혀야 한다. 그리고 깨끗한 천으로 가리고 병원에 가야 한다. 다리나 팔이 부러졌을 때는 움직이지 말고 편안하게 누워 있는다. 병원에 갈 때는 나무를 이용하여 다리나 팔을 고정시킨다. 코피가 계속 날 때는 몸을 앞으로 숙인다. 이렇게 하면 코피가 목구멍으로 넘어가는 것을 막을 수 있다. 코끝과 이마를 얼음으로 찜질한다. 발목이나 손목을 삐었을 때도 얼음찜질이 효과적이다. 발목이나 손목이 계속 부으면 병원에 가도록 한다. 눈에 먼지가 들어가면 눈물을 흘리도록 한다. 또는 깨끗한 물을 눈에 넣거나 물에서 눈을 감았다 떴다를 반복한다.

산다는 것은 사고의 연속이다. 이때 당황하지 말고 침착하게 대처할 때 큰일을 사전에 막을 수 있을 것이다. 가정에 상비약을 준비해 두면 좀더 신속하게 응급 처치를 할 수 있을 것이다.

1. 위에서 말하지 않은 사고는 무엇입니까?

- ☐ 코피가 나는 것
- ☐ 불에 덴 것
- ☐ 체한 것
- ☐ 팔이 부러진 것

2. 사고와 응급 처치법이 알맞게 연결된 것은 무엇입니까?

(1) 눈에 먼지가 들어갔을 때 – 깨끗한 물을 마신다.

(2) 뜨거운 물에 데었을 때 – 찬물로 식힌다.

(3) 손목이 삐었을 때 – 따뜻한 물로 마사지를 한다.

(4) 코피가 날 때 – 목을 뒤로 젖히고 코끝을 잡는다.

3. 사고가 났을 때 사람들은 대부분 어떤 기분이 됩니까?

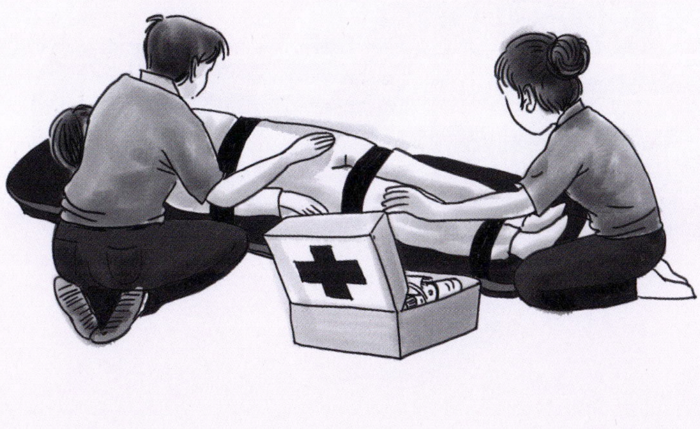

새단어

당황하다
침착하게
대처하다
사전
신속하다
알맞다
응급 처치
연속
막다
큰일
식히다
고정시키다
붓다
눈을 감다/뜨다
상비약

읽기 II

● 다음에 대해 말해 보세요.

1. 사람들 사이에서 일어나는 다툼은 보통 언제 일어납니까?

2. 사람의 잘못을 평가하는 특별한 지팡이가 있다면 언제 사용하고 싶습니까?

● 다음은 법원에서 볼 수 있는 사람들입니다. 다음 그림을 보고 알맞은 어휘를 써 보세요.

판사 검사 변호사 증인 피고 원고

● 다음을 읽고 물음에 답하세요.

법의 판결

사람들 사이에는 생각과 목적이 달라서 작거나 큰 문제가 늘 일어난다. 다툼이 일어났다가도 쉽게 풀리는 경우도 있지만 그렇지 않은 경우도 있다. 사람들의 이익이나 권리로 일어난 문제는 해결이 쉽지 않다. 이런 경우 법의 도움을 받는다. 피해를 받은 사람은 피해를 준 사람을 상대로 재판을 하게 된다. 이때 피해를 받은 사람은 원고가 되고 피해를 준 사람은 피고가 된다. 판사는 원고와 피고의 주장을 중립적인 입장에서 정확하게 심판해야 한다. 이러한 재판을 민사 재판이라고 한다.

살인사건이나 도난사건과 같은 범죄 사건이 생기면 민사 재판과 다른 형태의 재판이 이루어진다. 이런 재판을 형사 재판이라고 한다. 개인이나 집단이 죄를 지었을 때, 국가는 그 잘못을 잘 살펴서 법에서 정한 벌을 그 사람들과 집단에 판결한다. 이때 죄를 지은 사람은 피고이고, 재판을 요구하는 검사는 국가를 대표한 원고가 된다. 피고가 유죄로 판결되면 법에서 정한 대로 감옥에서 형을 살아야 한다. 그러나 피고인을 위해 도움을 주는 변호사가 있다. 변호사는 피고인의 권리를 보장하기 위해 노력한다. 검사와 변호사는 증인의 증언, 증거물 등을 바탕으로 재판을 진행한다.

1. 위에서 말하고 있는 재판의 종류는 무엇입니까?

(1) ______________________

(2) ______________________

2. 재판에 관한 설명 중 맞지 않는 것은 무엇입니까?

- ☐ 다른 사람의 물건을 훔치면 형사 재판을 받게 된다.
- ☐ 밤에 큰 소리로 노래를 해서 이웃사람이 잠을 못 자게 해도 재판을 받을 수 있다.
- ☐ 변호사는 피고인을 위해 변호한다.
- ☐ 판사는 피고인의 죄가 있음을 판결하는 데 도움을 준다.

새단어

재판
판결
증언
증거물
유죄
무죄
소송
감옥
죄를 짓다
형을 살다

3. 재판 관련 드라마나 영화를 본 적이 있습니까? 한국의 재판 제도에 대해 이야기해 보세요.

부록

듣기 지문

• LESSON 01 Track 02

애리 하나 씨, 오늘 바빠요? 현빈 씨가 같이 저녁 먹재요.

하나 미안해요. 오늘은 할 일이 많아서 좀 힘들 것 같아요. 내일까지 끝내야 할 숙제가 있어서 시간이 부족할 것 같네요.

애리 그럼, 점심은 어때요?

하나 점심 시간에는 은행에 다녀와야 해요. 오늘이 31일이잖아요.
오늘까지 공과금을 내지 않으면 연체료가 붙어요.

애리 인터넷을 이용하지 그러세요?
현빈 씨 말에 의하면 인터넷을 이용하면 매달 은행에 가지 않아도 된대요. 자동이체를 신청하면 요금도 할인되고 그런대요.

하나 그래요? 그럼 오늘은 인터넷으로 공과금을 내고 다음에 자동이체도 신청해야겠어요.
신청하려면 무엇이 필요해요?

애리 통장 번호만 알면 신청할 수 있어요.

하나 알겠어요. 애리 씨, 고마워요.

• LESSON 02 Track 04

규칙적인 운동은 건강을 지키는 데 가장 중요합니다. 운동을 하다가 말다가 하면 효과가 별로 없기 때문입니다. 그러나 운동도 적당히 해야 건강에 좋다고 할 수 있습니다.

최근 '몸짱' 열풍으로 매일매일 헬스장을 찾아가 운동을 하는 사람들이 늘고 있습니다. 멋있고, 날씬한 몸매를 유지하기 위해 운동뿐만 아니라 식사량도 조절합니다. 그런데 규칙적으로 운동을 하는 사람들 중에는 하루라도 운동을 하지 못하면 불안해하는 사람들이 있습니다.

이렇게 되면 운동을 즐기는 것이 아니라 운동을 위해서 살게 됩니다. 바로 운동 중독이 되는 것이지요. 운동 중독은 오히려 건강을 나쁘게 해서 인간의 수명을 단축시킵니다. 일본의 장수 마을 노인들 중 운동을 열심히 하는 사람은 거의 없다고 합니다.

지나친 운동은 신체 건강뿐 아니라 정신 건강도 나쁘게 하기 때문에 운동을 적당히 하는 것이 중요합니다.

• LESSON 03 Track 06

남자 저는 전에 다니던 회사를 그만두고 새로운 직장에 면접을 보러 갔습니다. 면접 보는 날 저는 떨리는 마음으로 회사 건물에 도착했습니다. 엘리베이터 버튼을 누르고 기다리고 있는데 어떤 할아버지께서 아주 무거워 보이는 짐을 들고 엘리베이터 쪽으로 걸어오셨습니다. 저는 '저 할아버지를 도와드릴까 말까…….' 잠시 망설였습니다. 하지만 첫 출근하는 날 옷이 구겨질 것 같기도 하고 일찍 사무실에 올라가고 싶기도 해서 도와드리지 않았습니다. 그 할아버지는 무거운 짐을 들고 오시면서 자꾸 저를 보셨습니다. 아마 제가 도와주기를 바라시는 것 같았습니다. 그런데 그 날 오후에 저는 사장님께 처음 인사를 드리러 갔다가 사장님을 뵙고 깜짝 놀랐습니다. 사장님이 바로 오늘 아침에 만난 그 할아버지였습니다.

여자 지난 주에 친구와 백화점에 갔다가 아주 마음에 드는 옷을 발견했습니다. 친구도 그 옷이 나한테 너무 잘 어울린다며 사라고 사라고 몇 번이나 말을 했습니다. 월급을 받으려면 아직 두 주나 기다려야 해서 그 때 돈이 별로 없었지만 너무 사고 싶어서 큰 맘 먹고 옷을 사버렸습니다. 그런데 오늘 우연히 백화점 앞을 지나가다 보니 이번 주부터 백화점 세일이 시작됐습니다. 제가 산 옷이 30%나 세일을 하고 있었습니다. 지금 세일 중에 그 옷을 사면 10만 원이나 싸게 살 수 있었습니다.

• LESSON 04 Track 08

저는 어렸을 때부터 그림 그리는 것을 좋아해서 화가가 되는 것이 꿈이었어요. 그림을 그리면 시간 가는 것도 몰랐습니다. 그러나 부모님이 반대하셔서 대학에서는 다른 전공을 선택해야만 했습니다. 저의 대학 생활은 매우 어두웠습니다. 대학을 다니면서도 하고 싶은 것을 못하고 산다는 생각에 언제나 우울했습니다. 그래서 병원에서 상담도 받게 되었습니다. 저를 상담한 의사 선생님은 다시 그림을 그려 보라고 조언을 해 주었습니다. 그리고 저는 그림을 다시 시작했습니다. 그 후에 밝아진 저를 보시면서 부모님도 적극적으로 도와주셨습니다. 개인적으로 미술 공부를 하면서 기회가 될 때마다 미술대회에 나갔습니다. 결과가 어땠냐고요? 그건 여러분 상상에 맡길게요. 아무튼 제가 좋아하는 일을 하면서 사는 지금이 제 인생에서 제일 행복한 것 같아요. 여러분도 자신의 꿈을 찾으세요. 여러분은 아직 어려서 꿈을 놓치기 십상일 거예요. 지금부터 자신이 무엇을 좋아하는지 무엇을 잘하는지 잘 살펴보세요. 그 길을 따라가면 미래가 보일 거예요.

• LESSON 05 Track 10

세계의 부자들은 어떻게 부자가 되었을까요? 한국이나 외국이나 모두 부자들의 생활 습관에는 공통점이 있을 것 같습니다. 사람들 말에 따르면 두려워하지 않는 용감함이 있어야 할 것 같습니다. 시대가 어떻게 바뀌는지 내다보는 안목도 필요하고, 절약하는 마음도 필요할 것입니다. 철저한 자기 관리도 중요하다고들 하죠. 여러분은 어떻습니까? 부자가 될 준비가 되었습니까?

• LESSON 06 Track 12

전 세계적으로 독감이 또다시 유행하고 있습니다. 2009년처럼 대유행 단계는 아니지만, 국내에서도 올해 들어 벌써 독감으로 2명이 사망했습니다.

독감에 걸리지 않기 위해서는 어떻게 해야 할까요? 우선 노약자와 어린이는 반드시 독감 예방 접종을 하는 게 좋다고 합니다. 그리고 개인 위생을 철저히 해야 합니다. 외출 후에는 반드시 손을 깨끗이 씻고, 수시로 손을 씻는 습관을 들여야 합니다. 특히 면역력이 약한 아이들은 자주 손을 씻게 해야 합니다. 손을 씻을 때는 비누로 충분히 거품을 낸 후 구석구석 씻어야 합니다.

독감을 예방하기 위해서는 무엇보다 평소 건강한 생활을 통해 면역력을 키우는 게 제일입니다. 건강한 사람은 독감에 걸렸다 하더라도 약만 먹으면 감기와 같이 곧 회복되기 때문입니다.

• LESSON 07 Track 14

여자 요즘 허리가 자꾸 아픈데 왜 그런지 모르겠어요.

남자 운동을 하거나 무거운 걸 든 일이 있었어요?

여자 아니에요. 그런 특별한 일은 없었는데……. 이 나이에 벌써 허리가 아프다니!

남자 허리 아픈데 나이가 따로 있나요? 혹시 자세가 안 좋아서 허리가 아픈 거 아니에요? 평소 습관 때문에 허리가 아픈 경우가 많더라고요.

여자 글쎄요. 컴퓨터를 할 때 허리를 구부리고 앉아서 하곤 하는데……. 그럼 그거 때문일까요?

남자 그럴 수도 있죠. 저도 예전에 TV 볼 때 옆으로 누워서 보곤 했는데 그거 때문인지 목이 아팠어요. 평소의 습관이 무섭더라고요.

여자 맞아요. 평소 습관 때문에 병이 생기는 사람이 많으니 정말 평소 습관이 중요한 것 같아요.
아~~ 오래 앉아 있으니까 허리가 더 아프네요. 오늘 병원 문 닫기 전에 병원에 갈 걸 그랬어요.

남자 내일은 꼭 병원에 가 보세요. 작은 병을 그냥 두면 큰 병이 되기 일쑤예요.

• LESSON 08 Track 16

지영 오빠, 어제 소개팅 잘 했어? 내 친구 괜찮지?

영수 그래. 정말 예쁘고 성격 좋더라.
내가 드디어 이상형을 만난 것 같다.

지영 어디가 그렇게 마음에 들었는데?

영수 눈이 크니까 마음이 착할 것 같고, 음식을 잘 먹으니까 성격이 좋을 것 같아.

지영 오빠가 언제부터 관상을 다 봤어?

영수 얼마 전에 인터넷에서 봤어. 아무튼 동생 덕분에 좋은 여자 친구 생겼다.

지영 내 친구도 오빠를 좋아하는 거 같아?

영수 잘은 모르겠지만, 그래도 느낌이라는 게 있잖아.
왠지 마음이 통할 것 같아.
내가 마음에 있는 눈치였어.

지영 괜히 오빠 혼자 김칫국 마시는 거 아냐?

영수 그럴지도 모르지. 그럼, 살짝 친구한테 나에 대해서 좀 물어봐줘.

지영 알았어. 알아볼게. 잘 되면 나한테 한턱 크게 내야 돼.

영수 그럼, 물론이지.

지영 근데 오빠, 오늘 회사 안 가도 돼? 지금 벌써 9시야.

영수 뭐? 아이고 늦었다. 소개팅 이야기하는 바람에 출근하는 것도 잊어버렸다.

• LESSON 09 Track 18

여러분은 일회용품을 자주 쓰는 편입니까?

주로 어떤 것들을 자주 이용합니까?

저의 경우에는 산이나 바다로 놀러갈 때 나무젓가락이나 종이컵을 자주 사용하는 편입니다.

이런 제품들은 사용할 때는 아주 편리하고 좋지만 일회용품을 많이 쓰면 쓸수록 환경은 파괴될 수밖에 없을 것입니다. 예를 들면 스티로폼이나 플라스틱, 캔, 등이 다시 자연으로 돌아가는 데 100년 이상이 걸리고 종이컵이나 나무젓가락도 20년 이상이 걸린다고 합니다. 그래서 이런 제품을 쓸수록 나무도 줄어들고 땅도 오염되는 결과를 낳게 됩니다.

일단 땅이 오염되면 식물도 잘 자랄 수 없고, 동물과 인간 모두 건강하게 살 수 없게 됩니다.

우리가 시작할 수 있는 가장 쉬운 환경 보호 운동 중 하나는 일회용품 줄이기가 될 수 있겠습니다.

• LESSON 10 Track 20

여자1 요즘 우리 큰 언니 결혼 문제 때문에 집안이 좀 시끄러워.

여자2 너희 큰 언니가 드디어 결혼을 하시는구나? 그런데 무슨 문제로 시끄러운 거야?

여자1 다른 게 아니라 언니가 결혼을 하려는 사람이 외국사람이거든.

여자2 그렇구나. 그래서 부모님이 반대를 하셔?

여자1 응. 엄마는 이해를 하고 허락하시려고 하는데 아빠는 계속 반대를 하고 계셔.

여자2 그래, 요즘 아무리 국제결혼이 많아졌다고는 하지만 막상 자식이 국제결혼을 하겠다고 하면 쉽게 허락을 못하시는 부모님이 많으실 거야.

여자1 맞아. 우리 부모님도 평소에 그다지 보수적이지 않으셨는데 이번 결혼 문제에서는 아주 보수적이시더라.

여자2 처음에는 반대하셔도 결혼 후에 잘 살고 있는 사람들의 모습을 보거나 이야기를 들으시면 마음이 바뀌실지도 몰라. 그러니까 너라도 계속 부모님을 잘 설득해 봐.

여자1 그래야지, 나 같으면 부모님이 허락을 안하시면 둘이 그냥 결혼해 버릴 텐데……. 우리 언니는 아마 용기가 없어서 그렇게는 못할 거 같아.

여자2 야, 형만한 아우 없다고 언니 행동이 맞는 거지. 항상 생각한 대로 행동할 수는 없잖아. 아무튼 부모님을 잘 설득해서 언니가 부모님의 허락을 받고 행복하게 결혼을 했으면 좋겠다.

• LESSON 11 Track 22

[프로그램 시작을 알리는 시그널 음악]

사회자 오늘은 부산 자갈치 시장에서 45년간 생선을 파시며 모으신 5억의 전재산을 한국대학교에 모두 기부하신 김효순 할머님을 모시고 함께 말씀을 나누는 자리를 갖겠습니다. 자, 뜨거운 박수로 맞이해 주시기 바라겠습니다.

[박수소리]

사회자 어서 오십시오, 반갑습니다.

할머니 네, 반갑습니다.

사회자 정말 대단하십니다. 존경스럽고요.

할머니 그런 말씀 마세요. 이렇게 TV까지 나오게 되다니 부끄러울 뿐입니다.

사회자 어떻게 해서 전 재산을 학교에 기부하실 생각을 하셨나요?
어떤 특별한 이유라도 있으신가요?

할머니 네, 저는 사실 어렸을 때 많이 배우질 못했습니다. 그 시절에 가정형편이 너무 어려워서 공부를 못했죠. 전 지금까지 살면서 늘 그게 마음이 아팠습니다. 그래서 배우고 싶은데 돈이 없어서 공부하지 못하는 학생들을 꼭 도와주고 싶었어요. 아픔이 있는 사람은 다른 사람의 아픔도 알기 마련이죠.

사회자 그러셨군요. 그래도 힘들게 모으신 돈을 모두 기부하시는 것이 쉬운 일은 아니었을 텐데요.

할머니 어려울 것 하나 없어요. 그저 그렇게 하는 것이 행복하니까 했을 뿐이니까요.
저도 행복한데다가 공부할 수 있는 학생은 공부를 할 수 있게 되니 이보다 더 좋은 일이 어디 있겠습니까?

사회자 요즘처럼 자기의 욕심만 생각하고 이기적으로 살아가는 저희 같은 보통 사람들은 정말 부끄럽기 짝이 없습니다.

• LESSON 12 Track 24

[열차 내 화재 시 안내 방송]
손님 여러분께 안내 말씀 드리겠습니다. 열차에 화재가 발생했을 때에는 객실 문 옆에 설치되어 있는 비상벨을 누르십시오. 그리고 소화기를 사용하실 수 있는 손님께서는 객실 내의 소화기를 사용하여 불을 꺼 주십시오. 승무원의 안내에 따라 출입문 손잡이를 당겨서 손으로 문을 열고 대피하시기 바랍니다.

[비행기 안내 방송] Track 25
승객 여러분, 방금 좌석 벨트 표시등이 꺼졌습니다. 그러나 기류 변화로 비행기가 갑자기 흔들릴 수 있습니다. 자리에 계시거나 주무실 때에는 항상 좌석벨트를 착용해주시기 바랍니다. 그리고 선반 속의 물건을 꺼내실 때에는 물건이 떨어지지 않도록 조심해 주십시오. 또한 비행 중 좌석벨트 표시등이 켜졌을 경우에는 신속하게 좌석에 앉아 좌석벨트를 착용해 주시기 바랍니다. 감사합니다.

아하! 한국어

A-ha! Korean

4 Work Book

숙명여자대학교 한국어교재위원회

- **김경령**
University of Illinois at Urbana Champaign, Ph. D.
숙명여자대학교 한국어문학부 교수
국제언어교육원 한국어교육센터장

- **이홍식**
서울대학교 국어국문학 문학 박사
숙명여자대학교 한국어문학부 교수

- **문금현**
서울대학교 국어국문학 문학 박사
숙명여자대학교 한국어문학부 교수

- **이소영**
숙명여자대학교 한국어문학부 문학 박사
국제언어교육원 한국어교육센터 객원교수

- **엄소연**
숙명여자대학교 한국어문학부 문학 박사 수료
국제언어교육원 한국어교육센터 책임강사

- **오미나**
숙명여자대학교 한국어문학부 문학 박사 수료
국제언어교육원 한국어교육센터 책임강사

- **박재남**
숙명여자대학교 한국어문학부 문학 박사 수료
국제언어교육원 한국어교육센터 책임강사

- Richard Dubois
숙명여자대학교 영어영문학부 강의 교수

〈연구보조원〉
박참희 · 이세훈 · 최혜민

- **표지 그림과 삽화: 정효정**

아하! 한국어 4
(Student's Book, Work Book)

지은이 숙명여자대학교 한국어교재위원회
펴낸이 조경희
펴낸곳 경문사
펴낸날 2024년 3월 4일
등 록 1979년 11월 9일 제 313-1979-23호
주 소 04057, 서울특별시 마포구 와우산로 174
전 화 (02)332-2004 팩스(02)336-5193
이메일 kyungmoon@kyungmoon.com

값 25,000원

ISBN 978-89-6105-907-7
ISBN 978-89-6105-498-0(세트)

* 오디오 mp3 파일은 경문사 홈페이지에서 다운받을 수 있습니다.

아하! 한국어

A-ha! Korean

4 Work Book

숙명여자대학교 한국어교재위원회

KM 경문사

머리말

Preface

아하! 한국어는 숙명여자대학교에서 개발한 한국어 교재 시리즈로 한국어를 배우고자 하는 성인 학습자를 대상으로 한국어 표현 능력과 이해 능력을 증진시키는 데에 목표를 두고 개발하였다.

아하! 한국어는 한국어 교육의 가장 기본이 되는 '한글' 습득 단계 교재를 시작으로 5권의 주교재와 이에 따른 5권의 보조교재, 듣기와 말하기 기능을 보조하는 CD, 각각의 텍스트에서 소개되는 단어를 정리한 단어장 그리고 교사지침서 등으로 구성되었다. 주교재에서는 주제 중심으로 단원을 구성하였고 각각의 대화문은 실생활에서 쉽게 접할 수 있는 상황 및 기능이 제시되었다. 다양한 방법으로 문형 연습을 할 수 있도록 지문을 구성하였고 보조 교재를 통해 학습자 스스로 배운 문형과 어휘를 점검하고 복습할 수 있도록 하였다. 단원마다 새로 소개되는 어휘의 뜻을 수시로 빠르게 점검할 수 있도록 지면 구성의 효율성에 힘썼다. 또한 교사지침서를 제작하여 본 교재를 좀더 체계적으로 교사가 사용할 수 있도록 한국어 발음, 문법, 어휘, 교수법 등에 대한 자세한 내용을 수록하였다. 무엇보다도 본 교재의 특징은 언어 교수 이론에 근거한 효율적인 교수법들이 내용 전반에 깔려 있어 한국어를 보다 쉽게 이해하고 습득할 수 있도록 한 점이다.

본 교재는 외국인 학습자를 대상으로 다년간 한국어를 강의한 교육 경험이 풍부한 전문 한국어 교사진과 국어학 및 언어 교수 이론에서 전문성을 확보하고 있는 연구진의 공동 작업으로 완성되었다. 오랜 기간에 걸쳐 집필 및 출판 과정에 헌신적으로 참여해 준 한국어 교사진과 연구진, 기획과 출판 과정에서 적극적으로 협조를 해 주신 경문사 박문규 사장님께 감사를 드린다.

특별히 본 교재가 출간될 수 있도록 아낌없는 지원을 해 주신 한영실 총장님과 도움의 말씀을 주신 한국어문학부 교수님들께 감사를 드린다.

김경령

일러두기

Preview

아하! 한국어 workbook 4는 아하! 한국어 4 교재를 교사와 함께 학습한 후 학습자가 배운 내용을 스스로 확인할 수 있도록 하였다.

본 교재는 아하! 한국어 4와 같이 총 12과로 이루어져 있으며, 각 과는 어휘, 문법, 쓰기 세 영역으로 구성되어 있다.

어휘

'어휘'는 해당 과에서 학습한 어휘 중에서 주요한 몇 가지 어휘를 복습할 수 있도록 하였다. 주어진 어휘 중에서 선택하여 문장 완성하기, 알맞은 어휘 연결하기, 어휘를 이용하여 문장 만들기 등의 활동이 제시되어 있다.

어휘

어휘

1. 다음 표현을 이용해서 문장을 만드세요.

❶ 지출
❷ 수입
❸ 청년 실업
❹ 사회 문제
❺ 적자
❻ 흑자
❼ 참다
❽ 빚
❾ 막상
❿ 마음이 안 내키다
⓫ 큰맘을 먹다
⓬ 만만치 않다

문법

'문법' 영역에서는 문법 내용을 학습자 스스로가 간단하게 복습할 수 있도록 하였다. 해당 문법을 사용하여 문장 완성하기, 문장 연결하기 등의 활동이 제시되어 있다.

문법과 표현

문법과 표현

• [명]에 의하면

인용 시 인용의 출처를 밝힐 때 사용한다.

• 다음 문장을 '-에 의하면'을 이용해서 바꿔 보세요.

❶ 〈인터넷〉 영국의 왕자가 결혼을 했습니다.
→

❷ 〈뉴스〉 태풍 때문에 나무가 쓰러지고 산사태가 났습니다.
→

❸ 〈일기 예보〉 이번 겨울에는 눈이 많이 올 예정입니다.
→

❹ 〈친구〉 다음 주까지 숙제를 다해야 졸업을 할 수 있어.

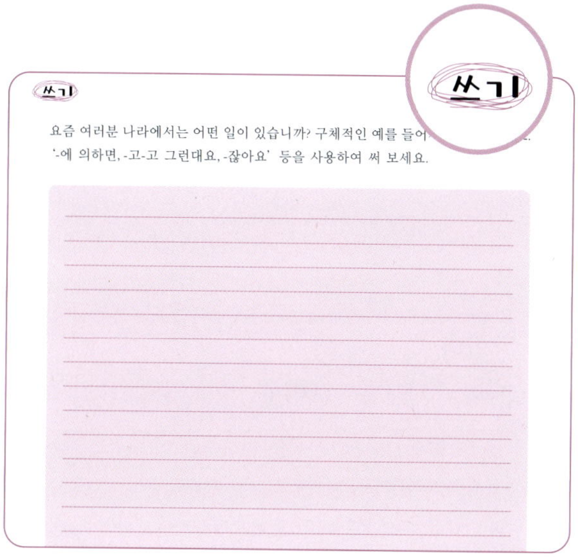
쓰기

쓰기

요즘 여러분 나라에서는 어떤 일이 있습니까? 구체적인 예를 들어

'-에 의하면, -고-고 그런대요, -잖아요' 등을 사용하여 써 보세요.

쓰기

'쓰기' 영역에서는 해당 과에서 배운 어휘와 문법 등을 활용하여 주제에 맞는 쓰기 연습을 돕고자 하였다.

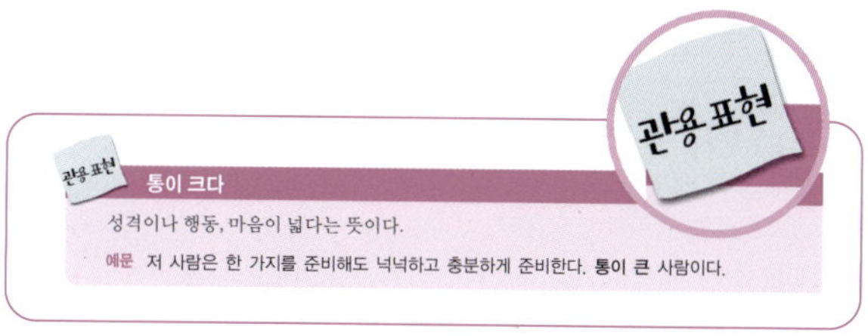
관용표현

관용표현 통이 크다

성격이나 행동, 마음이 넓다는 뜻이다.

예문 저 사람은 한 가지를 준비해도 넉넉하고 충분하게 준비한다. 통이 큰 사람이다.

관용표현

'관용표현' 영역에서는 중급에서 학습해야 하는 관용표현을 의미와 예를 통해 학습할 수 있도록 하였다.

단원 구성

Table of Contents

	어휘	문법	쓰기
7과	습관 관련 어휘	-(으)ㄹ 걸 그랬다 -기 일쑤이다 -다니 -곤 하다	좋은 습관, 나쁜 습관
8과	마음 관련된 표현 '-스럽다' 이용한 표현	-기가 무섭게 -는 바람에 탓이다 -(으)나 마나	이상형
9과	환경 관련 표현 '손' 관련 어휘	-처럼 -(으)ㄴ/는 -도 없다 -지 않으면 안되다 -기에는 너무 -(으)ㄹ 만큼	환경 보호 방법
10과	결혼 문화 관련 어휘	-은/는커녕 -같으면 -만 못하다 -는 대로	결혼 문화 비교
11과	가치 관련 어휘	-(으)ㄹ 것 하나 없다 -기 짝이 없다 -기 마련이다 -(ㄴ/는)다니까요 -(이)라니까요	내적인 아름다움
12과	사건 사고 관련 표현	-(으)ㄹ 따름이다 -(으)ㄹ락 말락 하다 못지않다 -다시피(하다)	안전 사고와 예방

차례

Contents

수입과 지출

LESSON 01

1. 어휘

2. 문법과 표현
   [명]에 의하면
   [형]/[동]-고 [형]/[동]-고 그런대요
   [형]/[동]-잖아요
   [명](이)나 [형]/[동]-겠어요?

3. 쓰기

LESSON

01 | 수입과 지출

어휘

1. 다음 표현을 이용해서 문장을 만드세요.

① 지출

② 수입

③ 청년 실업

④ 사회 문제

⑤ 적자

⑥ 흑자

⑦ 참다

⑧ 빚

⑨ 막상

⑩ 마음이 안 내키다

⑪ 큰맘을 먹다

⑫ 만만치 않다

⑬ 값이 뛰다

⑭ 마음대로 하다

2. 반대말을 쓰세요.

❶ 지출 ↔ (　　　　　)

❷ 적자 ↔ (　　　　　)

3. 관계가 있는 것끼리 줄로 이으세요.

❶ 청년 실업 •	• 사회 전체가 갖고 있는 문제
❷ 사회 문제 •	• 머리가 아프지만 (　　　) 화장실에 가고 싶지만 (　　　) 화가 나지만 (　　　)
❸ 치료비 •	• 젊은 사람들이 취업을 못 하는 것
❹ 참다 •	• 병원에서 진찰을 받고 내는 돈

4. 다음 단어들을 알맞게 (　　　)에 쓰세요.

보기: 실업　불황　가계　걸림돌　독신　최저　평균　생활

❶ (　　　)이/가 길어져서 사람들이 좀처럼 지갑을 열지 않는다.

❷ 세탁기, 냉장고, 가스렌지, 청소기 등의 가전 제품이 나타나면서 여자들의 (　　　) 이/가 달라졌다.

❸ 늦잠이 나의 학업의 (　　　)이/가 되고 있다.

❹ 경제가 안 좋기 때문에 회사들은 직원들을 늘리지않고 있다. 그래서 청년 (　　　) 이/가 심각하다고 한다.

❺ 여자의 (　　　) 수명이 남자보다 길다.

❻ 올 들어 (　　　)의 식비 지출이 줄어들었다.

❼ 청년들이 직업이 없어서 결혼을 못 하고 있다. 청년 실업이 (　　　) 계층을 늘리고 있다.

5. '막상'에 대해서 더 공부해 보세요.

막상 -(으려)니(까) **막상 -은/는데**	+	예상 밖의 일이 생겼다/ 방해하는 일이 생겼다/ 그 일을 할 수 없게 되었다.

우리는 많이 싸웠지만 막상 헤어지려 하니까 눈물이 나왔다.

막상 카드를 쓰려니까 마음이 안 내켜요.

수업 시간에는 문법을 모두 이해했지만 막상 숙제를 하려고 하니까 기억이 안 났다.

막상 밥을 먹으려고 했는데 배가 안 고프다.

막상 운동을 시작하려고 하니까 운동화를 찾을 수 없다.

막상 옷을 사려고 결심했는데 옷이 다 팔리고 없었다.

- 위 문법을 이용해서 문장을 완성하세요.

① 막상 공부를 하려니까

____

② 막상 살을 빼려고 결심했는데

____

③ 막상 부모님께 전화를 하려고 하니까

____

④ 막상 이사를 가려고 하니까

____

⑤ 막상 여행을 해 보니까

____

문법과 표현

● [명]에 의하면

인용 시 인용의 출처를 밝힐 때 사용한다.

● 다음 문장을 '-에 의하면'을 이용해서 바꿔 보세요.

❶ 〈인터넷〉 영국의 왕자가 결혼을 했습니다.

→ ____

❷ 〈뉴스〉 태풍 때문에 나무가 쓰러지고 산사태가 났습니다.

→ ____

❸ 〈일기 예보〉 이번 겨울에는 눈이 많이 올 예정입니다.

→ ____

❹ 〈친구〉 다음 주까지 숙제를 다해야 졸업을 할 수 있어.

→ ____

● [형]/[동]-고 [형]/[동]-고 그런대요

여러 일들을 나열하면서 인용할 때 쓰는 표현이다.

● 어제 들은 뉴스나 본 신문 중에서 기억나는 내용이 있어요?
혹은 친구 말을 듣고 '-에 의하면'을 이용해서 써 보세요.
그리고 그 내용에 대한 예를 '(-고) -고 그런대요'를 이용해서 써 보세요.

보기

가 : 어제 뉴스에 의하면 석유 값이 뛰어서 수출이 힘들대요.
나 : 네, 석유 값이 뛰어서 비행기 값도 비싸지고, 지하철 값도 비싸지고 그런대요.

❶ ______________________________

____

____

❷ ______________________________

____

____

● [형]/[동]-잖아요

이유를 말할 때 쓰는 표현인데 이미 알고 있는 사실을 확인할 때도 주로 쓴다.

● 위 표현을 이용해서 대화를 만들어 보세요.

❶ 일찍 잔 이유: 오늘 아침 7시에 비행기를 타야 했어요.

가 : ______________________________

나 : ______________________________

❷ '주의' 표지판이 있는 이유: 이 건물은 아직 공사 중이에요.

가 : ______________________________

나 : ______________________________

❸ 요즘 날씨가 더운 이유: 여름이기 때문이에요.

가 : ______________________________

나 : ______________________________

④ 다이어트에 성공한 이유: 운동을 매일매일 했어요.

가 : ______________________

나 : ______________________

⑤ 열심히 공부하는 이유: 대학교에 입학하려면 이번에 토픽시험에 합격해야 해요.

가 : ______________________

나 : ______________________

● [명](이)나 [형]/[동]-겠어요?

의문형으로 쓰는 반의적 표현이다.

● 위 표현을 이용해서 다시 써 보세요.

❶ 너무 맛있는 게 많아서 살을 뺄 수가 없겠어요.

→ ______________________

❷ 친구들이 너무 많아서 술을 끊을 수가 없겠어요.

→ ______________________

❸ 한국에 너무 재미있는 일들이 많아서 고향에 갈 수가 없겠어요.

→ ______________________

❹ 매일매일 데이트를 해서 공부할 시간이 없어요.

→ ______________________

❺ ______________________

→ ______________________

쓰기

요즘 여러분 나라에서는 어떤 일이 있습니까? 구체적인 예를 들어서 설명해 보세요.
'-에 의하면, -고-고 그런대요, -잖아요' 등을 사용하여 써 보세요.

관용 표현

통이 크다

성격이나 행동, 마음이 넓다는 뜻이다.

예문 저 사람은 한 가지를 준비해도 넉넉하고 충분하게 준비한다. **통이 큰** 사람이다.

건강 관리와 운동

LESSON 02

1. 어휘

2. 문법과 표현

[형]/[동]-어야 [명](이)라고 할 수 있다

[형]/[동]-다가 [형]/[동]-다가 하다

[형]/[동]-다마다요

3. 쓰기

LESSON

02 건강 관리와 운동

어휘

1. 다음 표현을 이용해서 문장을 만드세요.

❶ 군살 ______________________

❷ 군살이 달아나다 ______________________

❸ 근육 ______________________

❹ 뭉치다 ______________________

❺ 요가 ______________________

❻ 숨쉬다 ______________________

❼ 검색하다 ______________________

❽ 효과적이다 ______________________

❾ 동작 ______________________

❿ 구입하다 ______________________

⓫ 당장 ______________________

⓬ 꾸준히 ______________________

2. 반대말을 쓰세요.

❶ 오므리다 ↔ ( )

❷ 숙이다 ↔ ( )

③ 빼다 ↔ ( )

④ 움츠리다 ↔ ( )

⑤ 상체 ↔ ( )

⑥ 올리다 ↔ ( )

⑦ 앞쪽 ↔ ( )

⑧ 오른쪽 ↔ ( )

⑨ 모자라다 ↔ ( )

3. 비슷한 말을 써 보세요.

① 가량 ≒ ( )

② 굽히다 ≒ ( )

③ 올리다 ≒ ( )

4. 다음 단어들을 알맞게 ( )에 쓰세요.

보기

규칙적	유지하다	중독	조절하다
수명	단축시키다	장수	

① 평균 ( )이/가 길어지면서 요즘에는 80세까지 살아도 ( ) 했다고 말할 수 없게 되었다.

② 교실이 너무 추워서 에어컨 온도를 ( ).

③ 술과 담배는 우리의 생명을 서서히 ( ) 것들이다.

④ 연예인들은 S라인 몸매를 ( ) 위해서 음식을 조금씩만 먹고, 운동을 열심히 한다고 한다.

⑤ 담배, 커피, 마약, 인터넷, 쇼핑은 모두 ( )이/가 될 수 있는 것들이다.

⑥ 건강을 위해서는 ( )인 식사 습관이 가장 중요하다.

5. '군-'은 명사 앞에 붙어 '쓸데없는, 쓸모없는, 필요 없는' 또는 '덧붙은'의 뜻을 더합니다. 이 말이 붙어서 만들 수 있는 단어를 모두 써 보고 그 뜻을 이야기해 보세요.

군살

문법과 표현

● [형]/[동]-어야 [명](이)라고 할 수 있다

앞에 나오는 행동이나 상태가 뒤에 나오는 상황에 필수적인 조건임을 나타낼 때 사용한다.

● 위 표현을 이용해서 대화를 완성하세요.

❶ 가: 좋은 애인이 되려면 어떻게 해야 할까요?

나: 글쎄요. 여러 가지가 있겠지만 ____________________ 좋은 애인이라고 할 수 있겠지요.

❷ 가: 마이클 씨는 정말 열심히 공부하는 학생이군요!

나: 아니에요. 저는 하루에 1시간 정도만 공부해요.
적어도 하루에 ____________________ 열심히 공부하는 학생이라고 할 수 있죠.

❸ 가: 방금 피자 먹었는데 또 밥이 들어가요?

나: 그럼요. 저는 밥 배하고, 간식 배하고 따로 있어요.
그리고 ____________________ 점심을 먹었다고 할 수 있어요.

❹ 가: 진짜 미인은 어떤 사람일까요?

나: ____

⑤ 가: 어떤 사람을 한류 스타라고 할 수 있어요?

나: ______________________________

[형]/[동]-다가 [형]/[동]-다가 하다

두 가지 이상의 사실이 번갈아 일어남을 나타내는 표현이다.

- 위 표현을 이용해서 대화를 완성하세요.

① 가: 비가 오는 거예요? 눈이 오는 거예요?

나: 아까부터 ______________________________ 눈비라고 할 수 있죠.

② 가: 이번 달에 과소비를 했나 봐. 돈이 하나도 없어서 기분이 안 좋아.

나: 돈은 ____________________ 돈 때문에 기분까지 안 좋으면 안 되지. 내가 빌려줄게.

③ 가: 아직도 감기가 낫지 않았어요? 감기가 오래 가네요.

나: 제가 약 먹기 귀찮아서 ______________________________

④ 가: 왜 이렇게 늦게 왔어요?

나: ______________________________

⑤ 가: 그 학생이 왜 5급에 올라가지 못했어요?

나: ______________________________

● [형]/[동] -다마다요

당연히 어떤 것을 한다거나 어떤 사실에 동의함을 나타내는 표현이다.

● 위 표현을 이용해서 대화를 완성하세요.

❶ 가: 다음 학기에 5급에서 공부해요?

나: 그럼요! ____________________

❷ 가: 오늘 저녁에 데이트가 있는데, 저녁까지 이 옷 수선이 가능할까요?

나: ____________________. 금방 해 드릴게요.

❸ 가: 서울의 물가가 조금 비싸지요?

나: ____________________. 서울은 세계에서 5번째로 물가가 높은 도시예요.

❹ 가: 4급 수업 어때요? 재미있어요?

나: ____.

❺ 가: 제가 장학금을 받아서 친구들에게 커피를 쏠까 하는데 어때요?

나: ____.

쓰기

여러분의 잠버릇은 어떻습니까? 어떤 자세로 잡니까? 나의 잠버릇에 대해 2과에서 배운 단어와 문법을 사용해서 써 보세요.

보기

똑바로 누워서 자다	옆으로 누워서 자다
엎드려 자다	뒤척이다
데굴데굴 구르다	잠꼬대를 하다
이를 갈다	침을 흘리다
몽유병	코를 골다

관용표현 **입을 모으다**

여러 사람이 같은 말을 하다.

예문 지금 이 일을 해결해야 한다고 모두 **입을 모아** 말했다.

후회

LESSON 03

1. 어휘

2. 문법과 표현

[형]/[동]-었어야 했는데, [형]/[동]-었더라면 (-(으)ㄹ 텐데)

[동]-어 봤자

[형]/[동]-(으)ㄴ/는 데다가

3. 쓰기

LESSON

03 후회

어휘

1. 아래 어휘를 이용해서 문장을 만들어 보세요.

❶ 안색 --

❷ 충격을 받다 --

❸ 역시 --

❹ 소용 없다 --

❺ 게다가 --

❻ 후회 --

2. 아래 표현을 이용해서 대화를 완성해 보세요.

보기

버스는 이미 떠났다
입은 비뚤어져도 말은 바로 하라(하랬다)
어쩔 수 없다

❶ 가: 이 책을 사고 싶은데 30% 할인이 되죠?

나: 안 돼요. 지난주에 할인 행사가 끝났어요.

가: 정말요? 어떻게 안 될까요? 돈이 좀 부족한데 깎아 주세요.

나: 아무리 그렇게 말씀하셔도 ______________________________.

죄송합니다.

❷ 가: 난 철수 씨와 꼭 결혼하고 싶었는데…….

나: 지금 그렇게 말해도 소용없어. 그 사람은 벌써 결혼했잖아.

가: 철수 씨가 나를 떠났다는 걸 믿을 수 없어. 다시 시작할 수 없을까?

나: ______________________.

기회는 벌써 지나갔으니까 다른 사람을 찾아 봐.

❸ 가: 어제 이 안경을 샀는데 어때요? 잘 어울려요?

나: 아, 네…… 어제 사셨다고요……. 음…… 잘 어울리는 것 같아요.

가: 그래요? 다행이네요. 비싸게 주고 샀는데…….

다: 저 안경이 잘 어울린다고요? 거짓말하지 마세요.

______________________고 그 안경 진짜 안 어울리니까

당장 가서 바꾸세요.

3. 다음 설명에 맞는 단어를 골라 보세요.

보기			
선택하다	채워지다	반성하다	갈등하다
되돌리다	엮다	마감하다	아쉽다

❶ 어떤 것을 고르다: ______________________

❷ 하던 일을 끝내다: ______________________

❸ 지난 일들의 잘못에 대하여 생각하고 뉘우치다: ______________________

❹ 움직이던 방향과 반대 방향으로 가게 하다: ______________________

❺ 어떤 일을 결정하지 못하고 이렇게 할까 저렇게 할까 망설이다:

____

문법과 표현

● [형]/[동]-었어야 했는데 , [형]/[동]-었더라면 (-(으)ㄹ 텐데)

동사나 일부 형용사 또는 '이다' 와 결합하여 이미 과거에 한 일을 회상하며 후회할 때 사용한다.

● 위 표현을 이용해서 대화를 완성하세요.

❶ 주말에 제주도해 비행기에 자리가 없어서 예약을 못했다.

미리 ① 예약을 했어야 했는데

② 예약했더라면 제주도에 갈 수 있을 텐데

❷ 가: 이게 다 뭐예요? 지지난주에 사 놓은 야채 아니에요? 다 상했네! 아까워라!

나: 정말 다 상했어요? ① ________________.

② ________________.

❸ 어젯밤에 이불을 안 덮고 잤더니 감기에 걸렸어요. 콜록콜록!

① ________________.

② ________________.

❹ 가: 콘서트에 잘 다녀왔어요? 가수들 얼굴을 직접 보니까 더 신 나고 재미있었죠? 찍은 사진들 좀 보여 주세요.

나: 너무 신나게 즐기느라고 사진을 하나도 못 찍었어요. 그래서 지금 너무 후회하고 있어요.

① ________________.

② ________________.

❺ 돈이 많이 있었을 때 저금을 안 하고 다 써서 요즘은 주머니가 너무 가벼워!

① ______________________________.

② ______________________________.

● [동]-어 봤자

동사와 결합하여 그렇게 해도 좋은 결과를 기대하기 힘들거나 소용없다는 의미이다.

● 위 표현을 이용해서 대화를 완성하세요.

❶ 가: 고장 난 MP3플레이어 버리지 말고 고쳐 쓰는 게 어때요?

나: ______________________________.

❷ 가: 그 사람을 만나고 싶으면 지금 어서 서둘러 가 보세요.

나: ______________________________.

❸ 가: 일이 많으시면 다른 사람한테 부탁하세요.

나: ______________________________.

❹ 가: 운전면허가 없으면 한국에서 운전면허를 따 보세요.

나: ______________________________.

❺ 가: 그냥 그 친구한테 솔직하게 말하고 오해하지 말라고 해.

나: ______________________________

● [형]/[동] -(으)ㄴ/는 데다가

동사, 형용사, '-이다' 와 결합하여 앞의 내용과 뒤의 내용이 덧붙어서 일어나는 의미일 때 사용한다. 이때 앞의 내용과 뒤의 내용의 주어가 같아야 한다.

● 위 표현을 이용해서 대화를 완성하세요.

❶ 가: 어떻게 그렇게 짧은 시간에 살을 많이 뺐어요?

나: ______________________________.

❷ 가: 그 사람이 항상 1등을 하는 비결을 들었어요?

나: 네, 그 사람은 ______________________________.

❸ 가: 요즘 무슨 일로 그렇게 스트레스를 많이 받아요? 저한테 말해 보세요.

나: ______________________________.

❹ 가: 어디 한번 봅시다. 먼저 증상이 어떠세요?

나: ______________________________.

❺ 가: 왜 또 이사를 했어요? 전에 살던 집이 뭐가 마음에 안 들었어요?

나: ______________________________.

쓰기

지금까지의 인생 중에서 가장 후회가 되는 일이 있습니까?
'었어야 했는데, -었더라면, -어 봤자' 등을 사용하여 써 보세요.

관용표현

물 건너갔다

어떤 일, 상황이 다 끝나서 해결할 수 없을 때 쓰는 말이다.

예문 안 한다고 이미 거절했기 때문에 다시 부탁해도 소용이 없다. 이미 그 일은 **물 건너갔다.**

대화의 방법

LESSON 04

1. 어휘

2. 문법

[동]-(으)려던 참이다

아무 [명](이)나/도

[형]/[동]-(으)ㄴ/는 건 바라지도 않다

[동]-기 십상이다

3. 쓰기

LESSON

04 대화의 방법

어휘

1. 다음 표현을 이용해서 문장을 만드세요.

❶ 칭찬 ______________________

❷ 은근히 ______________________

❸ 아무거나 ______________________

❹ 같지 않아 보이다 ______________________

❺ 말꼬리를 돌리다 ______________________

❻ 마음이 잘 통하다 ______________________

❼ 상상에 맡기다 ______________________

2. 다음 상황에 맞는 표현을 〈보기〉에서 골라 쓰세요.

보기		
말꼬리를 잡다	말꼬리를 흐리다	말꼬리를 돌리다

❶ 그 사람은 눈물을 흘려서 말을 계속하지 못했어요. (   )

❷ 내가 말할 때마다 내가 무엇을 잘못 말했는지 친구가 이야기했어요. (   )

❸ 내 질문에 답하지 않고 이야기 주제를 다른 것으로 바꿨어요. (   )

3. 다음 대화에 알맞은 맞장구 표현을 넣으세요.

❶ 가: 보고 싶던 엄마가 한국에 오세요.

나: ______________________.

❷ 가: 이번 시험에 떨어지면 어떻게 하죠?

나: ________________________________.

❸ 가: 한국 드라마를 자주 보니까 듣기 실력이 좋아지는 것 같아요.

나: ________________________________.

❹ 가: 반에서 성적이 나빴던 친구가 이번에 일등했대요.

나: ________________________________.

문법과 표현

[동]-(으)려던 참이다

무엇을 하려는 경우나 때를 말할 때 쓴다. 보통 다른 사람의 생각과 내가 같은 행동을 하려고 했을 때 쓰인다. 부사 '마침, 막' 과 함께 자주 쓰인다.

● 위 표현을 이용해서 대화를 완성하세요.

❶ 가: 커피 마시러 갈까?

나: 그래, ________________________________

❷ 가: 휴가에 제주도 가는 거 어때요?

나: 좋죠. ________________________________

❸ 가: 시간도 많은데 영화 보러 가실래요?

나: 어쩜 제 생각도 똑같아요. ________________________________

❹ 가: 이 옷에는 검은색 구두가 잘 어울리는 것 같다.

나: 나도 그렇게 생각했어. ________________________________

⑤ 가: 나는 이제 그만 집에 갈 거야.

나: 우린 마음이 잘 통한다. ______________________________

● 아무 [명](이)나/도

'아무' 는 특별히 어떤 사람이나 사물을 정하지 않고 말할 때 쓴다. '(이)나' 와 같이 쓸 때는 긍정적인 뜻을 나타내고, '도' 와 쓰일 때는 보통 부정적인 형태가 연결된다.

● 위 표현을 이용해서 대화를 완성하세요.

❶ 가: 우리 뭘 먹을까요?

나: ______________________ 다 괜찮아요.

❷ 가: 약속 장소에 누가 왔어요?

나: ______________________ 안 왔어요.

❸ 가: 요즘도 여행을 자주 하세요?

나: 아니요. 요즘에 ______________________ 안 가요.

❹ 가: 어떤 요리를 잘 하세요?

나: 저는 ______________________ 다 잘 해요.

❺ 가: 친구는 왜 이렇게 조용해요?

나: 아침부터 저녁까지 하루 종일 ______________________ 안 하고 있어요.

● [형]/[동]-(으)ㄴ/는 건 바라지도 않다

현재 상황이 작은 것을 바라기에도 어려운 상황일 때 쓴다. 큰 욕심이라고 생각되는 것에 이 표현을 연결하고 뒤에는 작은 소망을 덧붙여 말한다.

● 위 표현을 이용해서 대화를 완성하세요.

❶ 가: 이번에 장학금을 받으면 좋겠어.

나: 그래? ________________________ F 학점만 없으면 좋겠어.

❷ 가: 이번 달에 월급이 오르면 얼마나 좋겠어요?

나: ________________________. 별일 없이 회사만 다녔으면 좋겠어요.

❸ 가: 동시통역을 할 수 있을 정도로 한국어를 잘하는 게 소원이에요.

나: ________________________. 한국 드라마를 이해할 수 있을 정도면 돼요.

❹ 가: 오늘 소개팅에서 똑똑한 남자가 나왔으면 좋겠다. 너는 어때?

나: ________________________. 나랑 마음만 잘 통하면 좋겠어.

❺ 가: 세계 일주 여행을 하고 싶다.

나: ________________________. 가까운 제주도라도 갔으면 좋겠다.

● [동]-기 십상이다

지금 상황이 계속 되면 거의 확실히 어떤 상황이 일어난다고 생각할 때 쓰인다.

● 위 표현을 이용해서 문장을 완성하세요.

❶ 가: 이 구두 어때? 어제 새로 샀어.

나: 너무 높은 거 아냐? ________________________

❷ 가: 날씨가 추운데 그렇게 얇게 입고 나가니? ______________________

나: 알겠어요. 따뜻하게 입고 나갈게요.

❸ 가: 비가 너무 많이 오네요. 장마라서 그런가 봐요.

나: 이러다가 ______________________

❹ 가: 오늘 은행에서 돈을 찾았어요.

나: 잘 가지고 다녀요. 안 그러면 ______________________

❺ 가: 내일 공항에 가려면 6시에는 일어나야 돼.

나: 그럼 알람을 해 놓고 자. 안 그러면 ______________________

쓰기

여러분의 작은 꿈을 써 보세요. '아무 -(이)나, -(으)ㄴ/는 건 바라지도 않다' 등을 이용해 보세요.

관용표현

얼굴이 두껍다

부끄러움을 모르고 뻔뻔한 사람을 일컫는 말이다.

예문 그 사람은 **얼굴이 두꺼워서** 사람들에게 어려운 부탁을 자주 한다.

생김새와 재테크

LESSON 05

1. 어휘

2. 문법

   [명]에 따라 다르다

   일단 [형]/[동]-(으)면

   [형]/[동]/[명]-고들 하다

   설마 [명]은/는 아니겠지요?

3. 쓰기

LESSON

05 생김새와 재테크

어휘

1. 아래 어휘를 이용해서 문장을 만들어 보세요.

❶ 운명 ______________________

❷ 두툼하다 ______________________

❸ 귓불 ______________________

❹ 복코 ______________________

❺ 줄줄 ______________________

❻ 새다 ______________________

❼ 인연 ______________________

❽ 금상첨화 ______________________

❾ 설상가상 ______________________

❿ (-에게) 잘 보이다 ______________________

2. 아래 표현을 이용해서 대화를 완성해 보세요.

보기			
역시	소용없다	일단	막상

❶ 가: 한국어 말하기는 괜찮은데 읽기가 쉽지 않아요.

나: 신문을 한번 읽어보면 어때요?

가: 신문은 어려운 표현이 많아서 읽을 수가 없을 것 같아요.

나: ______________________ 읽어 보세요. 시작이 반이잖아요.

❷ 가: 지난 번 한국어 시험을 너무 못 봐서 걱정이야.

나: 벌써 다 끝난 일에 대해서 후회해도 ____________________

후회 그만하고 다음 시험을 대비하는 게 어때?

❸ 가: 난 한국 지하철 타는 데 아직도 익숙하지 않아.

한번 지하철 타고 외출하면 너무 피곤해.

나: 나 ____________________ 마찬가지야.

집에 있는 게 제일 편한 거 같아.

❹ 가: 새 집으로 이사하니까 어때? 좋지?

나: 새 집이 좋지만 10년 동안이나 살던 집을 ____________________

떠나려니까 눈물이 나왔어.

3. 다음 설명에 맞는 단어를 골라 보세요.

보기		
운명	인연	줄줄
의미 없게	의미 있게	금상첨화

❶ 초인간적인 힘. 미래를 바꿀 만한 중요한 일: ____________________

❷ 굵은 물이 흐르는 모양이나 소리: ____________________

❸ 가치 있게: ____________________

❹ 가치 없게: ____________________

❺ 좋은 일이 있고 또 좋은 일이 있음: ____________________

❻ 특별한 관계: ____________________

문법과 표현

[명]에 따라(서) 다르다

기준의 변화에 따라서 결과가 달라질 수 있다는 뜻이다.

● 위 표현을 이용해서 문장을 완성하세요.

❶ 음식점에 따라서 ____________________.

❷ ____________________에 따라서 학교 식당 메뉴가 달라질 수 있어요.

❸ 얼굴에 따라서 ____________________.

❹ 어디에서 쇼핑을 하는지에 따라서 ____________________.

❺ 누구와 결혼하는지에 따라서 ____________________.

❻ 어느 나라에 태어났는지에 따라서 ____________________.

❼ ____________________에 따라서 기분이 달라집니다.

일단 [형]/[동]-(으)면

만일에 한번이라도 어떤 상황이 생기거나 어떤 행동을 한다는 '가정'의 뜻을 의미한다.

● 위 표현을 이용해서 대화를 완성하세요.

❶ 가: 그 식당이 그렇게 맛있어요? 얼마나 맛있는데요?

나: 일단 ____________________.

❷ 가: 유명한 사람을 만나고 싶으면 서울 어디로 가면 좋을까요?

나: 일단 ____________________.

③ 가: 밥을 먹으니까 아무 일도 하고 싶지 않아요.

나: 맞아요, 일단 ______________________________.

④ 가: 신문은 어려운 표현이 너무 많아서 읽을 수 없을 거 같아요.

나: 일단 ______________________________.

시작이 반이잖아요.

⑤ 가: 차가 고장이 났는데 어떻게 해야 하죠?

나: 일단 ______________________________.

• [형]/[동]/[명]-고들 하다

동사, 형용사, '-이다'와 결합하여 많은 사람들이 이야기하는 것을 인용할 때 사용한다. 간접 인용과 같이 서술형, 명령형, 청유형 등에 따라 다르게 활용한다.

● 위 표현을 이용해서 다시 쓰세요.

❶ "서울은 차들이 많아서 운전하기 너무 힘들어요."라고 사람들이 말해요.

→ ______________________________

❷ "4급 선생님은 박소연 선생님이래요."라고 학생들이 말해요.

→ ______________________________

❸ "한국의 가을은 하늘이 높고 아름다워요."라고 사람들이 말해요.

→ ______________________________

❹ "한국어를 배우는 데 좀 더 쉬운 방법은 없어요?"라고 친구들이 물어봐요.

→ ______________________________

⑤ "한국어를 잘하고 싶으면 숙제는 잊지 말고 꼭 하세요."라고 외국 친구들이 말해요.

→ ______________________________

⑥ "오늘 점심은 한정식으로 합시다."라고 우리반 친구들이 말해요.

→ ______________________________

• 설마 [명]은/는 아니겠지요?

강한 의심을 나타낼 때 사용한다.

• 위 표현을 이용해서 다시 쓰세요.

❶ 이 사람이 애인이 아닐 거라고 생각해요.

→ ______________________________

❷ 이 네모난 과일이 수박은 아닐 거라고 생각해요.

→ ______________________________

❸ 아직도 숙제를 안 한 건 아닐 거라고 생각해요.

→ ______________________________

❹ 이 과자가 밥은 아닐 거라고 생각해요.

→ ______________________________

❺ 이 일을 오늘 다 해야 하는 것은 아닐 거라고 생각해요.

→ ______________________________

❻ 이것이 그림이 아닐 거라고 생각해요.

→ ______________________________

쓰기

친구가 여러분 나라에 여행을 가려고 합니다. 다음 내용이 포함되도록 쓰고 그것에 관련된 사진이나 지도 등을 가지고 친구에게 설명해 주세요.

- 일단 어떤 곳을 가 봐야 하는지
- 여행 경비는 무엇에 따라 달라지는지
- 사람들은 여러분 나라를 어떻다고들 하는지
- 무엇을 준비해야 하는지

관용표현

낯을 가리다

낯선 사람을 대하기 싫어한다는 뜻이다.

예문 아이가 처음 보는 사람에게도 **낯을 가리**지 않는다.

질병과 민간요법

LESSON 06

1. 어휘

2. 문법

[동]-지 않고 (왜 그랬어요!)

[형]/[동]-더니(만)

[형]/[동]-지 뭐예요?

[동]-게 하다

3. 쓰기

LESSON

06 질병과 민간요법

어휘

1. 다음 표현을 이용해서 문장을 만드세요.

❶ 증세 ________________

❷ 가래 ________________

❸ 말리다 ________________

❹ 바람을 쐬다 ________________

❺ 불과 ________________

❻ 목숨을 잃다 ________________

❼ 푹 ________________

❽ 배즙 ________________

❾ 도라지 ________________

2. 다음 표현의 뜻을 쓰세요.

❶ 감기 기운이 있다 ________________

❷ 감기가 옮다 ________________

❸ 감기를 옮기다 ________________

3. '불과/ -에 불과하다'를 이용한 문장입니다. 알맞게 완성하세요.

보기
불과 1분도 안 되었는데 그녀는 청소를 다 했다고 말했다.
불과 두 사람이 짐을 다 옮겼어요.
그녀의 몸무게는 35kg에 불과해요.

❶ 가: 숙제하는 데 두 시간이나 걸렸어.

나: 뭐라고? 숙제하는 데 ______________ 밖에 안 걸렸어?

나는 숙제하는 데 네 시간이나 걸렸어.

❷ 가: 돈 얼마나 있어?

나: 나? 난 지금 ______________ 밖에 없는데, 왜?

❸ 가: 저 멋있게 생긴 분은 사장님이세요?

나: 아니요, 그 사람은 직원에 ______________________.

❹ 가: 저희 집 오시는데 힘드셨죠?

나: 아니요, 별로 안 힘들었어요.

길이 안 막혀서 여기까지 오는 데 ______________ 밖에 안 걸렸어요.

❺ 가: ______________________________

나: ______________________________

문법과 표현

● [동]-지 않고 (왜 그랬어요!)

듣는 사람이 과거에 미처 하지 못한 행동에 대해 이야기할 때 사용하는 표현이다.

● 위 표현을 이용해서 대화를 완성하세요.

❶ 가: 어제 친구와 싸우다가 친구에게 상처가 되는 말을 하고 말았어요.

나: 저런, ______________________지 않고!

❷ 가: 지난 주말에 엄마 생신이었는데 깜박 잊어버렸어요.

나: 저런, ______________________지 않고!

❸ 가: 휴가 계획을 세웠는데 부장님이 회사에 오래요.

나: 저런, ______________________지 않고!

❹ 가: 중간시험을 망쳤어요.

나: ____!

❺ 가: ____.

나: ____!

● [형]/[동]-더니(만)

말하는 사람이 과거에 어떤 사물의 동작 진행을 보거나 사물을 보고 느끼거나 한 것을 회상하여 말할 때 쓴다. 앞 문장과 뒷문장이 대조의 의미이거나, 앞 문장이 뒷문장의 원인인 경우 사용한다.

● 위 표현을 이용해서 문장을 완성하세요.

❶ 친구가 말하기 연습을 열심히 하다 + 이제는 발음이 좋아졌다

→ ____

② 어제는 덥다 + 오늘은 꽤 쌀쌀하다

→ ____________________

③ 그 사람은 운동을 열심히 하다 + 몸이 튼튼해졌다

→ ____________________

④ 진수 씨는 하루 종일 잠을 자다 + 감기가 좋아졌나 보다

→ ____________________

⑤ 철수 씨가 어제 저녁에 과식을 하다 + 체했다

→ ____________________

⑥ 어제는 선생님 기분이 나빠 보이다 + 오늘은 매우 좋아 보이다

→ ____________________

⑦ 베라 씨가 그저께는 열심히 숙제를 하다 + 어제는 안 했다

→ ____________________

• [형]/[동]-지 뭐예요?

앞에 나온 사실이 조금 놀라거나 의외의 일일 때 사용하는 표현이다.

• 위 표현을 이용해서 다시 쓰세요.

① 옷이 26000원인 줄 알아서 계산하려고 했는데, 260000원이었다.

→ ____________________

② 애인이 있는 줄 모르고 남자를 소개해 줄 뻔했다.

→ ____________________

③ 어제 우연히 명동에서 선생님과 선생님 남편을 만났다.

→ ______________________________

④ 예전에 자주 가던 카페가 오랜만에 갔더니 없어졌다.

→ ______________________________

⑤ 내가 지난 학기에 1등을 했다.

→ ______________________________

● [동]-게 하다

다른 사람에게 어떤 일을 하게 하거나 시킴을 나타내는 표현이다.

● 위 표현을 이용해서 대화를 완성하세요.

❶ 가: 학생들이 수업 후에는 공부를 안 하는 것 같아요. 어떻게 하면 좋죠?

나: (숙제를 하다) ______________________________

❷ 가: 룸메이트가 감기에 걸려서 며칠째 누워만 있어요.

나: (병원에 가다) ______________________________

❸ 가: 요즘 아이들에게 수두가 유행이래요. 어떻게 하면 예방할 수 있을까요?

나: (외출 후에 손을 씻다) ______________________________

❹ 가: 고향에서 친구들이 오는데, 어디에서 머무르면 좋을까요?

나: ______________________________

❺ 가: 학생들이 자주 지각을 해요. 어떻게 하면 좋을까요?

나: ______________________________

쓰기

여러분 나라에서는 어떤 민간요법이 있나요? 여러분 나라의 민간요법과 효과를 친구들에게 알려 주세요. ('-게 하다'. '-더니', '-지 뭐예요?' 문법 사용할 것)

관용표현

뿌리를 뽑다

어떤 것이 자랄 수 있는 근본적인 원인을 없애 버린다는 뜻이다.

예문 나쁜 습관은 어릴 때 **뿌리를 뽑아야** 해.

습관

LESSON 07

1. 어휘

2. 문법
   [동]-(으)ㄹ걸 그랬다
   [동]-기 일쑤이다
   [형]/[동]-다니
   [동]-곤 하다

3. 쓰기

LESSON

07 습관

어휘

1. 아래 어휘를 이용해서 문장을 만들어 보세요.

❶ 당장 ______________________________

❷ 최선을 다하다 ______________________________

❸ 죄 ______________________________

❹ 시간을 맞추다 ______________________________

❺ 빠듯하다 ______________________________

❻ 서두르다 ______________________________

❼ 마음을 비우다 ______________________________

2. 다음 중에서 알맞은 것을 골라 대화를 완성해 보세요.

보기			
마음을 비우다	사랑이 죄	빠듯하다	시간을 맞추다

❶ 가: 요즘 시험 때문에 스트레스를 많이 받았더니 살이 5kg이나 빠졌어.

나: 이번 시험은 ______________ 고 보면 어때?

합격하면 좋지만, 자격증이 꼭 필요한 건 아니잖아.

❷ 가: 여보세요, 마이클 씨!

곧 수업 시작하는데 왜 안 와요?

나: 눈 때문에 길이 막혀서 수업 시간 안에 도착하기가 좀 ______________.

가: ______________ 서 오기 힘들겠군요.

③ 가: 감기 걸렸구나!

나: 응, 어제 비가 오는데 두 시간이나 밖에 서 있었더니 감기에 걸렸어.

가: 저런, 애인이 미리 전화 안 했어?

나: 약속을 잊어버렸대.

가: 그 애인 때문에 힘든 일이 너무 많은데 계속 만날 거야?

나: 헤어질까 생각해 봤지만, 그 사람을 너무 사랑하니까 쉽지 않아.

가: ______________________________.

3. 다음 중에서 알맞은 단어를 골라 문장을 완성해 보세요.

보기

정기적으로	규칙적으로	어쩌다	꾸준히

① 소화가 잘 안 되고 위가 자주 아픈 이유는 ( ) 식사를 하지 않기 때문이다. 매일 정해진 시간에 식사를 하는 것이 제일 중요하다. 불규칙하게 식사를 하면 건강이 매우 나빠진다.

② 이번에 우리 학교에서 하는 공연은 ( ) 해마다 한 번씩 하는 공연이다. 공연 때마다 많은 사람들이 찾아와 함께 공연을 관람한다.

③ 언어를 배울 때 제일 중요한 것은 힘들어도 포기하지 않고 ( ) 공부하는 것이다. 긴 시간 동안 언어를 배우다 보면 지루할 때도 있고 실력이 좋아지지 않아서 포기하고 싶을 때도 많다. 하지만 포기하지 않고 계속 공부하는 것이 제일 중요하다.

④ 건강 관리를 위해서 매일 운동을 해야 하지만 시간도 없고 게을러서 그렇게 하지 못 하고 있다. 매일은커녕 ( ) 생각이 나면 한두번 하는 정도이다.

문법과 표현

● [동]-(으)ㄹ걸 그랬다

동사와 결합하여 말하는 사람이 하지 못했거나 하지 않은 일에 대하여 후회를 할 때 사용한다.

● '-을 걸 그랬다'를 이용해서 다음 상황에 할 수 있는 말을 써 보세요.

❶ 옷을 얇게 입어서 지금 너무 추울 때

→ "______________________________"

❷ 머리도 안 감고 화장도 안 하고 옷도 이상하게 입고 왔는데 갑자기 증명 사진을 찍어야 할 때

→ "______________________________"

❸ 나를 좋아하는 여자가 나에게 데이트 신청을 했는데 마음에 안 들어서 거절했다. 그런데 알고 보니 그 여자가 정말 괜찮은 여자였을 때

→ "______________________________"

❹ 전에 살던 집이 너무 불편해서 다른 집으로 이사를 했는데 새로 이사한 집에 문제가 더 많이 있을 때

→ "______________________________"

❺ 버스 정류장에 버스가 도착했는데 뛰어가서 타지 않고 그냥 버스를 보냈다. 그런데 그 버스가 가고 나서 20분을 기다려도 다음 버스가 오지 않을 때

→ "______________________________"

● [동]-기 일쑤이다

동사와 결합하여 그 일이 자주 일어남을 나타낼 때 사용한다. 주로 안 좋은 일에 사용하는 것이 자연스럽다. '툭하면, 걸핏하면'과 함께 사용하기도 한다.

● '-기 일쑤이다'를 이용해서 대화를 완성해 보세요.

보기

찾다	졸다	싸우다	굶다	핑계를 대다

❶ 가: 철수 씨는 자기가 실수했으면서 ______________________.

그래서 같이 일하기 싫어요.

나: 자신의 실수를 솔직하게 인정하는 게 좋을 텐데요.

❷ 가: 요즘 건망증이 심해져서 정말 걱정이에요.

나: 저도 그래요.

외출하기 전에 열쇠가 어디에 있는지 ______________________.

가: 저는 전화기를 냉장고에 넣고 한참을 찾았던 적도 있어요.

❸ 가: 결혼하고 나니까 너무 행복하고 좋지요?

나: 아니에요. 우리 둘은 성격이 너무 달라서 ______________________.

❹ 가: 아침은 거르지 않는 편이세요?

나: 요즘은 매일 야근을 해서 늦게 일어나요. 그래서 아침을 ______________.

❺ 가: 요즘 샐리 씨는 밤에 열심히 한국어 공부해요?

나: 밤마다 과식을 해서 책상에 앉으면 ______________________.

● [형]/[동] -다니

동사, 형용사와 결합하여 어떤 사실에 대해 놀라거나 감탄을 할 때 사용한다. 혼잣말로도 자주 사용한다.

● '-다니'를 이용해서 대화를 완성하세요.

❶ 가: 저 아이 좀 봐. 다섯 살인데 구구단을 외우고 있어.

나: 와! ______________________________

❷ 가: 저 식당 앞에서 종업원이랑 손님이랑 싸우고 있어요.

나: 왜 싸우는데요?

가: 종업원이 손님에게 불친절하게 말을 했나 봐요.

나: 이런! ______________________________

❸ 가: 사람들이 감나무에 열린 감을 따려고 나무에 올라가네!

나: 맙소사! ______________________________

❹ 가: 벌써 3월 중순인데 아직도 날씨가 춥다!

나: 맞아. ______________________________

❺ 가: 내 친구는 한국에 온 지 아직 2년도 안 됐는데 한국 사람처럼 발음도 좋고 말도 아주 잘해.

나: ______________________________

• [동]-곤 하다

동사와 결합하여 어떤 일이 반복되는 의미를 나타낸다.

• '-곤 하다'를 이용해서 문장을 완성하세요.

❶ 저는 시간이 많은 주말에는 ______________________.

❷ 대학생 때는 친구들이랑 ______________ 했는데 취직한 후로는 그렇게 하지 못하고 있다.

❸ 기분이 좋지 않을 때 음식을 먹으면 ______________________.

❹ 그 학생은 아침에 늦게 일어나서 학교에 ______________________.

❺ 두 사람은 성격이 맞지 않아서 사소한 일로 ______________________.

쓰기

여러분은 어떤 좋은 습관을 가지고 있습니까? 그리고 어떤 나쁜 습관을 가지고 있습니까? '-기 일쑤이다, -곤 하다' 등을 사용하여 써 보세요.

관용표현

속을 썩이다

어떤 일이 뜻대로 되지 않거나 좋지 못한 일이 생겨 몹시 괴로울 때 쓰는 표현이다. 또 어떤 사람이 하는 행동 때문에 다른 사람이 몹시 괴로울 때도 사용한다.

예문 아들이 어머니의 **속을 썩인다.**

외모와 성격

LESSON 08

1. 어휘

2. 문법

   [동]-기가 무섭게

   [동]-는 바람에

   [명] 탓이다

   [동]-(으)나 마나

3. 쓰기

LESSON

08 외모와 성격

어휘

1. 다음 단어를 이용해서 문장을 만드세요.

① 틈 ______________________

② 친밀감 ______________________

③ 불안감 ______________________

④ 매달리다 ______________________

⑤ 실수하다 ______________________

⑥ 뛰어나다 ______________________

⑦ 완벽하다 ______________________

⑧ 인간적이다 ______________________

⑨ 믿음직스럽다 ______________________

⑩ 심리학자 ______________________

⑪ 끌리다 ______________________

⑫ 당연히 ______________________

⑬ 하긴 ______________________

2. 다음 설명에 맞는 표현을 〈보기〉에서 고르세요.

보기			
마음이 통하다	마음이 풀리다	마음을 주다	마음을 읽다
마음에 두다	마음에 있다	마음에 차다	마음을 알아보다

❶ 말하지 않아도 다른 사람의 감정을 알다. (　　　　　　　　)

❷ 무엇을 하고 싶은 생각이 있다. (　　　　　　　　)

❸ 어떤 일이나 물건 등이 만족스럽다. (　　　　　　　　)

❹ 잊지 않고 마음에 담고 있다. (　　　　　　　　)

❺ 생각이 같아서 서로 잘 이해하다. (　　　　　　　　)

3. 다음은 '-스럽다'가 결합된 단어들입니다. 이 단어들의 뜻을 써 보세요.

❶ 여성스럽다

____

❷ 어른스럽다

____

❸ 자연스럽다

____

❹ 자랑스럽다

____

❺ 복스럽다

____

❻ 사랑스럽다

____

문법과 표현

● [동]-기가 무섭게

어떤 동작이 끝나고 바로 다른 행동이 이어질 때 쓰는 표현이다. '-자마자' 나 '-은 후에' 와 비슷한 의미이다.

● '-기가 무섭게' 를 이용해서 문장을 바꾸세요.

❶ 집에 돌아온 후에 바로 청소를 시작했다.

→ ______________________________

❷ 내 말이 끝나자마자 동생은 자기 방으로 들어갔다.

→ ______________________________

❸ 신호등이 바뀌자마자 사람들은 횡단보도를 건너갔다.

→ ______________________________

❹ 학생들은 점심시간이 시작되자마자 바로 식당으로 달려갔다.

→ ______________________________

❺ 나는 어제 책을 펴자마자 잠이 들었다.

→ ______________________________

● [동]-는 바람에

앞 문장이 원인이나 이유가 될 때 쓴다. 뒷문장의 주로 부정적인 이유에 쓴다.

● '-는 바람에' 를 이용해서 대화를 완성하세요.

❶ 가: 오늘 왜 이렇게 늦게 왔어요?

나: ______________ 학교에 늦었어요. (차를 잘못 타다)

❷ 가: 어쩌다가 체했어요?

나: 시간이 없어서 ______________________ 체했어요. (급하게 먹다)

❸ 가: 친구하고 영화 잘 봤어요?

나: 아니요. ______________________ 영화를 못 보고 그냥 집에 왔어요. (친구가 약속 시간에 늦게 오다)

❹ 가: 놀이공원을 안 좋아한다고 했잖아요?

나: 동생이 ______________________ 어쩔 수 없이 가게 되었어요. (가자고 조르다)

❺ 가: 왜 갑자기 기침을 해요?

나: 옆 사람이 ______________________ 기침이 났어요. (담배를 피우다)

• [명] 탓이다

주로 부정적인 일의 이유나 원인을 말할 때 쓴다.

• '탓이다'를 이용해서 문장을 완성하세요.

❶ 가: 이번일은 내 잘못이 아니야. 너 때문이에요.

나: 무슨 말이야? 다 ______________________. 네가 조심했으면 이런 일도 없었어.

❷ 가: 친구하고 왜 자주 싸우세요?

나: 제가 참을성이 부족해요. 다 제 ______________________. 성격을 바꿔야겠어요.

❸ 가: 아이가 배탈이 났어요? 뭘 잘못 먹었어요?

나: 식당에서 먹은 ______________________. 그 음식이 상했던 것 같아요.

④ 가: 친구가 다쳤지만 너무 걱정하지 마. 괜찮을 거야.

나: 친구가 다친 건 ________________. 내가 운전을 잘 못해서 사고가 난 거야.

⑤ 가: 오늘 왜 이런 일이 생겼을까? 누구 잘못이지?

나: ________________. 누구도 잘못하지 않았어.

● [동]-(으)나 마나

어떤 행동을 하든지 안 하든지 상관없이 결과가 같을 때 쓴다. 문장 끝에 사용할 때는 '-(으)나 마나이다'를 쓴다.

● '-(으)나 마나'를 이용해서 대화를 완성하세요.

① 가: 친구한테 다시 연락해 볼까?

나: ________________ 모임에 오지 않을 거야.

② 가: 다시 한번 노력해 볼까요?

나: ________________. 소용없는 일이에요.

③ 가: 그 사람 말은 믿을 수 있어요? 들어 볼까요?

나: 아니요, ________________. 괜히 시간 낭비예요.

④ 가: 그 사람에게 부탁하러 갈까 봐요.

나: ________________ 안 들어 줄 거예요.

⑤ 가: 혼자 고민하지 말고 친구에게 불만을 이야기하세요.

나: ________________. 친구는 바뀌지 않을 거예요.

쓰기

여러분이 지금까지 사귀었던 혹은 만났던 사람 중에서 기억에 남는 사람이 있어요? 어떤 성격이었어요? 외모는 어땠어요? 어떤 습관이 있었어요? 여러분의 이상형과 어떻게 달랐어요? 여러분의 경험을 써 보세요.

관용 표현

시치미를 떼다

시치미는 매의 주인을 밝히기 위해 주소를 적어 매에게 매어 둔 꼬리표이다. 이 꼬리표를 떼고 자신의 매라고 하는 데서 생긴 표현이다. '시치미를 떼다'라고 하면 자기가 하고도 안 한 척하거나, 알고도 모르는 체하는 태도를 나타낼 때 사용한다.

예문 그 친구는 귤을 혼자 다 먹었는데 **시치미를 떼고** 있다.

환경

LESSON

09

1. 어휘

2. 문법

[명]처럼 [형]/[동]-(으)ㄴ/는 [명]도 없다

[형]/[동]-지 않으면 안 되다

[동]-기에는 너무

[동]-(으)ㄹ 만큼

3. 쓰기

LESSON

09 환경

어휘

1. 아래 어휘를 이용해서 문장을 만들어 보세요.

❶ 물기 ______________________________

❷ 아깝다 ______________________________

❸ 재활용 ______________________________

❹ 틀다 ______________________________

❺ 그물망 ______________________________

❻ 종류 ______________________________

❼ 별 ______________________________

2. 아래 표현을 이용해서 대화를 완성해 보세요.

보기

온실 가스	선진국	수준	실천	환경
심각하다	아끼다	의무	권리	

❶ 이산화탄소, 질소, 메탄 등의 ____________을/를 줄이도록 노력해야 한다.

❷ ____________와/과 ____________은/는 동전의 양면과 같다.

❸ 경제적으로 발전한 나라를 ____________(이)라고 합니다.

❹ 자원을 ______________서 쓰지 않으면 머지않아 모두 없어질 것이다.

❺ 경제 개발에 따른 ______________ 오염이 전세계적으로 심각하다.

❻ 가: 이번 여행을 가기 전에 계획을 잘 세워서 갑시다.

나: 계획을 잘 세워도 ______________하기 어려운 때가 많아요.

3. 다음 문장에 이어서 쓰기에 알맞는 표현을 골라 보세요.

손	
	손에 달렸다
	손꼽아 기다리다
	손이 크다
	손을 내밀다
	손을 끊다

❶ 다음 주에 가는 여행을 ______________________________.

❷ 이번 축구 경기의 승패는 그의 ______________________________.

❸ 나쁜 친구와는 ______________________________.

❹ 우리 엄마는 음식을 정말 많이 만드신다. 정말 ______________________________.

❺ 이번 달은 학비 때문에 적자이다. 어쩔 수 없이 부모님께

______________________________.

문법과 표현

● [명]처럼 [형]/[동]-(으)ㄴ/는 [명]도 없다

앞의 명사가 가장 그러하다는 의미를 나타낼 때 쓴다.

● '-처럼 -(은)/는 -도 없다'를 이용해서 문장을 바꿔 보세요.

❶ 이 음식점의 갈비탕은 아주 맛있어요.

→ ______________________________

❷ 마이클 씨는 정말 친절하고 정이 많은 사람이에요.

→ ______________________________

❸ 김치는 건강에 아주 좋은 음식이에요.

→ ______________________________

❹ 동대문 시장은 가격이 싸고 품질도 괜찮아요.

→ ______________________________

❺ 유리 씨는 글을 정말 잘 써요.

→ ______________________________

❻ 한국 사람들은 아주 부지런하고 적극적이에요.

→ ______________________________

● [형]/[동]-지 않으면 안 되다

어떤 행동을 해야 하고 다른 선택의 여지가 없다는 의미를 지닌다.

● '-지 않으면 안 되다'를 이용해서 문장을 바꾸세요.

❶ 오늘 안에 꼭 숙제를 다 해야 해요.

→ ______________________________

❷ 이 옷을 입을 수밖에 없어요.

→ ______________________________

❸ 내일 건강검진이 있어서 9시 이후 금식해야 해요.

→ ______________________________

❹ 한국에 왔으니 한국어 공부를 할 수밖에 없어요.

→ ______________________________

❺ 후손들을 위해서라도 환경을 보호해야 해요.

→ ______________________________

● [동]-기에는 너무

어떤 행동을 하기에는 별로 좋지 않거나 적절하지 않다는 의미를 나타낼 때 사용한다.

● '-기에는 너무'를 이용해서 대화를 완성하세요.

❶ 가: 이번 방학에 한국 일주를 하려고 해.

나: 정말? 방학은 1주일밖에 없잖아.

1주일 안에 ______________________________

❷ 가: 피자가 너무 먹고 싶어서 한 판 주문했어.

나: 그래? 너 혼자 ______________________________

❸ 가: 이 옷 어때? 나한테 잘 어울려?

나: 글쎄, ______________________________

❹ 가: 나는 그 사람과 사귀려고 하는데 네 생각은 어때?

나: 음, ______________________________

❺ 가: 내가 이번에 이직을 하려고 하는데, 공무원 시험에 도전하는 건 어떨까?

나: ______________________________

● [동]-(으)ㄹ 만큼

정도를 나타낼 때 쓴다.

● '-을 만큼'을 이용해서 문장을 바꾸세요.

❶ 그 사람을 미치도록 좋아해요.

→ ______________________________

❷ 매일 꿈을 꿀 정도로 고향에 가고 싶어.

→ ______________________________

❸ 매일 먹어도 안 질릴 정도로 김치가 좋아.

→ ______________________________

❹ 사고가 났을 때 죽을 정도로 아팠어.

→ ______________________________

쓰기

여러분은 환경 문제에 대해 얼마나 관심이 있습니까?
여러분이 집에서 할 수 있는 환경 보호 방법을 생각해 보고 그 방법을 써 보세요.

관용 표현

산더미같이 있다

물건이 많이 쌓여 있는 것을 높은 산에 비유한 표현으로 어떤 일이 많음을 나타낼 때 사용한다.

예문 오늘 해야 할 일이 **산더미같이** 있다.

한국의 결혼 문화

LESSON 10

1. 어휘

2. 문법

[명]은/는 커녕

[명]-같으면

[명]만 못하다

[동]-은/는 대로

3. 쓰기

LESSON

10 한국의 결혼 문화

어휘

1. 다음 표현을 이용해서 문장을 만드세요.

❶ 선보다 ______________________

❷ 지겹다 ______________________

❸ 괜히 ______________________

❹ 자랑 ______________________

❺ 늘어놓다 ______________________

❻ 이를테면 ______________________

❼ 교제하다 ______________________

2. 반대말을 쓰세요.

❶ 미혼 ↔ (　　　　)

❷ 노총각 ↔ (　　　　)

❸ 결혼 ↔ (　　　　)

3. 관계가 있는 것끼리 줄로 이으세요.

❶ 이혼	•	•	결혼 할 남자와 여자를 소개하는 것
❷ 혼기	•	•	결혼 관계를 끝내는 것
❸ 맞선	•	•	결혼한 사람들의 상대방
❹ 배우자	•	•	결혼할 나이

4. 다음 단어들을 알맞게 (　　　)에 쓰세요.

보기

선호하다	연애	중매	도표	궁합	자랑	교제

❶ 그 사람은 처음에 별로였는데, (　　　　　)을/를 해 보니 괜찮은 사람이었다.

❷ 젊은이들은 여름에는 시원한 커피를 (　　　　　　　　　), 나이 드신 분들은 여름에도 따뜻한 커피를 좋아한다.

❸ 남편과 7년 동안 (　　　　　)을/를 하고 결혼을 했다.

❹ 신문에서 한국에 살고 있는 외국인의 국적을 (　　　　　　)(으)로 보여주니 한눈에 알 수 있었다.

❺ 우리 어머니께서 내 친구와 사촌 오빠의 (　　　　　)을/를 섰다.

❻ 그 사람은 입만 열면 자기 (　　　　　)을/를 해서 같이 이야기하기 힘들다.

❼ 결혼 전에 (　　　　　)을/를 보는 한국 사람들도 있다.

문법과 표현

● [명]은/는커녕

앞의 내용과 뒤의 내용을 비교하며 앞의 것은 말할 것도 없다는 의미를 강조할 때 사용하는 조사.

● 위 표현을 이용해서 문장을 완성하세요.

❶ 결혼기념일에 남편이 선물 + 날짜도 기억하지 못하다

____

❷ 칭찬 + 야단만 맞았어요

____

③ 고급 한정식집인데 맛있다 + 동네 음식점보다 맛이 없었어요.

____

④ 내 발을 밟고서 사과하다 + 오히려 화를 냈어요.

____

⑤ 사람이 물에 빠졌는데 구해 주다 + 구경만 하고 있어요.

____

⑥ +

____

• [명] 같으면

앞의 것이라고 가정하고 뒤의 이야기를 이어서 할 때 사용하는 표현이다.

• 위 표현을 이용해서 문장을 완성하세요.

① 친한 친구 + 부탁하겠지만 그 분과는 이름만 아는 사이예요.

____

② 너 + 이럴 때 어떻게 하겠니?

____

③ 옛날 + 결혼해서 아이 엄마가 되었을 나이예요.

____

④ 단독 주택 + 개를 키워도 괜찮지만 아파트에서는 이웃집의 동의를 얻어야 해요.

____

⑤ 아이 + 그런 무례한 행동을 할 수도 있겠지만 지영 씨는 어른이잖아요.

____

[명]만 못하다

두 가지를 비교할 때 앞의 것보다 뒤의 것이 더 좋음을 나타낸다.

● 위 표현을 이용해서 문장을 완성하세요.

❶ 가: 형만 한 아우 없다는 속담이 있는데 무슨 뜻이에요?

나: 아우는 동생이라는 뜻인데요, ______________________________

❷ 가: 쇼핑을 하기에 명동과 홍대 중 어디가 더 좋아요?

나: 둘 다 좋지만, 아무래도 ______________________________

❸ 가: 하다가 그만 두는 것이 시작도 안 하는 것보다 더 나쁠 수도 있어요?

나: 그럼요. ______________________________

❹ 가: 여러분은 한국어 말하기 실력과 쓰기 실력 중 어떤 게 더 낫습니까?

나: ______________________________

❺ 가: 여러분과 친구들을 비교했을 때 친구들보다 내가 더 나은 것은 무엇입니까?

나: ______________________________

● [동]-은/는 대로

'앞에 있는 동작이나 상태와 같은 모양으로' 의 뜻을 나타내는 표현이다.

● 위 표현을 이용해서 문장을 다시 쓰세요.

❶ 알고 있는 것을 그대로 말하세요.

→ ______________________________

❷ 내가 하는 것을 그대로 따라하세요.

→ ______________________________

❸ 부모님이 시키시는 일은 모두 다 하는 착한 아이예요.

→ ______________________________

❹ 마네킹이 입은 것을 똑같이 주세요.

→ ______________________________

❺ 소문 들은 것을 그대로 이야기했어요.

→ ______________________________

● 맞는 문형을 골라서 대화를 완성하세요.

보기

- 같으면 -은/는커녕(-기는커녕) -만 못하다 -은/는 대로

❶ 가: 식사 대접은 받았나요?

나: ______________________________

(식사/ 차 대접도 못 받았어요.)

❷ 가: 부모님이 반대하셔서 애인과 헤어졌어요.

나: ______________________________

(저/ 그렇게 쉽게 결정하지 못했을 텐데 많이 힘드시겠어요.)

❸ 가: 벽지를 바꿀까 하는데 어떤 게 좋을까요?

나: ______________________________

(거실/ 밝고 화려한 색이 어울릴 거예요.)

❹ 가: 시험 준비를 많이 했으니까 성적이 많이 올랐겠군요.

나: ______________________________

(성적이 오르다/ 더 떨어졌어요.)

❺ 가: 쓰기 시험이 내일인데, 너무 떨려요.

나: ______________________________

(공부한 것을 잘 쓰다.)

❻ 가: 어제도 날씨가 좋더니 오늘도 좋네요.

나: ______________________________

(어제 날씨가 오늘보다 더 좋았다.)

쓰기

여러분 나라의 결혼 문화와 한국 결혼 문화의 차이는 뭐예요? 다음의 내용이 들어가도록 써 보세요.

- 어떻게 달라요?
- 결혼 전에 무엇을 준비해요?
- 가족들이 준비해야 하는 것이 있어요?
- 기간은 어떻게 달라요?

관용 표현

손발이 맞다

함께 일을 하는 사람들의 의견이나 마음, 행동 등이 서로 잘 맞는다는 의미이다.

예문 **손발이 맞아야** 같이 일을 하지.

가치 기준

LESSON 11

1. 어휘

2. 문법

[형]/[동]-(으)ㄹ 것 하나 없다

[형]-기 짝이 없다

[형]/[동]-기 마련이다

[동]-(느)ㄴ다니까요/[형]-다니까요

3. 쓰기

LESSON

11 가치기준

어휘

1. 아래 어휘를 이용해서 문장을 만들어 보세요.

❶ 피부 관리 ______

❷ 성화 ______

❸ 신경을 쓰다 ______

❹ 호감이 가다 ______

❺ 장가를 가다 ______

❻ 집착하다 ______

❼ 이미지 메이킹 ______

❽ 손해를 보다 ______

❾ 몸매 관리 ______

2. 다음 단어를 여러분 가치 기준에 맞게 나누어 보세요.

보기

돈	명예	재산	성실	행복	재물	만족	부동산	사랑
멋	성격	성품	마음	외모	인상	겉모습	속	

꼭 필요한 것

있어도 괜찮고 없어도 상관없는 것	
없어도 되는 것	

3. 다음 단어 중에서 알맞은 것을 골라 문장을 완성하세요.

보기

배려심 인내심 기부금 절망 역경

❶ 우리 아이는 조금만 힘들면 쉽게 포기를 해요. 힘들어도 참을 줄 아는 ( ) 이/가 너무 부족해서 큰일이에요.

❷ 제가 30대 때, 사업에 실패하고 ( ) 속에서 몇 달을 살았던 적이 있었습니다. 하지만 다시 희망을 찾아 새로운 일에 도전을 했습니다.

❸ 졸업생들은 학교의 발전을 위해 학교에 ( )을/를 냈다. 그 돈은 장학금으로 쓰일 계획이다.

❹ 자기 자신만 생각하지 않고 다른 사람을 먼저 생각할 줄 아는 ( )이/가 우리 사회를 더욱 아름답게 만들어 줄 것입니다.

❺ 그 사람은 건강도 안 좋았을 뿐만 아니라 가난했다. 하지만 이런 모든 ( ) 을/를 이기고 결국 정상의 자리에 올랐다.

문법과 표현

● [형]/[동]-(으)ㄹ 것 하나 없다

동사나 일부 형용사와 결합하여 그럴 이유나 필요가 전혀 없다는 의미를 나타낸다.

● 다음 〈보기〉를 보고 위 표현을 이용해서 빈 칸을 채우세요.

보기				
못하다	걱정하다	속상하다	화를 내다	기뻐하다

❶ 요즘 물가가 너무 올라서 걱정이시지요? 시장에 가도 너무 비싸서 마음대로 사고 싶은 것도 못 사시지요? 하지만 이제는 ____________________. 저희 마트로 오십시오. 저렴한 가격의 좋은 물건들이 여러분을 기다리고 있습니다.

❷ 가: 우리 아이가 반장이 돼서 너무 기뻐요.

나: ____________________. 반장이 되면 좋은 건 하나도 없고 할 일만 늘어날 뿐인데요, 뭘.

❸ 가: 아, 진짜! 친구가 내 전자사전을 빌려갔다가 고장냈어!

나: ____________________. 너도 전에 친구 물건 빌렸다가 잃어버린 적 있잖아. 기억 안 나?

❹ 가: 우리 팀이 져서 너무 속상해요. 이번 경기에 이기고 결승전에 나갔으면 1등도 할 수 있었을 텐데…….

나: ____________________. 어차피 결승전에서 이기는 건 불가능해.

❺ 가: 난 스키를 신어 본 적도 없고 겁도 많아서 스키를 못 탈 것 같아. 스키장에 가지 말고 스케이트장에나 가자.

나: 아니야, ____________________. 누구든지 몇 시간만 배우면 탈 수 있어. 스키장으로 가자.

• [형]-기 짝이 없다

형용사와 결합하여 매우 그렇다는 의미를 나타낸다. 점잖은 표현은 아니므로 적당한 상황에서만 사용하는 것이 좋다.

• 다음 〈보기〉를 보고 위 표현을 이용해서 빈 칸을 채우세요.

보기				
유치하다	불쌍하다	미안하다	아쉽다	성실하다

❶ 이 이야기는 ______________ 은/는 이야기지만 심심할 때 가볍게 할 수 있는 이야기이다.

❷ 그 사람은 부지런하고 ______________ 지만 나이가 많다는 이유로 회사에서 해고를 당했다.

❸ 벌써 헤어져야 하는 시간이라니! ______________ 지만 오늘은 이만 여기에서 헤어집시다. 다음에 만날 날이 또 있겠지요.

❹ 우리 아이가 옆집 아이를 때려서 그 아이 코에서 코피가 났다. 나는 그 집 엄마를 만났을 때 ______________ 서 무슨 말을 어떻게 해야 할지 몰랐다.

❺ 어젯밤에 TV에서 북한의 아이들에 대한 다큐멘터리를 봤는데 밥이 없어서 못 먹는 아이들이 너무나 많았다. 아이들을 보니 정말 ______________.

● [형]/[동]-기 마련이다

동사, 형용사, '-이다' 와 결합하며 그러한 동작이나 사실 등이 자연스럽거나 당연하다는 의미를 나타낸다.

● 위 표현을 이용해서 빈 칸을 채우세요.

❶ 가: 제가 그 사람을 정말 잊을 수 있을까요? 너무나 사랑했던 사람이에요.

나: (시간이 지나가다/잊어버리다) ______________________ 이니까 너무 걱정하지 마. 시간이 약이야.

❷ 가: 우리 아들은 언제쯤 어른스러워질까? 아직도 애들 같아.

나: (남자/군대/다녀오다/어른스러워지다) ______________________. 하지만 안 그런 사람도 있긴 있더라. 하하하!

❸ 가: 우리 집 아이들이 너무 걸핏하면 싸워서 속상해요.

나: (아이들/자랄 때/싸우다) ______________________. 우리도 어렸을 때 많이 싸우면서 컸잖아.

❹ 가: 지난주까지 돈이 꽤 있었는데 다 어디로 갔지? 내가 다 썼나?

나: (주머니/돈/있다/쓰다) ______________________. 그러니까 돈이 있을 때 저금을 해야 돼.

❺ 가: 저기 붙어 있는 두 식당 중에서 한 식당만 항상 사람이 많더라. 메뉴도 비슷하고 맛이나 가격도 비슷한데…….

나: (사람/많은 곳/사람/몰리다) ______________________.

● [동]-(느)ㄴ다니까요 / [형]-다니까요

이미 한 번 말했던 내용을 다시 한 번 강조하며 말할 때 사용한다. 동사 현재형은 '-(느)ㄴ다니까요', 동사 과거형이나 형용사는 '-다니까요', 명사는 '(이)라니까요'와 결합한다.

● 위 표현을 이용해서 대화를 완성하세요.

❶ 가: 이 차 어떻게 할 거예요? 고쳐 주실 거예요?

나:(제 책임이 아니다) ________________.

❷ 가: 정말로 여기에 있던 책을 안 치웠어요?

나: 몇 번을 말해야 돼요? (정말 본 적도 없다) ________________.

❸ 가: 이 돈을 어떻게 전해 주지요? 걱정이네요.

나: (내가 꼭 전해 주겠다) ________________.

걱정하지 마세요.

❹ 가: 휴……, 왜 이렇게 차가 밀리는 거야?

나: (월요일에는 항상 그렇다) ________________.

마음을 비우고 그냥 느긋하게 가는 게 좋아요.

❺ 가: 어제 만난 사람 좀 자세히 말해 봐.

나: (나는 관심 없다) ________________.

그 사람은 내 스타일이 전혀 아니었어!

쓰기

여러분 주변에 내적인 아름다움을 가지고 있는 사람이 있습니까? 또는 그런 사람들에 대한 이야기를 듣거나 본 적이 있습니까? 그런 사람들의 이야기를 써 보세요.

관용표현 **눈살을 찌푸리다**

어떤 것을 보거나 들은 후에 그것이 못마땅하여 인상을 쓴다는 의미이다.

예문 사람들이 담배 연기에 **눈살을 찌푸렸다.**

사건과 사고

LESSON 12

1. 어휘

2. 문법

[형]/[동]-(으)ㄹ 따름이다

[명] 못지않다

[동]-(으)ㄹ락 말락 하다

[동]-다시피

3. 쓰기

LESSON

12 사건과 사고

어휘

1. 다음 표현을 이용해서 문장을 만드세요.

❶ 교통사고

❷ 중앙선

❸ 급정차

❹ 끼어들다

❺ 미끄러지다

❻ 닿다

❼ 당분간

❽ 끔찍하다

❾ 다행이다

❿ 태우다

⓫ 차선

⓬ 놀라다

2. 다음 설명에 맞는 표현을 〈보기〉에서 고르세요.

보기

사건/사고	목격자/목격하다	증인/증거
신고(하다)	빽소니(치다)	

❶ 어떤 사실을 증명할 사람 (　　　)

❷ 사회적으로 문제를 일으키는 특별한 일 (　　　)

❸ 어떤 일을 직접 본 사람 (　　　)

❹ 급하게 몰래 달아나는 것 (　　　)

❺ 경찰서 등에 어떠한 사실을 알리거나 보고하는 것 (　　　)

3. 부주의로 일어나는 사고에 ∨ 표시하세요.

① 계단에서 뛰다가 넘어졌다.		⑤ 마을 전체 불이 나갔다.	
② 장마로 홍수가 났다.		⑥ 공사중인 건물에 있다가 다쳤다.	
③ 지진이 일어났다.		⑦ 비가 오지 않아서 가뭄이 들었다.	
④ 상한 음식 때문에 배탈이 났다.		⑧ 어떤 사람이 가방을 훔쳐 갔다.	

문법과 표현

● [형]/[동]-(으)ㄹ 따름이다

오직 이것뿐이고 다른 것은 아님을 나타낸다. '-을 뿐이다'와 바꿔 쓸 수 있다. 형용사, 동사의 현재형이나 과거형에 연결된다.

● 위 표현을 이용해서 대화를 완성하세요.

❶ 가: 훌륭한 일을 하셨어요. 대단하세요.

나: 뭘요, 그냥 ______________________. (의무를 다하다)

❷ 가: 우리 일은 잘 될 거야. 걱정하지 마.

나: 알았어. 나는 ______________________. (너만 믿다)

❸ 가: 왜 이런 비싼 선물을 받았어요?

나: 저는 단지 그 사람이 받으라고 해서 ______________________. (받았다)

④ 가: 일등한 소감이 어떠십니까?

나: ______________________________. (가족들과 선생님에게 감사하다)

⑤ 가: 이곳을 방문하신 목적이 무엇입니까?

나: 특별한 목적은 없고 ______________________________. (동창을 만나러 왔다)

[명] 못지않다

어떤 기준보다 못하지 않은 것으로, 그 기준과 비슷한 것을 나타낸다.

● 위 표현을 이용해서 대화를 완성하세요.

① 가: 친구의 피아노 실력은 어때? (피아니스트처럼 잘 칠 때)

나: ______________________________.

② 가: 이 그림 좀 봐 주세요. 제가 그린 거예요. (화가만큼 잘 그렸을 때)

나: 진짜 직접 그린 거예요? ______________________________.

③ 가: 언니가 외국어하는 거 들으셨어요? (전문통역사처럼 잘 할 때)

나: 네, 들었어요. ______________________________.

④ 가: 제 친구 걷는 것 좀 보세요. 모델 같죠? (모델처럼 멋있을 때)

나: 와, 정말 멋있어요. ______________________________.

⑤ 가: 동생이 정말 예쁘네요. ______________________________.

나: 주변에서 그런 말들을 하세요. 진짜 탤런트 시험을 보게 할까 봐요.

[동]-(으)ㄹ락 말락 하다

어떤 일이 거의 그렇게 되려는 모양을 나타낸다. 그 일이 일어나는 것이 확실하지 않을 때 쓴다.

● 위 표현을 이용해서 문장을 다시 쓰세요.

❶ 아기가 잠이 들려고 하다가 초인종 소리에 잠이 깼다.

→ ________________________________

❷ 높은 곳에 있는 물건에 손이 닿으려고 했다.

→ ________________________________

❸ 그 아이는 나이가 열 살이 넘을 것 같기도 하고 안 될 것 같기도 하다.

→ ________________________________

❹ 이곳에서 보면 친구 집의 지붕이 거의 보일 것 같았다.

→ ________________________________

❺ 이 점수는 대학에 합격할 수도 있고 떨어질 수도 있는 점수이다.

→ ________________________________

[동]-다시피

어떤 동작에 가깝게 하는 것을 나타낸다.

● 위 표현을 이용해서 대화를 완성하세요.

❶ 가: 요즘 많이 피곤해 보여요.

나: 일이 많아서 거의 ________________________________. (밤을 새우다)

❷ 가: 친구는 공부를 굉장히 열심히 하는 것 같다.

나: 응, 거의 매일 ________________________________. (도서관에서 살다)

❸ 가: 하나는 언제 밖에 나갔니?

나: 시간 늦었다고 ______________________ 나갔어요.(날다)

❹ 가: 한국어 단어를 어떻게 그렇게 잘 알아요?

나: 사전을 거의 ______________________. (외우다)

❺ 가: 수미 씨 집에 가 보셨어요? 정말 깨끗해요.

나: 당연하죠. 쉬지 않고 계속 ______________________. (청소하다)

쓰기

주변에서 일어나는 안전사고와 예방하는 방법을 써 보세요.

관용표현

눈코 뜰 새 없이 바쁘다

매우 바쁘다는 의미이다.

예문 요즘 연말이라서 **눈코 뜰 새 없이 바빠.**

정답

Answer

제1과 수입과 지출

● 어휘

1. ❶ 지출: 아이가 학교에 들어가서 지출이 늘었다.
   ❷ 수입: 그녀는 수입의 반을 저축하고 있다.
   ❸ 청년 실업: 요즘 청년 실업은 심각한 문제이다.
   ❹ 사회 문제: 우리가 살고 있는 사회에 다양한 사회 문제가 있다.
   ❺ 적자: 이번 달에는 외식을 자주 해서 적자가 났어요.
   ❻ 흑자: 우리 회사는 이번에 흑자를 냈어요.
   ❼ 참다: 나는 졸음을 못 참아서 눈을 감았다.
   ❽ 빚: 그는 친구들에게 빚을 많이 졌다.
   ❾ 막상: 그는 집을 떠나려고 밖으로 나왔지만 막상 갈 곳이 없었다.
   ❿ 마음이 안 내키다: 이번 프로젝트에서 빠지고 싶습니다. 마음이 안 내킵니다.
   ⓫ 큰맘을 먹다: 그동안 모은 돈으로 큰맘을 먹고 좋은 구두를 샀다.
   ⓬ 만만치 않다: 한국어 능력 시험은 쉽지 않아요. 만만치 않아요.
   ⓭ 값이 뛰다: 홍수 때문에 과일 값이 많이 뛰었어요.
   ⓮ 마음대로 하다: 이번 일은 간섭을 받지 않고 마음대로 하고 싶어요.

2. ❶ 수입 ❷ 흑자

3. ❶ 청년 실업 • — • 젊은 사람들이 취업을 못 하는 것
   ❷ 사회 문제 • — • 사회 전체가 갖고 있는 문제
   ❸ 치료비 • — • 병원에서 진찰을 받고 내는 돈
   ❹ 참다 • — • 머리가 아프지만 (　　) / 화장실에 가고 싶지만 (　　) / 화가 나지만 (　　)

4. ❶ 불황 ❷ 생활 ❸ 걸림돌 ❹ 실업 ❺ 평균 ❻ 가계 ❼ 독신

5. ❶ (예시) 무엇부터 공부해야 할지 모르겠다.
   ❷ (예시) 먹고 싶은 음식이 더 많아졌다.
   ❸ (예시) 용기가 생기지 않는다.
   ❹ (예시) 정리해야 할 물건이 한두 가지가 아니다.
   ❺ (예시) 모든 일에 자신감이 생긴다.

● 문법과 표현

● [명]에 의하면

❶ 인터넷에 의하면 영국의 왕자가 결혼했다고 합니다.
❷ 뉴스에 의하면 태풍 때문에 나무가 쓰러지고 산사태가 났다고 합니다.
❸ 일기 예보에 의하면 이번 겨울에는 눈이 많이 올 예정이라고 합니다.
❹ 친구의 말에 의하면 다음 주까지 숙제를 다 해야 졸업을 할 수 있다고 합니다.

● [형]/[동]-고 [형]/[동]-고 그런대요

❶ (예시) 오늘 일기 예보에 의하면 오후에 비도 많이 오고, 바람도 불고 그런대요.
❷ (예시) 친구 말에 의하면 토요일에 생일 파티도 하고 환송회도 하고 그런대요.

● [형]/[동]-잖아요

❶ 가: 어제 왜 일찍 잤어요?
   나: 제가 오늘 아침 7시 비행기를 타야 했잖아요.
❷ 가: '주의' 표지판이 있네요.
   나: 이 건물은 아직 공사 중이잖아요.
❸ 가: 요즘 날씨가 너무 덥네요.
   나: 여름이잖아요.
❹ 가: 다이어트에 성공하셨군요. 정말 날씬해지셨네요.
   나: 운동을 매일 매일 했잖아요.
❺ 가: 공부 열심히 하네요.
   나: 대학교에 입학하려면 이번에 토픽 시험에 합격해야 하잖아요.

● [명](이)나 [형]/[동]-겠어요?

❶ 너무 맛있는 게 많아서 살이나 뺄 수 있겠어요?
❷ 친구들이 너무 많아서 술이나 끊을 수 있겠어요?
❸ 한국에 너무 재미있는 일들이 많아서 고향에나 갈 수 있겠어요?
❹ 매일매일 데이트를 해서 공부할 시간이나 있겠어요?
❺ (예시) 졸업 시험 준비하느라 집들이 준비를 못 할 것 같네요.
   → 졸업 시험 준비하느라 집들이 준비나 하겠어요?

● 쓰기

예시

경제 신문에 의하면 요즘 사람들은 은행에 돈을 저금하지도 않고 부동산을 사지도 않고 그런대요. 그 이유는 은행 이자가 너무 낮고 부동산을 사고파는 거래가 별로 없기 때문이래요. 재산을 어디에 투자해야 할지 고민이 많다고 해요. 그리고 돈이 많지 않은 사람은 월세보다 전세를 원하지만 전세가 너무 비싸잖아요. 그래서 쉽게 집을 구하지 못해요. 돈은 많은 사람은 많은 대로 없는 사람은 없는 대로 모두 걱정이 많은 것 같아요.

제2과 건강관리와 운동

● 어휘

1. ❶ 군살: 저는 군살을 빼고 싶어요.
   ❷ 군살이 달아나다: 매일매일 운동을 해서 군살이 달아났어요.
   ❸ 근육: 운동을 많이 하는 사람은 근육이 많아요.
   ❹ 뭉치다: 눈을 뭉치면 손이 시려요.
   ❺ 요가: 요가를 하면 몸이 유연해져요.
   ❻ 숨쉬다: 코감기에 걸리면 코로 숨쉬기가 어려워요.
   ❼ 검색하다: 단어를 몰라서 사전을 검색했어요.
   ❽ 효과적이다: 이 물건의 효과적인 사용 방법을 찾아 보세요.
   ❾ 동작: 액션 영화에는 멋있는 동작이 많이 있어요.
   ❿ 구입하다: 한국어를 배우려면 사전을 구입하세요.

⓫ 당장: 집에 급한 일이 생겨서 저는 지금 당장 가봐야 해요.
⓬ 꾸준히: 운동을 꾸준히 해야 효과를 볼 수 있어요.

2. ❶ 벌리다 ❷ 들다 ❸ 넣다 ❹ 펴다 ❺ 하체
❻ 내리다 ❼ 뒤쪽 ❽ 왼쪽
❾ 남다(넉넉하다, 충분하다)

3. ❶ 정도/쯤 ❷ 숙이다(구부리다) ❸ 들다

4. ❶ 수명, 장수 ❷ 조절했다 ❸ 단축시키는
❹ 유지하기 ❺ 중독 ❻ 규칙적

5. (예시) 군침, 군더더기, 군말, 군불, 군식구

● 문법과 표현

● [형]/[동]-아야 [명]-(이)라고 할 수 있다

❶ (예시) 약속을 잘 지키는 사람이라야
❷ (예시) 3시간 정도는 공부해야
❸ (예시) 밥을 먹어야
❹ (예시) 얼굴과 마음 모두 예뻐야 미인이라고 할 수 있어요.
❺ (예시) 한국뿐만 아니라 외국에서도 인기가 있어야 한류 스타라고 할 수 있죠.

● [형]/[동]-다가 [형]/[동]-다가 하다

❶ 비가 오다가 눈이 오다가 하니까
❷ 있다가 없다가 하니까
❸ 먹다가 안 먹다가 하니까 감기가 떨어지지 않네요.
❹ (예시) 길에 차가 많아서 버스가 가다가 서다가 하니까 빨리 올 수 없었어요.
❺ (예시) 학교에 오다가 안 오다가 하니까 공부를 제대로 못 해서 그래요.

● [형]/[동]-다마다요

❶ 공부하다마다요.
❷ 가능하다마다요
❸ 비싸다마다요
❹ (예시) 재미있다마다요
❺ (예시) 좋다마다요

● 쓰기

예시

나는 보통 옆으로 누워서 잠을 자는 편이다. 분명히 처음 자리에 누웠을 때는 똑바로 누워서 자려고 하지만 나중에는 언제나 옆으로 누워서 자고 있다. 같은 방을 썼던 언니 말로는 내가 어렸을 때 이를 갈기도 하고 몽유병 증세를 보이기도 했다고 한다. 요즘에는 가끔 꿈을 꾸면서 잠꼬대를 한다고 한다. 같은 방을 사용하는 친구가 잠버릇을 말해 줘서 알게 되었다. 게다가 코를 골 때도 있다고 한다. 얼마 전부터 생긴 증세인데 저녁 늦게 커피를 마시면 잠이 안 온다. 커피를 많이 또는 늦게 마신 날은 몸을 뒤척이면서 잠을 못 이룰 때가 있다. 그래서 저녁에는 커피를 안 마시려고 한다.

제3과 후회

● 어휘

1. ❶ 안색: 안색이 좋으시네요.
❷ 충격을 받다: 선생님이 돌아가셨다는 소식을 듣고 나는 큰 충격을 받았다.
❸ 역시: 그 음식점의 음식은 역시 맛있었어요.
❹ 소용없다: 지금 후회해도 소용없어요.
❺ 게다가: 그 여자는 프랑스어와 영어를 잘한다. 게다가 중국어도 잘한다.
❻ 후회: 지나간 일은 언제나 후회가 된다.

2. ❶ 어쩔 수 없어요. ❷ 버스는 이미 떠났어.
❸ 입은 비뚤어져도 말은 바로 하랬다

3. ❶ 선택하다 ❷ 마감하다 ❸ 반성하다
❹ 되돌리다 ❺ 갈등하다

● 문법과 표현

● [동]-었어야 했는데, [동]-었더라면 (-(으)ㄹ 텐데)

❷ (예시) 미리 먹었어야 했는데 / 미리 먹었더라면 상하지 않았을 텐데요
❸ (예시) 잘 덮고 잤어야 했는데 / 잘 덮고 잤더라면 감기에 걸리지 않았을 텐데
❹ (예시) 사진을 찍었어야 했는데 / 사진을 찍었더라면 후회하지 않았을 텐데
❺ (예시) 저금을 했어야 했는데 / 저금을 했더라면 지금 돈이 많았을 텐데

● [동]-어 봤자

❶ (예시) 고쳐 봤자 또 고장 날 거예요
❷ (예시) 서둘러 가 봤자 이미 떠났을 거예요.
❸ (예시) 부탁해 봤자 들어 주는 사람이 없을 거예요
❹ (예시) 운전면허를 따 봤자 차도 없어서 운전은 못 할 거예요
❺ (예시) 오해하지 말라고 해 봤자 뭐가 달라지겠어요?

● [동]-(으)ㄴ/는 데다가

❶ (예시) 운동도 열심히 한 데다가 식사도 하루 한 끼만 먹었거든요
❷ (예시) 예습도 열심히 하는 데다가 복습도 항상 한대요.
❸ (예시) 시험공부도 해야 하는 데다가 이사할 집도 알아 봐야 하거든요
❹ (예시) 열이 나는 데다가 콧물도 많이 나요
❺ (예시) 직장까지 거리도 먼 데다가 월세가 너무 비싸서요

● 쓰기

예시

나는 현재 인간관계에만 신경 쓰고 그전에 알게 된 사람과는 연락하지 않는 버릇이 있는 것 같다. 얼마 전 고등학교 때 친하게 지내던 친구를 우연히 만나게 되었는데, 친구 어

머니께서 돌아가셨다는 얘기를 듣게 되었다. 친구 어머니는 고등학교 때 친구 집에 가면 맛있는 음식을 직접 만들어 주시며 따뜻하게 대해 주셨던 분이셨다. 친구와 계속을 연락을 했더라면 장례식에 가서 친구도 위로해 주었을 텐데 후회가 되었다. 아는 사람들과 꾸준히 안부를 물으며 연락하지 않는 나의 태도 때문에 일어난 일이다. 앞으로는 과거에서부터 알게 된 소중한 사람들과의 연락을 꾸준히 하고 싶다.

제4과 대화의 방법

● 어휘

1. ❶ 칭찬: 시험을 잘 봐서 칭찬을 받았어요.
   ❷ 은근히: 나는 그 사람을 은근히 좋아했어요.
   ❸ 아무거나: 철수 씨는 아무거나 잘 먹는 사람이다.
   ❹ 같지 않아 보이다: 노란색으로 염색을 하니까 한국 사람 같지 않아 보여요.
   ❺ 말꼬리를 돌리다: 말꼬리를 돌리는 것을 보니 수상해요.
   ❻ 마음이 잘 통하다: 동생과 저는 마음이 잘 통하는 편이에요.
   ❼ 상상에 맡기다: 우리 집이 얼마나 좋은지 상상에 맡길게.

2. ❶ 말꼬리를 흐리다 ❷ 말꼬리를 잡다
   ❸ 말꼬리를 돌리다

3. ❶ (예시) 좋으시겠어요! ❷ (예시) 그런 일은 없겠죠.
   ❸ (예시) 그래요? ❹ (예시) 어머나! 정말이요?

● 문법과 표현

• [동]-(으)려던 참이다

❶ (예시) 나도 마시려던 참이었어
❷ (예시) 저도 이번 휴가에는 제주도에 가려던 참이었어요.
❸ (예시) 영화 보러 가려던 참이었어요.
❹ (예시) 검은색 구두를 사려던 참이었거든.
❺ (예시) 나도 지금 가려던 참이었어.

• 아무 [명](이)나/도

❶ 아무 음식이나 ❷ 아무도
❸ 아무 데도 ❹ 아무거나
❺ 아무것도

• [형]/[동]-(으)ㄴ/는 건 바라지도 않다

❶ 난 장학금 받는 건 바라지도 않고
❷ 월급이 오르는 건 바라지도 않아요.
❸ 통시통역을 하는 건 바라지도 않아요.
❹ 똑똑한 남자가 나오는 건 바라지도 않아.
❺ 세계 일주 여행을 하는 건 바라지도 않아.

● [동]-기 십상이다

❶ (예시) 넘어지기 십상이겠는데.
❷ (예시) 감기 걸리기 십상이야.
❸ (예시) 홍수나기 십상이에요.
❹ (예시) 잃어버리기 십상이에요.
❺ (예시) 비행기 놓치기 십상이야.

● 쓰기

예시

나는 현재 한국에 있으니까 한국에 있는 동안에 여행을 많이 하고 싶다. 앞으로 3년 정도 한국에 있을 계획인데 아직 한국도 잘 구경하지 못했다. 서울의 근처에 있는 가평이랑 인천은 가봤는데 다른 큰 도시는 아직 못 가봤다. 아무 도시나 괜찮으니까 다시 고향에 돌아가기 전에 많은 곳에 가 보고 싶다. 특히 부산이나 경주, 그리고 기회가 된다면 제주도에도 가 보고 싶다. 사실 아시아에 있을 때 일본이나 중국 등 근처에 있는 다른 국가에도 가 보고 싶지만 그렇게 하면 거지되기 십상일 것이다. 다른 나라까지 구경하려면 시간도 많이 필요하고 돈도 많이 필요하고 그렇다고 들었다. 아시아 지역을 다 관광하는 건 바라지도 않으니까 한국의 여러 도시를 방문할 기회가 많았으면 좋겠다.

제5과 생김새와 재테크

● 어휘

1. ❶ 운명: 시험의 결과는 운명에 맡기세요.
   ❷ 두툼하다: 고기가 두툼해서 비싸게 생겼어요.
   ❸ 귓불: 귓불이 넓으면 좋겠어요.
   ❹ 복코: 내 코는 복코여서 앞으로 돈을 많이 벌 거예요.
   ❺ 줄줄: 눈물을 줄줄 흘렸다.
   ❻ 새다: 수도가 고장나서 물이 줄줄 샌다.
   ❼ 인연: 인연이 있으면 다시 만나게 될거야.
   ❽ 금상첨화: 똑똑하고 얼굴도 멋지면 금상첨화지.
   ❾ 설상가상: 다리를 다쳤는데 설상가상으로 눈까지 와서 외출하기 힘들다.
   ❿ 잘 보이다: 제게 잘 보이시면 제가 한턱 낼게요.

2. ❶ 일단 ❷ 소용없어 ❸ 역시 ❹ 막상

3. ❶ 운명 ❷ 줄줄 ❸ 의미 있게 ❹ 의미 없게
   ❺ 금상첨화 ❻ 인연

● 문법과 표현

• [명]에 따라 다르다

❶ (예시) 가격이 달라요
❷ (예시) 학교
❸ (예시) 운명이 다르다고 해요
❹ (예시) 물건 가격이 다르다
❺ (예시) 사는 곳이 다르다
❻ (예시) 국적이 달라요
❼ (예시) 시험 점수

• 일단 [형]/[동]-(으)면

❶ (예시) 먹어 보면 얼마나 맛있는지 알 수 있을 거예요
❷ (예시) 압구정동으로 가면 유명한 사람들을 만날 수 있어요
❸ (예시) 밥을 먹으면 피곤해져서 쉬고 싶죠
❹ (예시) 읽어 보면 잘 할 수 있을 거예요
❺ (예시) 서비스 센터에 연락하면 해결해 줄 거예요

• [형]/[동]/[명]-고들 하다

❶ 서울은 차들이 많아서 운전하기 너무 힘들다고들 한다.
❷ 학생들이 4급 선생님은 박소연 선생님이라고들 한다.
❸ 한국의 가을은 높고 아름답다고들 한다.
❹ 친구들이 한국어를 배우는 데 좀 더 쉬운 방법은 없냐고들 한다.
❺ 외국 친구들이 한국어를 잘하고 싶으면 숙제는 잊지 말고 꼭 하라고들 한다.
❻ 우리반 친구들이 오늘 점심은 한정식으로 하자고들 한다.

• 설마 [명]은/는 아니겠지요?

❶ 설마 이 사람이 애인은 아니겠지요?
❷ 설마 이 네모난 과일이 수박은 아니겠지요?
❸ 설마 아직도 숙제를 안 한 건 아니겠지요?
❹ 설마 이 과자가 밥은 아니겠지요?
❺ 설마 이 일을 오늘 다 해야 하는 건 아니겠지요?
❻ 설마 이것이 그림은 아니겠지요?

● 쓰기

예시

나는 프랑스 사람입니다. 내 친구가 우리 나라에 여행 온다고 합니다. 어디로 가면 좋은지, 무엇을 하면 좋은지 여러 가지를 물어 봤습니다. 일단 프랑스에 가려면 유레일 패스를 사야 합니다. 유레일 패스를 사면 유럽 여러 나라를 갈 때 사용할 수 있습니다. 여행 경비는 숙소에 따라서 달라집니다. 호텔에서 잔다면 더 비용이 비싸지고 유스호스텔이나 일반 가정집에서 머물면 더 저렴하게 여행할 수 있을 겁니다. 프랑스에 가면 사람들이 파리에 가 보라고들 합니다. 파리에 가서 에펠탑과 개선문, 센 강, 박물관 등에 가 보라고들 합니다. 루브르 박물관은 세계 3대 박물관 중 하나로 세계적으로 유명한 명화인 '모나리자'가 걸려 있습니다. 그리고 오르세 미술관도 세계적으로 유명한 명작들이 많이 있습니다. 이 모든 것들을 구경하려면 한 달을 파리에 머물러도 부족할 정도입니다. 그러니까 파리를 여행하려고 하면 시간을 넉넉히 잡고 오면 좋을 것 같습니다.

제6과 질병과 민간요법

● 어휘

1. ❶ 증세: 감기 증세가 어떠세요?
❷ 가래: 기관지염 때문에 가래가 많아요.
❸ 말리다: 머리를 감은 후에 머리를 말려야 해요.
❹ 바람을 쐬다: 마음이 답답해서 바람을 쐬러 나갔어요.
❺ 불과: 공부 시작한 지 불과 10분 만에 잠들었어요.
❻ 목숨을 잃다: 독감에 걸려서 목숨을 잃는 사람들이 늘어나고 있어요.
❼ 푹: 피곤하면 푹 쉬면서 맛있는 음식을 드세요.
❽ 배즙: 포도즙과 배즙을 좋아해요.
❾ 도라지: 저는 한국 나물 중에 도라지 나물을 제일 좋아해요.

2. ❶ 감기가 약하게 시작된다는 뜻
❷ 감기에 걸린 사람과 접촉하여 감기에 걸린다는 뜻
❸ 감기에 걸린 사람이 감기에 걸리지 않은 사람과 접촉하여 감기에 걸리게 한다는 뜻

3. ❶ 불과 두 시간 ❷ (예시) 불과 1000원
❸ 불과해요 ❹ (예시) 불과 20분
❺ (예시) 가: 이번에 시험 잘 봤어? 난 망친 거 같아.
나: 나도 마찬가지야. 불과 60점밖에 안 될 거 같아.

● 문법과 표현

• [동]-지 않고

❶ (예시) 화가 나도 참
❷ (예시) 잘 기억하
❸ (예시) 미리 휴가를 신청하
❹ (예시) 저런, 미리 시험 공부를 하지 않고
❺ (예시) 가: 어제 눈이 오는데 뛰어가다가 미끄러지고 말았어
나: 저런, 조심하지 않고

• [형]/[동]-더니(만)

❶ 친구가 말하기 연습을 열심히 하더니 이제는 발음이 좋아졌다.
❷ 어제는 덥더니 오늘은 꽤 쌀쌀하다.
❸ 그 사람은 운동을 열심히 하더니 몸이 튼튼해졌다.
❹ 진수 씨는 하루 종일 잠을 자더니 감기가 좋아졌나 보다.
❺ 철수 씨가 어제 저녁에 과식을 하더니 체했다.
❻ 어제는 선생님이 기분이 나빠 보이더니 오늘은 매우 좋아 보인다.
❼ 베라 씨가 그저께는 열심히 숙제를 하더니 어제는 안 했다.

• [형]/[동]-지 뭐예요?

❶ 옷이 26000원인 줄 알아서 계산하려고 했는데, 260000원이지 뭐예요?
❷ 애인이 있는 줄 모르고 남자를 소개해 줄 뻔했지 뭐예요?
❸ 어제 우연히 명동에서 선생님과 선생님 남편을 만났지 뭐예요?
❹ 예전에 자주 가던 카페가 오랜만에 갔더니 없어졌지 뭐예요?
❺ 내가 지난 학기에 1등을 했지 뭐예요?

• [동]-게 하다

❶ 숙제를 하게 하세요
❷ 병원에 가게 하세요.
❸ 외출 후에 손을 씻게 하세요
❹ (예시) 호텔에서 머무르게 하세요.

⑤ (예시) 벌금을 내게 하세요.

● 쓰기

예시

우리 나라에서는 감기에 걸리면 생강차나 레몬차를 마시게 해요. 특히 레몬에는 비타민 C가 풍부해서 감기에 효과적이라고들 해요. 레몬차에 꿀을 넣으면 더 효과가 좋은데 꿀은 상처를 치료해 주기도 해요. 그래서 우리 나라에서는 꿀을 많이 먹는 편이에요. 특별한 민간 요법으로는 코가 막힐 때 마늘을 베개 밑에 넣고 자는 방법이 있어요. 냄새가 매우 지독하지만 그래도 효과가 있다고 하니까 어린 아이들에게 많이 하게 해요. 저도 어렸을 때 코감기에 걸려서 마늘을 베개 밑에 넣고 잔 적이 있었어요. 엄마가 시켜서 어쩔수 없이 마늘을 넣고 잤더니 그 다음 날 온 몸에서 마늘 냄새가 나지 뭐예요? 친구들이 저를 만나면 아직도 그 때 이야기를 하면서 놀려요. 제가 만약에 부모가 되면 저의 아이들에게 이런 일을 절대로 경험하게 하지 않을 거예요. 아직도 제 마음에 상처로 남아 있어요.

제7과 습관

● 어휘

1. ❶ 당장: 오늘부터 당장 운동을 시작해야겠어요.
   ❷ 최선을 다하다: 최선을 다해서 공부하려고 해요.
   ❸ 죄: 죄를 지으면 벌을 받아야 한다.
   ❹ 시간을 맞추다: 시간 맞춰 오지 않으면 비행기를 놓치게 될 거예요.
   ❺ 빠듯하다: 친구 생일인데 선물을 사 주면 생활비가 빠듯할 것 같아요.
   ❻ 서두르다: 서두르지 않으면 지각할 거예요.
   ❼ 마음을 비우다: 저는 성적에 대해서 마음을 비웠어요.

2. ❶ 마음을 비우 ❷ 빠듯해요/시간 맞춰 ❸ 사랑이 죄구나

3. ❶ 규칙적으로 ❷ 정기적으로 ❸ 꾸준히 ❹어쩌다

● 문법과 표현

• [동]-(으)ㄹ걸 그랬다

❶ (예시) 옷을 두껍게 입고 나올걸 그랬어요.
❷ (예시) 사진을 찍을 줄 알았으면 신경 쓰고 나올걸 그랬다.
❸ (예시) 그 여자와 데이트를 해 볼걸 그랬어.
❹ (예시) 이사하지 말걸 그랬어요.
❺ (예시) 뛰어가서 그 버스를 탈걸 그랬어.

• [동]-기 일쑤이다

❶ (툭하면) 핑계를 대기 일쑤예요
❷ 찾기 일쑤예요
❸ (걸핏하면) 싸우기 일쑤예요
❹ 굶기 일쑤예요
❺ 졸기 일쑤예요

• [형]/[동]-다니

❶ (예시) 다섯 살이 구구단을 외우다니!
❷ (예시) 그렇다고 싸우다니!
❸ (예시) 나무에 올라가다니!
❹ (예시) 3월인데 이렇게 춥다니!
❺ (예시) 2년밖에 안 됐는데 그렇게 한국어를 잘 하다니!

• [동]-곤 하다

❶ (예시) 책을 읽곤 해요
❷ (예시) 자주 만나서 놀곤
❸ (예시) 체하곤 해요
❹ (예시) 지각하곤 한다
❺ (예시) 다투곤 해요

● 쓰기

예시

나는 작은 일도 메모를 하곤 한다. 메모를 하는 습관은 고등학생 때부터 시작된 것인데, 특히 할 일이 많을 때 무엇을 해야 하는지 메모를 한다. 그러면 내가 해야 할 일을 정확하게 알 수 있어서 실수를 줄일 수 있고 시간도 잘 활용할 수 있다. 또 좋은 아이디어가 떠오를 때마다 메모를 해 놓았다가 나중에 시간이 있을 때 그 아이디어에 대해 깊이 고민해 볼 수 있다.

그렇지만 생각날 때마다 여기저기에 메모를 하다 보니까 메모지를 잃어버리기 일쑤이고, 메모지를 잃어버리면 불안해지곤 한다. 메모를 하는 것은 좋은 습관이지만, 아무 데나 메모를 하는 것은 나쁜 습관이기도 하다. 그래서 수첩 하나에 메모를 하려고 노력하고 있다. 또 요즘에는 휴대전화에 메모 기능이 있어서 그것을 이용하기도 한다.

제8과 외모와 성격

● 어휘

1. ❶ 틈: 그 사람은 틈만 나면 냉장고를 뒤진다.
   ❷ 친밀감: 나는 자주 넘어지기 때문에 자주 넘어지는 사람을 보면 친밀감을 느끼게 된다.
   ❸ 불안감: 새로운 생활에 대한 불안감 때문에 잠이 들지 못했다.
   ❹ 매달리다: 혜나 씨는 2년 동안 한국어 공부에 매달리더니 한국 기업에 취직이 되었다.
   ❺ 실수하다: 세상에는 실수하지 않는 사람은 없다.
   ❻ 뛰어나다: 그 사람은 말솜씨가 뛰어나서 그 사람과 말싸움을 하면 지기가 일쑤이다.
   ❼ 완벽하다: 학생들이 완벽한 문장을 썼어요.
   ❽ 인간적이다: 그 사람의 인간적인 모습이 매력적이다.
   ❾ 믿음직스럽다: 그 친구는 입이 무겁고 믿음직스럽다.
   ❿ 심리학자: 심리학자들은 사람들 마음에 대해서 연구하기

때문에 사람들에 대해 관심이 많다.
⑪ 끌리다: 나는 그 사람을 처음 봤을 때부터 끌렸다.
⑫ 당연히: 그동안 열심히 일했으니까 당연히 휴가를 가야지.
⑬ 하긴: 마이클 씨는 나를 잘 모르는 것 같아. 하긴 같이 일한 적이 없으니까.

2. ❶ 마음을 읽다 ❷ 마음에 있다 ❸ 마음에 차다
❹ 마음에 두다 ❺ 마음이 통하다

3. ❶ (예시) 여자의 특성을 가지고 있다.
❷ (예시) 나이는 어리지만 어른 같은 데가 있다.
❸ (예시) 억지로 꾸미지 않아서 이상한 데가 없다.
❹ (예시) 남에게 자랑할 만한 데가 있다.
❺ (예시) 복이 있어 보인다.
❻ (예시) 생김새나 행동이 사랑을 느낄 만큼 귀여운 데가 있다.

● 문법과 표현

• [동]-기가 무섭게

❶ 집에 돌아오기가 무섭게 바로 청소를 시작했다.
❷ 내 말이 끝나기가 무섭게 동생은 자기 방으로 들어갔다.
❸ 신호등이 바뀌기가 무섭게 사람들은 횡단보도를 건너갔다.
❹ 학생들은 점심시간이 시작되기가 무섭게 바로 식당으로 달려갔다.
❺ 나는 어제 책을 펴기가 무섭게 잠이 들었다.

• [동]-는 바람에

❶ 차를 잘못 타는 바람에
❷ 급하게 먹는 바람에
❸ 친구가 약속 시간에 늦게 오는 바람에
❹ 가자고 조르는 바람에
❺ 담배를 피우는 바람에

• [명] 탓이다

❶ 네 탓이야 ❷ 탓이에요 ❸ 음식 탓이에요
❹ 내 탓이야 ❺ 누구 탓도 아니에요

• [동]-(으)나 마나

❶ 연락해 보나 마나
❷ 다시 노력해 보나 마나예요
❸ 그 말을 들어보나 마나예요
❹ 부탁하나 마나
❺ 이야기하나 마나예요

[쓰기]

예시

나는 사람을 볼 때 외모보다는 성격을 먼저 보는 편이다. 물론 외모가 중요하지 않은 것은 아니다. 이왕이면 다홍치마라고 키가 크고 잘생기면 좋다. 그리고 부드러운 미소를 가진 사람을 좋아한다. 요즘 우리나라에서는 예쁜 남자를 좋아하는데, 나는 예쁜 남자보다는 근육이 있고 남성스러운 남자가 좋다. 그렇지만 나와 마음이 통한다면 외모는 크게 중요하지 않다.

나는 남 탓을 하는 사람을 싫어한다. 어떤 일이 잘못 되었을 때 남 탓이 아니라 자신의 잘못을 먼저 생각하는 사람이 좋다. 그런 믿음직스러운 사람을 만나고 싶다. 그리고 너무 완벽한 성격을 가진 사람에게는 별로 끌리지 않는다. 가끔 실수도 하는 인간적인 매력을 지닌 사람이 좋다. 그래야 내 실수도 너그럽게 이해해 줄 수 있을 것이기 때문이다.

제9과 환경

● 어휘

1. ❶ 물기: 행주를 물기 없이 꼭 짜세요.
❷ 아깝다: 냉장고 안에 식재료가 상해서 다 버렸다. 아깝다.
❸ 재활용: 환경을 보호하기 위해 재활용 쓰레기를 분리 수거해야 한다.
❹ 틀다: 음악 좀 틀어줘.
❺ 그물망: 양파가 빨간 그물망에 담겨 있다.
❻ 종류: 어떤 종류의 음식을 좋아하세요?
❼ 별: 시험은 급별로 볼 거예요.

2. ❶ 온실가스 ❷ 의무, 권리 ❸ 선진국
❹ 아껴 ❺ 환경 ❻ 실천

3. ❶ 손꼽아 기다리고 있다.
❷ 손에 달렸다.
❸ 손을 끊어라.
❹ 손이 크시다.
❺ 손을 내밀어야 한다.

● 문법과 표현

• [명]-처럼 [형]/[동]-(으)ㄴ/는 [명] 도 없다

❶ 이 음식점처럼 갈비탕이 맛있는 곳도 없다.
❷ 마이클 씨처럼 친절하고 정이 많은 사람도 없다.
❸ 김치처럼 건강에 좋은 음식도 없다.
❹ 동대문 시장처럼 가격이 싸고 품질이 괜찮은 시장도 없다.
❺ 유리 씨처럼 글을 잘 쓰는 사람도 없다.
❻ 한국 사람들처럼 부지런하고 적극적인 사람도 없다.

• [형]/[동]-지 않으면 안 된다

❶ 오늘 안에 숙제를 하지 않으면 안 된다.
❷ 이 옷을 입지 않으면 안 된다.
❸ 내일 건강검진이 있어서 9시 이후 금식을 하지 않으면 안 된다.
❹ 한국에 왔으니 한국어 공부를 하지 않으면 안 된다.
❺ 후손들을 위해서라도 환경을 보호하지 않으면 안 된다.

• [동]-기에는 너무

❶ (예시) 한국 일주를 하기에는 시간이 너무 부족해요.

❷ (예시) 먹기에는 너무 많지 않아?
❸ (예시) 네가 입기에는 너무 큰 것 같아.
❹ (예시) 그 사람과 사귀기에는 너가 너무 아까워.
❺ (예시) 공무원 시험에 도전하기에는 너무 늦었어요.

• [동]-(으)ㄹ 만큼

❶ 그 사람을 미칠 만큼 좋아해요.
❷ 매일 꿈을 꿀 만큼 고향에 가고 싶어요.
❸ 매일 먹어도 안 질릴 만큼 김치가 좋아.
❹ 사고가 났을 때 죽을 만큼 아팠어.

• 쓰기

예시

최근 전 세계적으로 환경 문제가 심각하다. 온실가스 때문에 지구의 온도가 점점 높아지고 있고, 이로 인해 자연재해도 늘어나고 있다. 온실가스를 줄이기 위해서는 정부나 기업들이 노력하는 것이 중요하지만, 개인도 할 수 있는 일들이 많다. 우선 자동차보다 자전거나 대중교통을 이용해야 한다. 나는 되도록 운전을 하지 않고, 가까운 곳은 걸어가거나 자전거를 탄다. 또 쓰레기를 줄이기 위해 노력해야 한다. 그래서 분리수거하는 것이 중요하다.

한국은 분리수거를 잘 하는 나라 중 하나이다. 한국에 살면서 분리수거하는 습관을 가지게 되었다. 그리고 한국에서 살면서 생긴 좋은 습관 중 하나는 일회용 비닐 봉투를 사용하지 않고 장바구니를 들고 다니는 것이다. 처음엔 장바구니를 들고 다니는 게 귀찮았는데 이젠 익숙해졌다. 장바구니가 없는 날에는 쓰레기 종량제 봉투를 사서 담아 오면 된다. 이렇게 작은 것들을 실천해서 환경오염을 줄일 수 있다고 생각한다.

제10과 한국의 결혼 문화

• 어휘

1. ❶ 선보다: 요즘 우리 언니는 결혼을 위해 주말마다 선을 보고 있다.
   ❷ 지겹다: 같은 노래를 30분째 듣고 있으니 지겹다.
   ❸ 괜히: 어제 괜히 외식하러 갔어요. 사람이 너무 많아서 한 시간이나 기다렸어요.
   ❹ 자랑: 마이클 씨는 새 옷을 보여 주며 자랑을 했다.
   ❺ 늘어놓다: 친구는 지난 여행에 대한 이야기를 한 시간이나 늘어놓았다.
   ❻ 이를테면: 요가를 하면 모델처럼 되나요? 이를테면 전지현처럼 말이에요.
   ❼ 교제하다: 저는 요즘 마이클 씨와 교제하고 있어요.

2. ❶ 기혼　❷ 노처녀　❸ 이혼

3. ❶ 이혼 – 결혼 관계를 끝내는 것
   ❷ 혼기 – 결혼할 나이
   ❸ 맞선 – 결혼할 남자와 여자를 소개하는 것
   ❹ 배우자 – 결혼할 사람들의 상대방

4. ❶ 교제　❷ 선호하고　❸ 연애
   ❹ 도표　❺ 중매　❻ 자랑　❼ 궁합

• 문법과 표현

• [명]은/는커녕

❶ 결혼기념일에 남편이 선물은커녕 날짜도 기억하지 못했어요.
❷ 칭찬은커녕 야단만 맞았어요.
❸ 고급 한정식집인데 맛있기는커녕 동네 음식점보다 맛이 없었어요.
❹ 내 발을 밟고서 사과하기는커녕 오히려 화를 냈어요.
❺ 사람이 물에 빠졌는데 구해 주기는커녕 구경만 하고 있어요.
❻ (예시) 부모님께 편지를 보내기는커녕 전화도 자주 할 수 없어요.

• [명] 같으면

❶ 친한 친구 같으면 부탁하겠지만 그 분과는 이름만 아는 사이예요.
❷ 너 같으면 이럴 때 어떻게 하겠니?
❸ 옛날 같으면 결혼해서 아이 엄마가 되었을 나이예요.
❹ 단독 주택 같으면 개를 키워도 괜찮지만 아파트에서는 이웃집의 동의를 얻어야 해요.
❺ 아이 같으면 그런 무례한 행동을 할 수도 있겠지만 지영 씨는 어른이잖아요.

• [명]만 못하다

❶ (예시) 아무리 동생이 잘나도 형보다 더 잘나지 못하다는 의미예요.
❷ (예시) 명동이 홍대만 못하지요.
❸ (예시) 하다가 그만두는 것은 시작도 안 하는 것만 못해요.
❹ (예시) 말하기 실력이 쓰기 실력만 못해요.
❺ (예시) 친구들의 요리 실력이 제 실력만 못합니다.

• [동]-은/는 대로

❶ 알고 있는 대로 말해 보세요.
❷ 내가 하는 대로 따라하세요.
❸ 부모님이 시키는 대로 다 하는 착한 아이예요.
❹ 마네킹이 입은 대로 똑같이 주세요.
❺ 소문 들은 대로 이야기했어요.

• 맞는 문형을 골라서 대화를 완성하세요.

❶ 식사는커녕 차 대접도 못 받았어요.
❷ 저 같으면 그렇게 쉽게 결정하지 못했을 텐데 많이 힘드시겠어요.
❸ 거실 같으면 밝고 화려한 색이 어울릴 거예요.
❹ 성적이 오르기는커녕 더 떨어졌어요.
❺ 공부한 대로 쓰세요.
❻ 오늘 날씨가 어제만 못하네요.

● 쓰기

예시

나는 몇 년 전에 한 남자와 2년 동안 사귄 적이 있다. 그 남자는 평범한 외모에 안경을 쓰고 마른 체형에 키가 조금 큰 편이었다. 성격은 자상하고 아주 꼼꼼한 편이었는데 운동을 좋아하기 때문에 운동을 할 때는 매우 적극적이고 활기찬 사람이었다. 하지만 평소에는 말이 별로 없고 조금 진지한 편이었기 때문에 사실 좀 재미없는 사람이었다. 게다가 너무 깔끔한 성격 때문에 좀 불편하기도 했다. 항상 주변을 정리하고 청소하는 것은 물론이고 주변에 먼지나 지저분한 것이 있는 것을 참지 못했다. 나는 좀 털털하고 깔끔하지 못한 성격이기 때문에 그런 사람과 잘 맞지 않았다. 뿐만 아니라 나는 유머가 많고 재미있는 사람을 좋아하는데 그 사람은 너무 진지해서 같이 있으면 좀 지루할 때도 많았다. 그래서 결국 우리는 성격 차이 때문에 헤어지게 되었다.

나는 그 남자친구와 헤어진 후 지금까지 혼자이지만 앞으로 곧 내가 원하는 멋진 남자와 만날 것이라고 꼭 믿는다.

제11과 가치 기준

● 어휘

1. ❶ 피부 관리: 나는 일주일에 한 번 피부 관리를 받아서 피부가 좋아졌다.
   ❷ 성화: 아이가 빨리 집에 가자고 성화예요.
   ❸ 신경을 쓰다: 젊은 사람들은 외모에 신경을 많이 쓴다.
   ❹ 호감이 가다: 누구든지 친절하고 자상한 사람에게 호감이 가기 마련이다.
   ❺ 장가를 가다: 마이클 씨는 장가를 가려고 돈을 많이 모았대요.
   ❻ 집착하다: 그 남자는 여자 친구에게 너무 집착하는 것 같다.
   ❼ 이미지 메이킹: 신입사원은 입사한 후에 이미지 메이킹에 신경을 쓰고 있다.
   ❽ 손해를 보다: 물건을 많이 팔았지만 계산을 해 보니까 오히려 손해를 봤다.
   ❾ 몸매 관리: 요즘 살이 너무 많이 쪄서 몸매 관리가 필요하다.
2. 생략
3. ❶ 인내심 ❷ 절망 ❸ 기부금 ❹ 배려심 ❺ 역경

● 문법과 표현

● [형]/[동]-(으)ㄹ 것 하나 없다

❶ 걱정할 것 하나 없습니다.
❷ 기뻐할 것 하나 없어요.
❸ 화를 낼 것 하나 없어.
❹ 속상할 것 하나 없어.
❺ 못할 것 하나 없어.

● [형]-기 짝이 없다

❶ 유치하기 짝이 없
❷ 성실하기 짝이 없
❸ 아쉽기 짝이 없
❹ 미안하기 짝이 없어
❺ 불쌍하기 짝이 없었다.

● [형]/[동]-기 마련이다

❶ 시간이 지나면 잊어버리기 마련
❷ 남자는 군대에 다녀오면 어른스러워지기 마련이야.
❸ 아이들은 자랄 때 싸우기 마련이야.
❹ 주머니에 돈이 있으면 쓰기 마련이야.
❺ 사람이 많은 곳에 사람이 몰리기 마련이야.

● [동]-(느)ㄴ다니까요 / [형]-다니까요

❶ 제 책임이 아니라니까요.
❷ 정말 본 적도 없다니까요.
❸ 내가 꼭 전해 주겠다니까요.
❹ 월요일에는 항상 그렇다니까요.
❺ 나는 관심 없다니까.

● 쓰기

예시

내 주변에 정말 아름다운 마음을 가진 사람이 있다. 사실 그 사람을 알고 지낸 지 꽤 오래 되었지만 이렇게 아름다운 사람인 줄 예전에는 미처 몰랐다. 그 사람은 작은 식당을 운영하고 있는데 매주 일요일에는 불쌍한 노인분들을 식당에 초대하여 음식을 대접해 왔다고 한다. 나는 이 이야기를 듣고 무척 감동을 받기도 했지만 사실 많이 놀라기도 했다. 왜냐하면 그 사람도 형편이 좋은 사람이 아니었기 때문이다. 자신의 형편도 별로 안 좋은데 이렇게 다른 사람들을 위해 봉사를 한다는 것은 쉬운 일이 아니라고 생각한다. 나는 이 사람을 통해 봉사의 의미를 다시 생각하게 되었고 나 자신도 많이 반성하게 되었다. 이 사람은 외모는 별로 아름답지 않지만 내면이야말로 정말 아름다운 사람이라고 생각한다.

제12과 사건과 사고

● 어휘

1. ❶ 교통사고: 눈이 오는 날에는 교통사고가 자주 일어난다.
   ❷ 중앙선: 운전할 때 중앙선을 넘는 것은 매우 위험한 일이다.
   ❸ 급정차: 버스가 정차하는 바람에 서 있던 나는 넘어졌다.
   ❹ 끼어들다: 제가 이야기하고 있는데 자꾸 끼어들지 마세요.
   ❺ 미끄러지다: 눈길이 너무 미끄러워 계단에서 떨어졌다.
   ❻ 닿다: 나는 내 몸에 다른 사람의 손만 닿아도 깜짝 놀란다.
   ❼ 당분간: 몸이 너무 안 좋으니까 당분간 집에서 충분히 쉬세요.

⑧ 끔찍하다: 오늘 사고 소식은 듣기만 해도 끔찍했다.
⑨ 다행이다: 늦게 일어났지만 지각은 안 해서 다행이다.
⑩ 태우다: 친구 집에서 친구를 태우고 같이 출발할 거다.
⑪ 차선: 비가 많이 오는 날에는 도로의 차선이 거의 안 보인다.
⑫ 놀라다: 세상에는 놀랄 만한 일들이 자주 벌어진다.

2. ① 증인 ② 사건/사고 ③ 목격자
④ 뺑소니 ⑤ 신고

3. ①, ④, ⑥, ⑧

● 문법과 표현

• [형]/[동]-(으)ㄹ 따름이다.

① 의무를 다했을 따름이에요.
② 너만 믿을 따름이야.
③ 받았을 따름이에요.
④ 가족들과 선생님에게 감사할 따름입니다.
⑤ 동창을 만나러 왔을 따름입니다.

• [명] 못지않다

① 피아니스트 못지않게 아주 잘 쳐.
② 화가 못지않은 실력인데요!
③ 전문통역사 못지않던걸요.
④ 모델 못지않네요.
⑤ 탤런트 못지않은 외모네요.

• [동]-(으)ㄹ락 말락 하다

① 아이가 잠이 들락 말락 하다가 초인종 소리에 잠이 깼다.
② 손이 닿을락 말락 한다.
③ 그 아이는 나이가 열 살이 될락 말락 할 것 같다.
④ 이곳에서 보면 친구 집의 지붕이 보일락 말락 한다.
⑤ 이 점수는 대학에 합격을 할락 말락 할 점수다.

• [동]-다시피

① 밤을 새우다시피 해요.
② 도서관에서 살다시피 해.
③ 날다시피 하며
④ 외우다시피 하거든요.
⑤ 청소하다시피 하더라고요.

● 쓰기

예시

여름철에는 식중독 사고가 자주 일어난다. 식중독은 상한 음식을 섭취해서 발생하는데 여름에는 덥고 습한 날씨 탓에 음식물이 쉽게 상한다. 그러므로 여름철에는 음식물이 상했는지 안 상했는지 상태를 반드시 확인하는 습관이 필요하며 음식이 있는 곳의 환경도 깨끗하게 유지해야 한다. 또한 식중독을 예방하기 위하여 손을 깨끗하게 씻는 등 위생에 신경을 써야 하며 음식물은 반드시 익혀 먹도록 하고 물은 반드시 끓인 물을 마시도록 한다. 그리고 실온에 보관하면 상하기 쉬운 음식물은 반드시 냉장 보관을 하는 것도 잊으면 안 된다.

Word List

아하! 한국어

A-ha! Korean

숙명여자대학교 한국어교재위원회

KM 경문사

차례

1과 | 수입과 지출

대화

지출 expense

명 어떤 일에 돈을 사용하는 것

예 카드를 만든 후에 지출이 늘었다.

청년 young man

명 신체적, 정신적으로 성장한 20-30대의 젊은 사람

예 대학을 졸업한 후에 취직하지 않고 대학원에 진학하는 청년들이 늘고 있다.

실업 unemployment

명 취직하지 못하는 것

예 직장이 없는 사람들이 늘면서 실업은 사회적인 문제가 되었다.

사회 문제 social problem

명 사회 제도에 의해 발생하는 모든 문제

예 요즘 우리나라에서 저출산은 심각한 사회문제입니다.

적자 deficit

명 돈을 번 것보다 사용한 것이 많음

예 카드를 사용하기 시작하면서 지출이 늘어서 적자가 되었다.

참다 to bear, refrain

㉠ 하고 싶은 마음을 억누르고 견디다
예 한국에서의 생활이 어려워도 참고 열심히 공부하고 있어요.

빚 debt

명 다른 사람에게 빌려서 갚아야 할 돈
예 그는 빚을 지고 사업을 시작했다.

막상 actually

부 어떤 일을 실제로 하려고 하니/ 해 보니
예 그 사람은 무서운 사람이라고 생각했는데 막상 이야기해 보니 좋은 사람이었어요.

마음이 안 내키다 not to want to do

하고 싶지 않다
예 아무리 취업이 어렵다고 해도 원하지 않는 회사에 취직하는 것은 마음이 내키지 않는다.

큰맘을 먹다 to make a firm resolution

어려운 일을 결정하거나 결심하다
예 비싼 구두를 큰맘을 먹고 샀다.

값이 뛰다 to go up in price

짧은 시간 동안 가격이 많이 오르다
예 1년 만에 집값이 많이 뛰어서 집 사기가 더 어려워졌다.

마음대로 하다 to follow one's heart

하고 싶은 대로 하다
예 요즘 집값이 비싸서 결혼도 마음대로 못 한다고 해요.

만만치 않다 to be difficult

쉽지 않다, ~하는 것이 힘들다.
예 외국어로 된 책을 읽는 것은 만만치 않다.

빈부격차 gap between the rich and poor

명 가난한 사람과 부자의 차이

예 빈부격차가 심해질수록 사회가 불안정하다.

미루다 to delay

동 어떤 일을 원래 시간보다 나중에 하기로 하다

예 원래 약속이 1시였지만 2시로 미루었다.

읽기

인식 awareness

명 일이나 물건을 구별하고 판단하여 아는 것

예 나라가 발전하기 위해서는 역사에 대한 인식이 중요하다.

입사하다 to join[enter] a company

동 회사에 취직해서 들어가다

예 내 꿈을 이루기 위하여 이 회사에 입사하기로 결정했다.

태반 majority

명 반 이상, 대부분

예 요즘 청년 실업이 심각한 문제여서 '이십대 태반이 백수' 라는 뜻의 '이태백' 이라는 말이 유행이다.

백수 idle[out of work]

명 직업이 없는 사람

예 그 사람은 대학교 졸업 후 취직을 하지 못해서 백수 생활을 한다.

절반 half

명 반

예 시험이 끝난 다음 날에 우리 반 학생 절반이 결석했다.

앞당기다 to advance

동 이미 정해진 시간이나 약속을 앞으로 바꾸어 미리 하다

예 내일 친구를 만나기로 했는데 갑자기 일이 생겨서 약속을 오늘로 앞당겼다.

상황 situation

명 어떤 일이 되어 가는 과정이나 결과

예 요즘 우리나라에서는 주택 문제가 심각한 상황이다.

2과 | 건강 관리와 운동

대화

군살 flab

명 너무 많이 먹거나 운동을 하지 않아서 생긴 필요 없는 살

예 운동을 열심히 해서 군살 없는 몸이 되었어요.

근육 muscle

명 운동으로 생긴 살

예 열심히 운동을 해서 근육이 생겼어요.

뭉치다 to knot

동 하나로 합쳐서 한 덩어리가 되다

예 너무 많이 걸어서 다리 근육이 뭉쳤어요.

아령 dumbbell

명 손에 들고 팔 운동을 하는 물건

예 시간 날 때마다 아령으로 운동을 하면 팔 근육을 키울 수 있다.

검색하다 to search

동 책이나 컴퓨터에서 필요한 정보를 찾다

예 인터넷에서 정보를 검색했다.

구입하다 to purchase

동 사다

예 큰마음을 먹고 빨간 스포츠카를 구입했다.

동작 movement

명 움직임. 또는 움직이는 모양

예 그는 동작이 빨라서 집안 청소를 30분 만에 끝냈다.

당장 right now

명 지금, 바로

예 당장 출발하지 않으면 수업에 늦을 거예요.

효과 effect

명 어떤 목적을 이루기 위한 행동 후에 나타나는 보람이나 좋은 결과

예 이 약은 효과가 좋아서 먹자마자 두통이 나았다.

꾸준히 steadily

부 항상 똑같이 부지런하고 포기하지 않는 태도로

예 운동은 매일 꾸준히 하는 것이 효과가 있다.

의사소통 활동

규칙적 regular

명 관 일정하게 정해진 대로

예 규칙적으로 생활하는 것이 건강에 좋다.

지나치다 to be excessive

형 정도가 심하다

예 지나치게 술을 마시면 건강에 좋지 않다.

열풍 fever

명 매우 강하게 일어나는 기운

예 2002년 월드컵 이후로 한국에는 축구 열풍이 불었다.

몸매 bodyline, shape

명 몸의 생김새

예 규칙적인 운동으로 날씬한 몸매를 만들었다.

유지하다 to maintain

동 어떤 상태나 상황을 그대로 변함없게 하다

예 지금의 체중을 유지하려면 열심히 운동해야 한다.

식사량 amount of food

명 먹는 양

예 운동량보다 식사량이 많으면 체중이 늘어요.

중독 addiction

명 어떤 것을 너무 많이 하고 의존해서 그것을 하지 않으면 견디지 못하는 상태

예 그 사람은 술을 너무 많이 마셔서 결국 알코올 중독 상태가 되었다.

조절하다 to control

㉺ 맞추다, 바로잡다

예 가습기는 습도를 알맞게 조절하기 위해 사용하는 것이다.

수명 life expectancy

㉴ 생물이 살아 있는 시간의 길이

예 의학이 발달하면서 인간의 수명도 길어지고 있다.

단축하다 to shorten

㉺ 시간이나 거리 등을 줄이다

예 KTX의 도입으로 서울에서 부산까지 가는 시간이 단축되었다.

장수 longevity

㉴ 오래 사는 것

예 할머니, 할아버지의 장수를 바랍니다.

신체 body

㉴ 몸

예 경찰이 되려면 신체가 건강해야 한다.

읽기

횟수 number (of times)

㉴ 일이 일어나는 수

예 헬스장에 가는 횟수가 많아질수록 군살이 빠지기 시작했다.

가야금 gayageum, Korean zither with twelve strings

㉴ 나무판 위에 열두 줄이 있는 한국의 전통 현악기

예 가야금 연주단의 연주를 들으니 마음이 편안해졌다.

챙기다 to take care of

㊍ 필요한 물건을 찾아서 준비해 놓거나 필요한 물건이 없지 않은지 살피다

예 학교에 가기 전날에 미리 가방을 챙겨 놓으면 아침에 필요한 물건을 급하게 찾지 않아도 된다.

3과 | 후회

대화

안색 complexion

㊔ 얼굴색

예 감기에 걸린 친구의 안색이 안 좋아 보인다.

역시 as well

㊊ 1. 또한

예 형은 키가 크다. 동생 역시 그렇다.

2. 생각한 대로

예 이번 시험에서 역시 네 성적이 가장 좋구나.

3. 아무리 생각해도

예 계속 열이 내리지 않으니 역시 병원에 가 보는 것이 좋겠다.

소용없다 to be useless

형 쓸데없다, 이득이 될 것이 없다

예 걱정해 봤자 소용없다.

어쩔 수 없다 It can't be helped

이미 끝난 일이다

예 헤어진 여자 친구를 다시 만나고 싶지만, 그 사람은 이미 결혼했으니까 어쩔 수 없다.

충격 shock

명 슬픈 일이나 예상하지 못한 일 때문에 마음에 받은 심한 느낌이나 영향

예 교통사고로 아들을 잃은 어머니는 큰 충격을 받았다.

게다가 besides

부 그런데다가

예 그 식당은 음식이 맛있다. 게다가 가격도 싼 편이다.

후회 regret

명 과거의 잘못을 깨달아 알고 뉘우침

예 후회 없는 삶을 살도록 하세요.

읽기

본인 oneself

명 어떤 일을 하거나 직접 관계가 있는 사람

예 통장을 만들려면 본인이 직접 은행에 가야 해요.

마감하다 to bolt up

동 하던 일을 마무리해서 끝내다

예 대학교 입학 서류 접수를 마감하기 전에 서류 제출을 서둘러야 한다.

간절히 eagerly

㈜ 바라는 정도가 아주 강하게

예 대학교에 합격하기를 간절히 바라고 있어요.

채워지다 to fill

㉯ 가득해지다

예 큰 교실이 학생들로 채워졌다.

값지다 to be valuable

㊎ 1. 물건이 비쌀 만한 가치가 있다

예 값진 보석을 선물로 받았다.

2. 큰 보람이나 의미가 있다

예 휴가 동안 봉사를 하며 값지게 보냈다.

엮다 to weave, compile

㉯ 1. 여러 개의 물건을 끈으로 묶다

예 긴 줄로 생선을 엮었다.

2. 자료를 모아 책을 만들다

예 여러 가지 이야기를 엮어 책을 만들었다.

화제가 되다 to make headline

이야기의 소재가 되다

예 친구가 유명한 한국 회사에 합격한 일이 우리들 사이에서 화제가 되었다.

피난 refuge

㉰ 재난이나 안 좋은 일을 피하여 멀리 감

예 홍수가 나서 사람들은 마을을 떠나 피난을 갔다.

4과 | 대화의 방법

대화

욕 insult

(명) 다른 사람을 무시하거나 좋지 않게 하는 나쁜 말

(예) 그 사람은 다른 사람을 욕하는 버릇이 있다.

칭찬 praise

(명) 다른 사람에 대해 좋게 하는 말

(예) 예의 바른 아이는 언제 어디에서나 칭찬 받는다.

은근히 quietly

(부) 행동이 겉으로 나타나지 않게

(예) 그 사람은 대답하기 싫은 질문에 말꼬리를 은근히 돌렸다.

아무거나 anything

무엇이든지, 어떤 것이든지

(예) 저는 아무거나 잘 먹어요.

말꼬리를 돌리다 to change subject

말하기가 곤란하거나 말하고 싶지 않아서 다른 이야기를 하다

(예) 그 사람은 대답하기 싫은 질문에 말꼬리를 돌렸다.

마음이 잘 통하다 to get along well

생각이 같아서 마음이 잘 맞다

예 그 사람과 저는 처음 만났을 때부터 마음이 잘 통해서 금세 친구가 되었어요.

짐을 맡기다 to check one's baggage

짐을 받아 보관하게 하다

예 무거운 짐을 친구에게 맡기고 편의점에 빨리 다녀왔다.

상상에 맡기다 to think as one likes

스스로 상상, 생각, 판단하게 하다

예 제가 화가 난 이유는 여러분의 상상에 맡길게요.

읽기

뽑다 to select, vote

동 여러 가지 중에서 고르다

예 우리는 다섯 명의 친구들 중에서 한 명을 반장으로 뽑았다.

답변 answer

명 대답

예 질문에 답변해 주시기 바랍니다.

지시 orders, command

명 업무 명령

예 이번 일은 사장님의 지시대로 했습니다.

상사 superior

명 직장 등에서 자기보다 지위가 높은 사람

예 회사에서는 상사의 지시에 따라 일해야 합니다.

동료 colleague

명 직장 등에서 함께 일하는 사람

예 회사 업무가 끝난 후에 동료들과 함께 맥주를 마시러 갔다.

넘어가다 to pass over

㊍ 1. 한쪽으로 기울어지거나 쓰러지다

예 태풍 때문에 텐트가 옆으로 넘어갔다.

2. 특별한 일 없이 지나가다

예 이 문제에 대해서 별다른 싸움 없이 넘어갔다.

응답자 respondent

명 질문에 대답하는 사람

예 응답자의 대부분이 이 문제에 대해서 반대한다고 답했다.

무시하다 to ignore

동 다른 사람을 낮게 보거나 신경 쓰지 않다

예 그 사람은 원래 성격이 좋지 않은 사람이니까 그 사람의 말은 무시하는 것이 좋다.

비율 rate, percentage

명 둘 이상의 수를 비교하여 그 관계를 숫자로 나타낸 것

예 전체 실업자 중 청년 실업자의 비율이 계속 증가하고 있다.

회식자리 get-together

명 여러 사람이 모여 함께 음식을 먹는 곳. 또는 음식을 먹는 모임

예 연말에는 회식자리가 자주 있다.

5과 | 생김새와 재테크

대화

생김새 looks

명 얼굴이나 몸의 모양

예 정말 생김새에 따라 운명이 다를까요?

재테크 financial technology

명 재무 테크놀로지(財務 technology)를 간단하게 만든 말. 노동을 하지 않고 돈을 많게 만드는 기술

예 한국에서 인기 있는 재테크에는 부동산, 주식 등이 있다.

운명 destiny

명 사람이 노력으로 바꿀 수 없는 힘, 또는 그렇게 정해진 일

예 피할 수 없는 운명이 정말 있을까요?

두툼하다 to be thick

형 아주 두껍다

예 겨울에는 두툼하고 따뜻한 옷을 입으세요.

귓불 earlobe

명 귀의 아래쪽에 있는 둥근 살

예 민호는 귓불이 두툼해서 어른들에게 오래 살 거라는 말을 자주 들었다.

복코 nose of lucky

㉚ 코 끝이 둥글고 넓은 모양의 코, 한국에서 둥근 모양의 코가 복이 있다고 생각하여 복코라고 부름

예 요즘에는 복코보다 뾰족한 코를 더 선호해요.

줄줄

㉫ (물이나 액체 등이) 계속 흐르는 모양

예 병에서 물이 줄줄 새다.

새다 to leak

㉧ 조금씩 빠져나가다

예 지붕에서 비가 새고 있어요.

인연 relation

㉚ 사람과 사람 사이의 관계, 어떤 사물과의 특별한 관계

예 돈과 인연이 많은 사람도 있고 인연이 없는 사람도 있다.

금상첨화 the icing on the cake

㉚ 비단 위에 꽃을 그렸다는 사자성어로 좋은 일이 생기고 또 좋은 일이 생긴 상황

예 일도 하고 용돈도 벌 수 있어서 금상첨화다.

(눈에) 잘 보이다 achieve recognition

㉧ 인정을 받다

예 형은 아르바이트 하는 가게에서 열심히 일해서 사장님에게 잘 보여 직원으로 채용되었다.

읽기

갸름하다 to be slender, slim

형 보기 좋게 조금 가늘고 긴 모양이다

예 갸름한 얼굴을 계란형이라고 한다.

소심하다 to be timid

형 어떤 일을 할 때 지나치게 조심하다

예 그 남자는 소심해서 다른 사람의 의견을 너무 많이 물어 봐요.

체력 strength, stamina

명 운동이나 일을 할 수 있는 몸이 가진 힘

예 운동 선수들은 보통 사람들보다 체력이 좋다.

체력을 기르다 to develop one's physical strength

육체나 정신을 단련하여 더 강하게 만들다

예 체력을 기르기 위해 매일 운동을 하고 있어요.

지름길 shortcut

명 빨리 갈 수 있는 길

예 돌아가지 말고 지름길로 가세요.

투자 investment

명 이윤을 남기기 위해서 사업에 돈을 빌려주는 일

예 한국에서 인기 있는 투자 중 하나는 부동산 투자이다.

밀어붙이다 to push ahead

동 한 방향으로 강하게 밀다

예 역전골을 넣은 우리 팀은 끝까지 상대 팀을 밀어붙였다.

배짱이 좋다 to be audacious

어떤 일을 할 때 쉽게 포기하거나 하지 않고 끝까지 밀어붙이는 성격

예 그 남자는 배짱 좋게 한 번에 모든 돈을 투자했다.

둔하다 to be dull, slow

형 동작이나 생각이 느리다

예 그는 눈치가 없고 둔하다.

말년 one's latterlater, declining years

명 인생의 마지막 시기

예 인생의 말년에는 따뜻한 나라에 가서 살고 싶어요.

유지하다 to keep, maintain

동 어떤 상태나 상황을 달라지지 않도록 그대로 이어지도록 하다

예 아름다운 몸매를 유지하기 위해서는 규칙적인 운동을 해야 한다.

유형 type, category, class, pattern

명 비슷한 성질이나 특징을 가진 모음

예 MBTI는 사람을 16가지 유형으로 나눈 성격유형검사이다.

운이 좋다 to be lucky/fortunate

우연히 좋은 일이 생기다

예 운이 좋게 로또에 당첨되었다.

실속 substance

명 눈이 잘 보이지 않는 진짜 이익

예 바쁘지만 돈을 벌지는 못하니까 실속이 없다.

판단하다 to judge, decide

동 어떤 일이나 대상에 대해 잘못이나 잘한 것이라는 자신의 생각을 가지다

예 사람을 외모만 보고 판단하면 안 된다.

익숙하다 to be skilled, experienced, practiced

형 같은 일을 여러 번 해서 편하게 할 수 있다

예 베라 씨는 익숙한 솜씨로 요리를 하였다.

소재 material, subject matter

명 어떤 물건이나 대상을 만드는 재료

예 한국 전쟁은 그 소설의 소재가 되었다.

검은자 black of the eye

명 눈 안의 까만 부분

예 한국에서 검은자가 작고 흰자가 많은 눈을 삼백안이라고 한다.

흰자 white of the eye

명 1. 달걀의 노른자 외 하얀 부분 2. 눈 안의 하얀 부분

예 그 남자는 잠을 못 자서 흰자위에 빨갛게 핏발이 섰다.

잔인하다 to be atrocious

형 사람을 대할 때 정이 없고 아주 무섭게 대하다

예 전쟁은 사람을 잔인하게 만든다.

뾰족하다 to be sharp, pointed

형 연필이나 막대기의 끝이 점점 가늘어져서 끝이 날카롭다

예 연필을 깎아서 뾰족하게 만들었다.

이성적 rational, reasonable

명 관 감정이 아닌 사실적인 근거나 생각으로 결정하거나 하는 일

예 화가 나 흥분해 있을 때는 이성적인 판단을 하기 어렵다.

재복 lucky with money

명 돈이나 물질적인 재산으로 얻는 복

예 한국에서 복코는 재복이 있다고들 한다.

6과 | 질병과 민간요법

대화

증세 symptom

명 아플 때 나타나는 여러 가지 몸의 상태

예 감기 증세가 어떻습니까?

가래 phlegm, sputum

명 감기에 걸리거나 목이 아플 때 목에서 나오는 노랗고 더러운 액체

예 목에 가래가 차서 숨을 쉬기가 어렵다.

말리다 to dry

동 머리카락이나 빨래 등에서 물기를 다 날아가게 하거나 없어지게 하다

예 날씨가 좋아서 마당에 빨래를 말렸다.

심하다 to be heavy, severe, violent, harsh

형 어떤 일을 너무 과하게 하다

예 바람이 심하게 분다.

(바람을) 쐬다 to expose oneself to the wind

동 얼굴이나 몸에 바람을 느껴지게 하다

예 찬바람을 쐬고 나니 감기에 걸린 것 같다.

밤바람 night breeze, night wind

명 밤에 부는 추운 바람

예 밤바람을 맞아서 감기에 걸렸다.

불과 only, just

부 아주 적은 수를 나타내는 말

예 불과 2명만 수업에 왔다.

푹 well

부 원하는 만큼 아주 많이

예 푹 쉬세요.

독감 the flu

명 심한 감기

예 이번 겨울에는 독감이 유행하니까 조심하세요.

즙 juice

명 과일이나 채소를 물 같은 상태로 만든 것

예 레몬즙으로 레몬차를 만들었다.

도라지 balloon flower(root)

명 한국 식물의 한 종류

예 옛날에 할머니는 도라지를 캐러 산에 자주 가셨다고 한다.

저런 ow

감 생각지 못한 놀라운 일이나 안타까운 상황을 보거나 들었을 때 하는 감탄사

예 저런, 큰일이네요.

지독하다 to be rather thick

형 병이나 상태가 아주 심하다

예 지난겨울 감기는 지독했어요.

읽기

행하다 to do, act

㊍ 어떤 일을 진짜로 하다

㊒ 나는 그 생각들을 행하기로 결정했다.

치료법 treatment

㊔ 병이나 상처를 낫게 하는 방법

㊒ 그 의사는 병의 치료법을 연구하여 많은 환자들을 살렸다.

체력 strength, stamina

㊔ 운동이나 일을 할 수 있는 몸이 가진 힘

㊒ 운동 선수들은 보통 사람들보다 체력이 좋다.

보충하다 to replenish

㊕ 모자라거나 부족한 것을 다시 원래대로 채우다

㊒ 부족한 외국어 실력을 보충하기 위해 매일 학원에 나갔다.

혈액순환 circulation of the blood

㊔ 몸 안의 피가 순환하는 것

㊒ 이 약은 혈액 순환이 잘 되게 해 준다.

보호하다 to protect

㊍ 위험한 상황이 생기지 않도록 잘 돌보다

㊒ 어린이들을 위험에서 보호해야 한다.

7과 | 습관

대화

당장 right now

명 지금, 바로

예 당장 여행 갑시다!

시간에 맞추다 in time

약속한 시간에 계획한 일을 하다

예 일단 약속을 하면 꼭 시간에 맞춰서 오세요.

마음을 비우다 to empty one's mind

어떤 일에 대한 욕심이나 집착을 버리다

예 최선을 다 해서 시험을 봤으니까 이제는 마음을 비우고 결과를 기다릴 뿐이에요.

서두르다 to hurry

동 어떤 일을 마무리 하기 위해 빨리 행동하다

예 서둘러 나오느라고 핸드폰을 집에 두고 나왔어요.

빠듯하다 to be just in time

형 어떤 일을 끝낼 시간이나 돈의 여유가 없다

예 기차 시간에 빠듯하게 도착했다.

최선을 다하다 to do one's best

㈢ 어떤 일을 하는데 모든 노력과 정성을 쏟다

예 성실한 사람은 작은 일에도 최선을 다해요.

읽기

빈둥빈둥 idly

㈜ 할 일이 없어서 일을 하지 않고 여유로운 모습, 할 일이 있어도 열심히 일하지 않는 모습

예 하루 종일 빈둥빈둥 먹기만 하지 말고 일을 하세요.

베다 to cut

㈢ 나무나 물건을 칼로 자르다

예 나무꾼은 산에서 나무를 베어 파는 사람이다.

어기적어기적 with tottering steps

㈜ 발 모양을 팔자로 천천히 걷는 모습

예 게으름뱅이는 할 일 없이 동네를 어기적어기적 걸어다니고 있었다.

한가롭다 to be free

㉬ 바쁘지 않고 시간의 여유가 많다

예 한가롭게 소설책을 읽을 때가 아니다.

쳐다보다 to stare (at)

㈢ 얼굴을 들어 바라보다

예 쳐다보지도 않고 말을 하는 것은 무례한 행동이다.

탈 mask

㉧ 얼굴을 가리는 것으로 보통 그림이 그려져 있다

예 한국에는 탈을 쓰고 춤을 추는 탈춤이 있다.

뿔 horn

㉮ 머리 부분에 솟아 있는 뾰족한 것

㉯ 사슴의 뿔은 약으로 사용할 수 있다.

대상 object, target, subject

명 어떤 일의 목적이 되는 사람이나 물건

예 그 가수는 열애설로 관심의 대상이 되었다.

급속하다 to be rapid, fast

형 매우 급하고 빠르다

예 한국은 급속한 경제발전을 이루었다.

산업화 industrialization

명 경제 구조가 산업이 중심이 되는 모습

예 한국은 산업화가 급속히 진행되었다.

겪다 to experience, undergo

동 어렵고 힘든 일을 직접 경험하다

예 지난해에는 극심한 가뭄을 겪었다.

개선하다 to improve

동 잘못된 점을 더 좋게 바꾸다

예 교육 환경을 개선해야 한다는 의견이 지지를 얻고 있다.

8과 | 외모와 성격

대화

틈 crack, gap

명 건물이나 가구 사이에 벌어진 작은 공간

예 창문 틈으로 바람이 들어와서 추워요.

심리학자 a psychologist

명 사람의 마음에 대해 연구하는 학자

예 저는 사람의 마음에 관심이 많아서 앞으로 심리학자가 되고 싶습니다.

친밀감 intimacy

명 가깝고 친한 느낌

예 친구와 느끼는 친밀감은 부모님의 사랑만큼 중요한 감정이에요.

불안감 anxiety

명 편하지 않고 나쁜 일이 생길 것 같은 느낌

예 시험에 대한 불안감을 없애기 위해 껌을 씹었다.

매달리다 to cling to

동 어떤 일이나 사람과의 관계를 끊지 못하고 이어지게 하려고 노력하다

예 여자 친구의 헤어지자는 말에 그 남자는 무릎을 꿇고 매달렸다.

끌다 to attract (**끌리다** to be attracted)

동 어떤 사람이나 물건에 대해 좋아하는 마음이 생기다

㉠ 그 여자에게 왠지 끌린다.

실수(하다) to mistake

㉢ 의도하지 않았지만 잘못된 행동을 하다

㉠ 실수로 버스를 잘못 타서 늦게 도착했어요.

뛰어나다 to be excellent

㉣ 다른 사람보다 훨씬 능력이 좋다

㉠ 그 사람은 한국어 실력이 뛰어나서 어려운 책을 번역할 수 있어요.

완벽하다 to be perfect

㉣ 결점이 없다

㉠ 세상에 완벽한 사람은 없다.

인간적(이다) to be humane

㉤ ㉥ 사람의 특성이나 특징을 가지고 있다

㉠ 아무리 똑똑해도 인간적이지 않으면 좋아지지 않는다.

믿음직스럽다 to be reliable

㉣ 믿을 수 있는 느낌이 있다

㉠ 어떤 일이라도 맡길 수 있는 믿음직스러운 사람이에요.

당연히 naturally

㉦ 어떤 일의 결과가 그렇게 되는 것이 확실하게

㉠ 어머니 생신이니까 제가 당연히 가야죠.

하긴 as a matter of fact

㉦ 사실을 말하자면.

㉠ 가: 마이클 씨는 정말 좋은 사람이죠?
나: 하긴 그 정도 되면 괜찮은 사람이야.

겉모습 appearance

명 얼굴이나 키와 같이 겉으로 보이는 모습

예 그 사람의 겉모습은 괜찮은 편이다.

재능 talent

명 어떤 일을 하는 데 필요한 힘이나 기술

예 그는 미술에 천부적인 재능이 있다.

지혜 wisdom

명 올바르고 좋은 생각

예 어려운 일을 지혜로 해결했다.

연애 date

명 서로 사랑함

예 연애는 쉬운 일이 아니다.

첫인상 first impression

명 사람이나 사물을 보고 처음 받은 느낌

예 첫인상이 항상 맞는 것은 아니다.

긍정적 이미지 positive image

명 좋은 쪽으로 생각하려는 마음

예 시합을 할 때는 긍정적 이미지를 떠올려 보세요.

평소 usual day

명 특별한 일이 없는 보통 때

예 시험 때뿐만 아니라 평소에도 열심히 공부하세요.

외모 appearance

명 얼굴이나 키와 같은 겉모습

예 사람은 외모보다 마음이 중요하다.

조건 condition

명 어떤 일이나 상황에 필요한 것

예 숙명여대 입학 조건이 무엇입니까?

진실하다 to be truthful

형 거짓이 없다

예 진정한 친구는 기쁠 때도 슬플 때도 함께 해 주는 진실한 사람이다.

깔끔하다 to be neat, tidy

형 깨끗하고 단정하다

예 베라 씨의 집은 깔끔하게 정리되어 있었다.

상대(방) the other party

명 어떤 일을 같이 하거나 대화를 나누는 사람

예 상대방의 얼굴을 잘 보고 이야기해 보세요.

속담 proverb

명 옛날부터 구전으로 전해져 오는 것으로 어떤 상황을 한 문장으로 간단하게 말하는 표현

예 한국 속담에 "호랑이도 제 말하면 온다"라는 말이 있다.

기준 standard

명 어떤 일을 할 때 기본이 되는 근거

예 심사 기준을 말해 주세요.

젊은 세대 young generation

명 10대 20대인 비교적 젊은 사람들

예 이 시대는 젊은 세대가 이끌어야 한다.

가늘다 to be thin

형 보통보다 얇거나 좁은 모양

예 그 사람은 머리카락이 가늘다.

몸매 figure

명 몸의 모양

예 민호는 열심히 운동해서 몸매가 정말 멋지다.

풍만(豊滿)하다 to be voluptuous

형 몸에 살이 많다

예 살이 많이 쪄서 몸이 풍만해졌다.

여기다 to consider

동 마음속으로 어떤 일이나 사람에 대해 그렇다고 생각하다

예 한국에서는 선생님이라면 존경받을 행동을 해야 한다고 여긴다.

의무 duty

명 사람이 당연하게 해야 할 일

예 부모는 부모로서 의무를 다 해야 한다.

9과 | 환경

대화

물기 moist

명 어딘가에 물이 묻어 있는 것

예 샤워를 한 후에 수건으로 몸의 물기를 닦았다.

아깝다 to be spare no cost

형 소중한 것을 잃어서 마음이 섭섭하다

예 이 코트는 더 입을 수 있지만 유행이 지나서 아깝지만 버리기로 했다.

재활용 recycling

명 종이나 캔처럼 버리면 쓰레기가 되는 물건을 다시 사용할 수 있도록 함

예 음료수 캔을 분리수거함에 잘 버리면 재활용이 될 수 있다.

(음악을) 틀다 to play

동 라디오, 오디오 등에서 음악이 나오게 하다

예 저는 항상 아침에 일어나면 라디오를 틉니다.

그물망 mesh

명 물고기를 잡을 때 쓰는 끈으로 만든 망

예 남자는 물고기를 잡기 위해 강에 큰 그물망을 던졌다.

종류 kind of, type of

명 사물을 어떤 특징에 따라 나눈 것

예 쓰레기를 버릴 때 같은 종류끼리 모아서 버려야 한다.

N-**별** classified by

명 명사 뒤에 붙어서 그것대로 나누었다는 뜻을 나타냄

예 (성별, 직업별, 나라별) 여러분, 나라별로 나누어서 앉아 주세요.

읽기

탄소 carbon

명 원소 중 하나, 원자 기호 C

예 사람은 호흡을 할 때 산소를 마시고 이산화탄소를 내보낸다.

배출 emission, discharge

명 (오염물질, 쓰레기 등이) 안에서 밖으로 나옴

예 그 공장은 오염된 물을 몰래 배출하다가 들켜서 정부에 많은 벌금을 냈다.

화제 topic

명 사람들이 이야기할 만한 것들

예 오늘 아침에 연예인 A 씨의 결혼이 화제가 되었다.

국제기구 international organization

명 국제적인 목적을 위해서 여러 나라들이 모여서 만든 조직

예 UN은 세계평화를 위해 만들어진 세계에서 가장 큰 국제기구이다.

감축 reduction

명 원래 있던 양에서 덜어서 줄이는 것

예 국제기구 회의에서 이산화탄소 배출을 감축하자는 의견이 나왔다.

의무 obligation duty

명 어떤 위치에 속했을 때 당연히 해야 하는 일

예 한국 남자들은 군대에 가야 하는 의무가 있다.

권리 right

명 다른 사람에게 당연히 요구할 수 있는 자격

예 모든 사람은 행복해질 권리가 있다.

온실 가스 green-house gases

명 지구의 온도를 따뜻하게 하는 기체(이산화탄소, 메탄 등)

예 온실가스는 우리에게 필요하지만 지금은 양이 너무 많아져서 문제이다.

환산 change, conversion

명 한 단위를 다른 단위로 바꿈

예 시간의 가치를 돈으로 환산할 수 있을까요?

정화시설 sewage disposal facilities

명 더러운 것을 깨끗하게 해주는 시설

예 공장에 정화시설을 반드시 설치해야 한다는 법이 있다.

조림지 plantation

명 자연적인 방법이 아닌 사람이 나무를 심거나 씨를 뿌려서 만든 숲

예 우리 OO기업은 사막에 조림지를 조성해서 나무를 심을 계획입니다.

조성하다 to make, create, construct, build

동 (공원, 숲 등을) 만들다

예 요즘은 아파트 단지에 숲을 조성하는 것이 유행이다.

거래제 trading scheme

명 무언가를 사고파는 제도

예 국제회의를 통해 나라 간 탄소 거래제가 생겼다.

관심을 가지다 to have an interest

동 어떤 것에 마음이 끌리다

예 저는 요즘 환경 문제에 관심을 가지고 있어서 공부를 하고 있습니다.

영향 influence, effect, impact

명 효과나 결과가 다른 일에 힘을 미치는 것

예 그 책은 많은 사람들에게 긍정적인 영향을 끼쳤다.

이기적 selfish

명 관 자기 자신의 이익만 생각해서 행동하는 것

예 한 사람의 이기적인 행동 때문에 환경이 파괴될 수 있다.

매연 exhaust

명 무언가가 탈 때 나오는 나쁜 연기

예 자동차에서 배출되는 매연으로 도시의 공기가 오염되고 있다.

피해를 주다 to damage

㊐ 다른 사람의 생명, 신체, 재산 등에 손해와 나쁜 영향을 주다

예 그 사기꾼은 많은 사람들에게 금전적인 피해를 주었다.

10과 | 한국의 결혼문화

대화

선보다 to meet each other with a view to marriage

㊐ 부모님이나 어른이 소개한 사람을 결혼 상대자로 만나보다

예 우리는 선을 봐서 3개월 만에 결혼을 했어요.

자랑 boast

㊔ 자기 자신, 물건, 일 등을 다른 사람에게 자신 있게 드러내어 말함

예 그 여자는 친구를 만나면 자식 자랑으로 시간가는 줄 모른다.

늘어놓다 to spread, arrange

㊐ 말 등을 끊이지 않고 계속하다

예 그 여자는 쉬지 않고 자기 자랑을 늘어놓았다.

괜히 in vain, uselessly

㊕ 쓸데없이

예 동생이 잘못한 일인데 괜히 나까지 혼이 났다.

지겹다 to be boring

㉻ 싫을 정도로 지루하고 재미없다

㉠ 맛있는 라면도 매일 먹으면 지겨워진다.

이를테면 so to speak, for example

㈜ 말하자면, 예를 들면

㉠ 그 음식점은 유명한 사람만 간다. 이를테면 유명인들의 비밀의 장소 같은 곳이다.

교제 date

㉳ 남자와 여자가 연인 관계로 사귀는 것

㉠ 저 두 사람은 교제한 지 10년도 넘었다.

읽기

함 a box of wedding gifts sent by a bridegroom to his bride before wedding

㉳ 결혼할 때 신랑 측에서 혼인 관련 물건을 넣어서 신부에게 보내는 나무 상자

㉠ 결혼 전에는 신랑 친구들이 함을 팔러 신부 집으로 간다.

외치다 to shout

㉯ 다른 사람에게 어떤 행동을 요구하며 큰 목소리로 말하다

㉠ 많은 사람들이 독립을 외치며 거리로 나왔다.

가면 mask

㉳ 공연이나 축제에서 사용하기 위해 다른 사람이나 동물의 얼굴을 본떠 만든 것

㉠ 나는 사자가면을 쓰고 축제에 참가했다.

추세 trend

㉑ 세상 일이 돌아가는 경향

예 화려한 결혼식보다 작고 소박한 결혼식을 하는 것이 요즘 추세이다.

주례 officiant

㉑ 결혼식에서 신랑과 신부에게 좋은 말을 해주는 사람

예 예전에는 결혼식에 반드시 주례가 있었지만 요즘에는 주례 없는 결혼식을 하기도 한다.

연지곤지 have a traditional Korean wedding wearing rouge on the cheeks and the forehead

㉑ 결혼을 할 때 나쁜 기운을 내쫓기 위해 신부의 볼과 이마에 찍는 붉은 점

예 한국의 전통 결혼에서는 신부가 연지곤지를 찍는다.

질투 jealousy

㉑ 부부나 사랑하는 연인 사이에서 상대방이 내가 아닌 다른 이성을 좋아할 때 시기하는 마음

예 그 남자는 아내와 친하게 지내는 아내의 남자 회사 동료에게 질투를 느꼈다.

폐백 traditional ceremony to pay respect to the groom' s family by the newly-wedded couple right after their wedding

㉑ 신부가 처음으로 시부모님을 뵐 때 큰절을 하고 올리는 물건. 요즘에는 결혼식 후에 신랑과 신부가 신랑의 부모에게 큰절을 하는 예식을 말함

예 폐백에서 신부가 시어머니에게 절을 하면 시어머니는 다산의 상징인 대추를 던져준다.

다산 fecundity

㉑ 아이를 많이 낳는 것

예 요즘에는 아이를 많이 낳지 않아서 4명 이상 아이를 낳으면 다산을 했다고 한다.

상징하다 to symbolize

동 구체적으로 표현하기 어려운 개념이나 사물을 세밀하게 설명하다

예 봄의 상징인 벚꽃은 빨리 피고 빨리 진다.

대추 jujube

명 대추나무의 열매

예 폐백에서 신부가 시어머니에게 절을 하면 시어머니는 다산의 상징인 대추를 던져준다.

밤 chestnut

명 밤나무의 열매

예 겨울에 길에서 군밤을 사서 먹을 수 있다.

집다 to pick up

동 물건을 손가락이나 발가락으로 들어 올리다

예 젓가락으로 반찬을 집을 때 먹을 양만 가지고 와야 한다.

의식 ceremony

명 일정한 격식에 따라 차리는 행사나 예식

예 매주 교회에서는 종교적인 의식이 진행된다.

11과 | 가치기준

대화

피부 관리 skin care

명 피부를 잘 보살피고 돌보는 것

예 화장품 회사의 광고를 보면 20대부터 피부 관리에 신경 써야 한다고 한다.

성화 plague

명 자기 뜻대로 되지 않아서 상대를 귀찮게 구는 것

예 엄마가 장난감을 사주지 않자 아이는 큰 소리로 성화를 부렸다.

몸매 관리 body line management

명 몸무게를 조절하고 운동을 하여 몸매를 좋아지게 하는 것

예 여자는 결혼을 앞두고 몸매 관리를 시작했다.

장가 marriage

명 남자가 결혼하는 것

예 그 남자는 늦은 나이에 장가를 갔다.

이미지 메이킹 image making

명 자신의 이미지를 상대방에게 알리는 것

예 요즘 세상에서는 성공하기 위해서는 이미지 메이킹을 해야 한다.

집착하다 to obsess

동 어떤 것에 너무 과하게 집중하여 좋지 않은 결과를 만들다

예 돈에 너무 집착해서 살면 인생의 행복을 찾을 수 없다.

손해 damage

명 경제적, 정신적으로 받은 피해

예 불경기 때문에 올해 OO회사가 입은 손해가 아주 크다.

호감 good feeling

명 좋은 감정

예 친절한 사람에게는 누구나 호감을 갖는다.

읽기

자살 suicide

명 스스로 자신의 목숨을 끊는 것

예 아무리 힘든 일이 있어도 자살은 하면 안 됩니다.

절망 despair, hopelessness

명 희망을 잃어버리는 것

예 대학 입학 시험에서 떨어진 후 아이는 절망에 빠지고 말았다.

지문 fingerprint

명 손가락 끝 안쪽에 있는 사람마다 가지고 있는 무늬

예 경찰은 사건 현장에서 범인의 지문을 찾았다.

범죄 crime

명 법을 어기고 저지른 잘못

예 거리에 범죄 예방을 위해 CCTV를 설치했다.

장애 obstacle, disability

명 본래의 능력대로 할 수 없는 상태

예 그 사람은 몸에 장애가 있어도 성격이 매우 밝다.

고난 hardship, trial

명 괴롭고 힘든 일

예 아무리 고난으로 가득 차 있어도 언젠가 기쁜 날은 온다.

역경 adversity, hardship

명 힘든 상황이나 처지

예 그 남자는 자기 자신을 믿고 어려운 역경을 극복했다.

일시적 temporary

명 관 지속적이지 않고 한때 잠깐

예 일시적인 충동으로 많은 실수를 했다.

몫 share, quota

명 나에게 주어지는 내 것

예 자기 몫으로 주어진 일은 다 끝내야 한다.

삶 life

명 사는 일, 인생

예 하나뿐인 인생, 의미있는 삶을 살고 싶습니다.

위로하다 to console, cheer up

동 힘들어하거나 슬퍼하는 사람에게 따뜻한 말이나 행동을 하다

예 힘들어하는 친구를 말없이 위로해 주었다.

자손 descendant

명 자식과 손자

예 우리 자손들에게 깨끗한 환경을 물려줍시다.

대대로 for generations

부 여러 대를 이어서

예 어머니는 집안 대대로 내려오는 김치 담그는 비법을 알고 계신다.

지속되다 to last, continue

(동) 어떤 상태가 끊이지 않고 계속되다

(예) 다음 주까지는 따뜻한 날씨가 지속되다가 주말에 비가 오겠습니다.

가문 one's family

(명) 가족이나 가까운 친척으로 이루어진 모임

(예) 우리 가문에서는 옛날부터 훌륭한 사람이 많이 나왔다.

절호의 기회 golden opportunity

(명) 때에 맞는 아주 좋은 기회

(예) 내 인생에 성공할 수 있는 절호의 기회가 찾아왔다.

도리 duty, way

(명) 사람이라면 당연히 해야 하는 올바른 길

(예) 약한 사람을 괴롭히는 것은 도리가 아니다.

12과 | 사건과 사고

대화

교통사고 traffic accident

(명) 자동차나 기차 등이 사람을 치거나 다른 차와 부딪혀서 일어나는 사고

(예) 빗길 고속도로에서 달리던 차끼리 충돌하여 큰 교통사고가 발생했다.

끼어들다 to cut in

㉯ 자기 순서가 아닌데 사람, 물건 등이 중간에 들어오다

예 줄을 서서 기다리고 있는데 어떤 아저씨가 우리 줄에 끼어들었다.

차선 traffic lane

㉮ 도로에 그어진 선

예 차선을 지키지 않고 운전하면 교통사고가 발생하게 된다.

미끄러지다 to slip on

㉯ 길에서 차, 사람 등이 넘어지다

예 눈이 내린 날 언덕을 내려가다가 미끄러져서 허리를 크게 다쳤다.

중앙선 centerline

㉮ 도로 한 가운데에 있는 선

예 자동차가 갑자기 중앙선을 넘어가서 맞은편에서 오는 차와 크게 충돌했다.

급정지 sudden stop

㉮ 차가 갑자기 멈추는 것

예 버스가 급정지를 하는 바람에 버스 안의 사람들이 넘어지고 다쳤다.

닿다 to touch

㉯ 어떤 것이 다른 어떤 것에 맞붙다

예 소년과 소녀는 서로 손이 닿지 않도록 조심해서 걸었다.

끔찍하다 to be terrible, awful

㉰ 아주 잔인한 일을 당해서 보기 힘들 정도이다

예 아름다웠던 도시는 전쟁 후에 끔찍하게 변해 버렸다.

다행 lucky, fortunate

㉮ 부정적으로 일이 끝나지 않고 잘 되어 좋음

예 교통사고가 났지만 크게 다치지 않아서 다행이었다.

놀라다 to be surprised

㉻ 생각하지 못했던 일을 당해서 가슴이 두근거리다

㉵ 그 여자는 부모님의 사고 소식을 듣고 크게 놀랐다.

당분간 for a while, for the time being

㈅ 앞으로 얼마 동안

㉵ 당분간 그 사람과는 연락을 하지 않을 것입니다.

태우다 to give (sb) a ride

㉿ 자동차 등에 다른 사람을 타게 하다

㉵ 시간이 없어서 택시에 가족들을 먼저 태우고 보냈다.

읽기

당황하다 to be embarrassed

㉻ 너무 놀라서 어떻게 해야 할지 모르다

㉵ 시험 시간이 갑자기 바뀌어서 학생들이 크게 당황했다.

침착하다 to be calm, poised

㉻ 행동에 실수가 없고 차분하다

㉵ 그 여자는 갑작스러운 소식에 놀랐지만 당황하지 않고 침착하게 행동했다.

대처하다 to cope with

㉿ 상황에 맞게 적절하게 행동하다

㉵ 어려운 문제지만 지혜롭게 대처할 수 있어야 한다.

사전 beforehand

㉱ 어떤 일이 일어나기 전에, 미리

㉵ 꼼꼼하게 살피면 사고를 사전에 예방할 수 있습니다.

신속하다 to be quick

형 아주 빠르다

예 그 사람은 언제나 맡은 일을 신속하게 처리한다.

알맞다 to be proper

형 적당하다

예 계란이 알맞게 삶아지면 바로 찬물로 씻으세요.

응급처치 first aid

명 급한 상황에서 우선적으로 하는 치료

예 사고 현장에서 병원까지 가는 구급차 안에서 응급처치를 했다.

연속 consecutiveness

명 계속

예 3일 연속 야근을 했더니 너무 피곤하다.

막다 to block

동 길을 가지 못하게 하거나 말을 하지 못하게 하다

예 공사를 하고 있어서 길을 막고 있다.

큰일 serious trouble

명 힘들거나 안 좋은 일

예 집 안에 큰일이 나서 빨리 집에 가봐야 합니다.

식히다 to cool down

동 뜨거운 것의 온도를 내리게 하다

예 국이 뜨거우니까 식혀서 드세요.

고정하다 to fix

동 1. 바꾸지 않다

2. 움직이지 않도록 하다

예 1. 회의 날짜를 매주 월요일로 고정합시다.
2. 바람에 문이 세게 닫히지 않게 고정해 놓았다.

붓다 to swell up

동 부풀다

예 어젯밤에 라면을 먹고 잤더니 오늘 아침에 얼굴이 부었다.

눈을 감다 to close eyes, die

동 죽다

예 할아버지께서 1년 동안 병원에 계시다가 결국 눈을 감으셨다.

상비약 household medicine

명 만약을 대비해서 집에 가지고 있는 약들

예 여행을 할 때 상비약을 챙겨 가세요.

재판 trial

명 어떤 사건의 진실을 밝히기 위해 판단함

예 결국 범인은 잡혔고 재판을 받게 되었다.

판결 judgment

명 옳고 그름을 판단하게 결정하는 것

예 판사는 공정한 판결을 해야 한다.

증인 witness

명 어떤 사실을 실제로 보거나 경험했다고 증명하는 사람

예 그 교통사고를 본 증인이 있다고 한다.

증언 testimony

명 증인이 하는 어떤 사실을 증명하는 말

예 결정적으로 이 사건을 해결할 증언이 확보되었다.

증거물 evidence

명 증거가 되는 물건

예 검사는 재판에서 증거물을 제출했다.

유죄 guilt

명 죄가 있음

예 그 사람은 결국 유죄 판결을 받았다.

무죄 innocence

명 죄가 없음

예 그 사람은 처음에 유죄를 받았지만 결국 무죄를 받았다.

소송 lawsuit

명 원고와 피고 사이의 관계 결정을 위해 법원에 요구함

예 그 사람은 월급을 계속 주지 않은 회사를 상대로 소송을 했다.

감옥 jail

명 죄인을 가두는 곳

예 재판에서 유죄를 받은 죄인은 감옥에 갇혔다.

죄를 짓다 to commit a crime

동 나쁜 행동을 하다

예 죄를 지은 사람은 반드시 벌을 받아야 한다.

형을 살다 to serve one's term of imprisonment

동 감옥에서 살다

예 그 남자는 살인죄로 감옥에서 20년 형을 살고 나왔다.

Memo